Luigi Capuana

IL MARCHESE DI ROCCAVERDINA

Introduzione
di Gilberto Finzi

ARNOLDO MONDADORI
EDITORE

© 1991 Arnoldo Mondadori Editore S.p.A., Milano

I edizione Oscar classici gennaio 1991

ISBN 88-04-34284-6

Questo volume è stato stampato
presso Arnoldo Mondadori Editore S.p.A.
Stabilimento Nuova Stampa - Cles (TN)
Stampato in Italia - Printed in Italy

Introduzione

1. *Piccola storia di un romanzo*

Il marchese di Roccaverdina è il titolo di un romanzo tardivo: se non capolavoro, certamente opera maggiore di uno scrittore più spesso citato che letto. Gli altri titoli di romanzi di Luigi Capuana sono monoverbali, parole singole, in rilievo: *Giacinta* (1879, e, rifatta, 1889), *Profumo* (1892), *La sfinge* (con l'articolo; 1897), *Rassegnazione* (1907); tutti, salvo l'ultimo, precedenti *Il marchese di Roccaverdina*, che esce nel 1901, quando l'autore ha 62 anni.

Capuana ha però cominciato a parlarne molto tempo prima. «Io sono tutto immerso nel *Marchese Donna Verdina* che mi si allarga fra le mani, talché non so se per maggio potrò averlo terminato. A te dico sinceramente che non ne sono scontento.» Compare così per la prima volta il romanzo, col titolo leggermente differente, in una lettera di Capuana a Giovanni Verga: siamo nel febbraio 1881, Capuana si trova a Mineo, e addirittura vent'anni separano l'abbozzo o la prima ideazione dal prodotto finito. E l'illustre destinatario e amico carissimo, in una lettera del 29 maggio 1881, da Milano, mentre ribadisce la questione del naturalismo e dei suoi cànoni (una lettera importante, dunque), forse preso dall'euforia per il proprio lavoro, forse eccitato per gli elogi di Capuana che ha autorevolmente recensito *I Malavoglia* (e l'articolo è uscito sul «Fanfulla della domenica» di Roma, lo stesso 29 maggio), passa ad affermare in tono apodittico: «Io son certo che il tuo *Marchese di Santa Verdina* (il titolo mi piace) realizzerà uno dei tuoi sogni, anzi dei nostri, perché tutte le conquiste che farà ognuno di noi su questo campo contrastato saranno vittorie comuni».

5

Dunque il libro, con i titoli provvisori ma non troppo contrastanti di *Marchese Donna Verdina* e *Marchese di Santa Verdina*, è in fase di studio e forse di lavorazione. Ne parlano lettere successive: di amichevole sollecito, da parte di Verga; di informazione sullo stato del romanzo, spesso in tono di giustificazione e scusa, da parte di Capuana. Quelle di Verga sono premure non del tutto disinteressate perché legate al comune lavoro di scrittori che hanno importato in Italia un «genere» non autoctono e che devono reciprocamente sostenerlo e sostenersi con libri, saggi e articoli.

Il dialogo per lettera continua. Da Mineo, il 4 luglio 1881, Capuana scrive: «Il *Marchese Donna Verdina* va avanti, ma lentamente: sarà pronto per l'ottobre». Sempre da Mineo, il 20 luglio dello stesso anno: «Il mio Marchese è morto ieri ed ora mi resta la parte più facile del romanzo, il piccolo idillio che lo chiude. Spero portar con me il m.s. (sic) completo alla mia venuta in Milano». E l'1 settembre: «Il *Marchese* sarà ricopiato in novembre; è quasi terminato». Ma Verga lo rimprovera di perdere tempo: il *Marchese di Santa Verdina* gli prenderà tre anni, lui resterà quindi a Mineo, dove lo corroderà «la ruggine della provincia». Tutta la vita dei due amici scrittori, infatti, è divisa fra isola e continente, fra contado siciliano e grande città. In provincia (qualsiasi provincia, dovunque), dice molto giustamente Verga, si genera una noia che produce accidia, la volontà di fare se ne va, l'animo si distrugge, nel tempo che sembra non passare.

Intanto il Treves, importante editore milanese, accetta *Santa* o *Donna Verdina*. E Capuana scrive – siamo già nel 1882 – che ricomincia a lavorare con tranquillità e finirà il *Marchese* che vedrà la luce nel novembre. («Sarà un mostro?» si chiede il 21 maggio, in un'altra lettera da Roma.) Ma il 18 ottobre 1882: «Quello che mi dà molta noia e fatica è il *Marchese Donna Verdina*: l'ho ripreso in mano in questi giorni, e veggo e sento che bisogna rifar molto di quello che ho fatto. In un'opera d'arte le interruzioni sono una cattiva cosa: e contano otto mesi che io non do un'occhiata al ms!». E l'altalena continua. Capuana sta pensando, poi attuando, il rifacimento della *Giacinta* più un libro di novelle, mentre prosegue l'attività critica giornalistica. E ancora l'amico Verga lo rimprovera, aspramente e bonariamente, ricordandogli (da Roma, 18 gennaio 1883): «non perdere il tuo tempo in altre cose minori. Pensaci, pensaci che ormai siamo vecchi, e il nulla stringe». Ma per il *Marchese* è tutto un fare, disfare e rifare: le lettere testimoniano anche questo travaglio, e dicono implicitamente delle varie stesure che precedono l'opera finita: «rifar molto» o anche rifare tutto, come sempre càpita allo scrittore che aspira alla perfezione se non alla fama. Nonostante la pubblicazione di altre opere (per esempio *Homo*, una importante raccolta di novelle), Verga incalza e rimprovera (da Catania, 24 luglio 1883): «Il tuo *Homo* ha preso un bel posto. Ma bada che io non son contento finché non mi avrai dato il *Marchese di donna Verdina*. Ora tu ti devi alla tua fama; e se pensi di nuovo a fissarti a Mineo fra le coscie (sic) della P. farò ogni possibile per strapparti di là (...) Caro Luigi, nel mondo in cui viviamo delle grandi città abbiamo pure delle gran noie e dei gran brutti momenti (...) Ma credimi che il nome che ti sei fatto è abbastanza bello per pagarlo anche così caro. Dillo ai tuoi, e torna a Milano».

Milano, la grande città, e Mineo, in cui contribuisce a trattenerlo la serva-amante, Peppa, o Beppa, Sansone, sono i due poli tra cui si dibatte lo scrittore. Apparentemente poco sensibile alle mozioni dei sentimenti, poco interessato come si vedrà alla famiglia che viene formando la relazione con la bella Peppa, ma legato, eccome, alla propria famiglia d'origine, attento soprattutto agli interessi di casa, disposto a perdere mesi e anni di lavoro letterario pur di non allontanarsi da Mineo, dalla campagna, dalla gloriuzza di essere diventato due volte sindaco, Capuana approfitta di ogni occasione, di ogni minimo male fisico o psichico, per ritornare e soggiornare al paese. E Verga che così lo rimprovera farà lo stesso con Catania e le sue vicinanze. Entrambi appartengono alla borghesia agraria, sono poveri di quattrini ma attaccati alla proprietà, legati all'isola e più ancora alla terra che li ha visti crescere. Non amano la città se non per quello che può dare di fama, denaro, relazioni editoriali e amatorie. Per tutto questo, per gli altri libri che Capuana pubblica in questo periodo e che lo stesso autore, come Verga, considera interlocutorii e fonte di quattrini ma che ugualmente portano via tempo e fatica, oltre che a causa dei rifacimenti del testo del romanzo in questione, il *Marchese* non verrà tanto presto, come dice un po' ironicamente Verga a Capuana in una lettera da Milano datata 12 febbraio 1885. E giustamente, dieci anni dopo l'inizio dei discorsi che riguardano questo libro «Treves è diventato scettico, dopo aver aspettato il *Roccaverdina* che non venne» (Verga a Capuana, da Milano, 10 agosto 1891). Ma intanto il romanzo ha assunto il suo definitivo titolo, e probabilmente va anche assumendo la forma definitiva. Ancora il 2 settembre 1896 (altri cinque anni sono trascorsi...) Capuana scrive a Verga, da Roma: «Avevo contato per le vacanze. Pensavo di finire il romanzo *Rassegnazione* e cominciare il *Marchese di Roccaverdina*. Invece ho dovuto disperdere la mia attività in articoli di critica novelline etc. che mi davano un guadagno immediato...». Novelline che dànno soldi subito; oppure malesseri e malattie; oppure problemi di famiglia; oppure altro ancora; tutte le scuse sono buone per fare altro e non finire – anzi secondo quest'ultima lettera addirittura (ma è un po' forte) non *cominciare* il romanzo maggiore. Intorno al 1898 il romanzo deve essere pronto o quasi, perché Verga consiglia all'amico di darlo, intanto, a qualche rivista come la «Nuova Antologia». Ciò che in effetti avviene: finalmente *Il marchese di Roccaverdina* esce in 22 puntate, incompleto, sul giornale «L'Ora» di Palermo, dal 12 settembre all'11 novembre 1900. Poi (questa volta la vicenda è davvero finita) Treves lo pubblica in volume, nel 1901.

2. *Romanzo e verismo*

Per *Il marchese di Roccaverdina* il ritardo non è soltanto creativo. Vent'anni fra la prima ideazione e la pubblicazione sono molti, e non semplicemente nella vita di un uomo, ma anche nello sviluppo delle idee: per il superamento e il rinnovamento di concezioni del vivere in generale come per la trasformazione conseguente o parallela di orientamenti creativi, di modi di fare letteratura.

In effetti nel 1881 è nel pieno rigoglio il metodo, o ideologia, o disegno letterario noto con i termini diversi ma sostanzialmente non divergenti di verismo, naturalismo, realismo (oggi potremmo forse precisarne certe reciproche sfumature connotative, tutto sommato però eccessivamente sottilizzanti). Capuana e Verga sono, con De Roberto (il terzo della cosiddetta «triade catanese») contemporaneamente maestri e teorici della nuova arte: venuta di Francia per influenza e imitazione dello Zola. Ne sono cànoni fondamentali l'osservazione della realtà, l'oggettività, il distacco dell'autore dalla propria materia (la ben nota «impersonalità»). Questa *arte dell'avvenire* (il termine richiama la definizione che di sé davano i quasi contemporanei scapigliati, con cui Verga, almeno, familiarizzò, e da cui ebbe qualche suggestione nel suo tempo milanese) punta sul metodo ma in parallelo sui temi; e anche se predilige, finché si ritiene in crescita, in fase cioè di superamento dei limiti romantici, ambienti poveri, bassi, di miseria morale dove il delitto, l'abnormità patologica e la trasgressione fisica o psichica sono di casa, lo fa a scopo di sperimentazione, per osservare un'umanità non livellata dal comune progresso. La non lontana adesione alla narrativa francese anche antecedente a Zola (da Balzac a Sue e ai suoi bassifondi parigini), ma con un'ampia motivazione zoliana, si colora quindi di sperimentale e di popolare. Qui però si tratta di un popolo non metropolitano che vive o sopravvive in una regione particolare italiana, in quella Sicilia contadina e piccoloborghese che è e resta il fulcro dell'esperienza dei nostri veristi. Tant'è vero che, nonostante ogni giustificazione critica e storica di interessati ammiratori di tempi posteriori, i romanzi «borghesi» dei medesimi scrittori rimangono un po' indietro, nella valutazione come nelle opportunità di lettura, rispetto a quelli regionali o contadini. E non per niente Verga si nega all'*Uomo di lusso* o alla *Duchessa di Leyra*, cioè in sostanza ad ambienti che non conosce a fondo, a situazioni che gli sono e resteranno per sempre lontane. La fantasia serve solo se si parte da ciò che si sa, e non nel senso banale che l'arte sia sempre e soltanto autobiografia; la parola e la scrittura restituiscono, a saputa o insaputa, quello che gli occhi, le mani, i sensi, hanno per anni catturato, fatto proprio, e in questo riflesso della realtà del proprio tempo individuale c'è impressa l'esistenzialità concreta di tutti oltre che la pratica stessa del pensiero.

Capuana e Verga non approfondiscono le motivazioni private allo scrivere, spesso dettate da esigenze in cui si confondono necessità interiori e bisogno di denaro. Ma Capuana, che ha iniziato la sua carriera letteraria come critico, verrà chiarendosi, soprattutto negli anni '70-'80, motivi e stimoli della narrativa verista. Non basta dire «impersonalità», «osservazione», «metodo»: occorre trovarne modelli e studiarne giustificazioni concrete.

È tempo di positivismo, ed è al positivismo che lo scrittore deve la spinta verso il verismo. Ma non ha abbandonato il De Sanctis; c'è in Capuana un hegelismo derivato in parte dallo stesso maestro e in parte da De Meis, allievo e amico di De Sanctis. Nella sua teoria poco inventiva, coerente soltanto in una certa rigidità concettuale che appare subito per quello che è, cioè fatta di idee forse chiare ma certo modeste, Capuana tende a una forma di scienza della letteratura, o meglio a una letteratura come scienza: arte uguale a realtà, e perciò a organismo vivente (hegelianamente «l'ideale che si attua»). Non è arte il concetto, il pensiero, ma solo la loro (eventuale) *forma*. È del marzo 1877 la lunga recensione, sul «Corriere della Sera», dell'*Assommoir* di E. Zola, in cui Capuana comincia a sviluppare organicamente la sua idea del realismo, partendo in concreto dalla rappresentazione diretta proposta dallo scrittore francese, dalla sua capacità di calarsi nelle cose della vita. Più tardi il nostro scrittore precisa il suo credo critico e scrittorio sul «romanzo sperimentale» come «opera di arte e scienza» negli *Studii sulla letteratura contemporanea* usciti in due serie nel 1880 e nel 1882. In *Per l'arte*, 1885, vero e proprio «manifesto» del verismo nel momento in cui questo inizia il suo declino, Capuana riassume definitivamente le proprie idee sullo scrivere verista.

1. Il romanzo è l'unica forma possibile di arte moderna, e il critico-scrittore ne sottolinea la distanza dal romanzo storico e storico-politico (D'Azeglio, Guerrazzi), ma anche dal romanzo «rusticale», teorizzato da Cesare Correnti a proposito di Carcano ma poi proseguito da Nievo, Percoto ecc.: «dal latte e miele del Carcano al *pane nero* del Verga la distanza è incredibile». 2. La prosa viva non deriva dai trecentisti, né il dialogo spigliato dai comici del '500; i modelli di prosa moderna sono in Francia: Balzac, Flaubert, De Gon-

court, Zola, Daudet: «Dal romanzo storico-politico, siam sbalzati, di lancio, al romanzo di costumi contemporanei» e «rivolgemmo la nostra attenzione agli strati più bassi della società», più tipici perché ancora non tocchi dal livellamento borghese, quindi più adatti a far conoscere la verità della situazione economica, psicologica ecc. 3. L'osservazione scientifica (in sostanza per Capuana vorrà dire soprattutto psicologica) come «primo» filosofico e pratico del nuovo romanzo: «Il romanziere moderno è uno scienziato (...) dimezzato». «Il romanziere ruba il mestiere al psicologo (sic), al fisiologo, al professore di scienze naturali. Non già che predichi, che dimostri, che voglia far lezione; ma egli scortica vivi vivi i suoi personaggi...» Anche se poi per fare opera d'arte, «per rappresentare, per far *del vivo* ci vogliono sempre quelle due divine facoltà: la fantasia, l'immaginazione, che potrebbe anche darsi siano un'identica cosa». Perché «è solamente artista colui che ripete, nella forma letteraria, il segreto processo della natura». 4. Il metodo scientifico e il documento umano (proprio *Documenti umani* sarà titolo di una raccolta di racconti [1888] del terzo catanese, Federico de Roberto) richiedono un linguaggio moderno: un linguaggio imposto dalla struttura narrativa. L'impersonalità totale vuole infatti la prosa senza commento e il dialogo: un parlare scrivendo, un «dialogo narrato» o una «narrazione parlata».

Anche quando il verismo, al suo apice, inizia la discesa contaminando le sue radici scientiste e materialiste con lo spiritualismo che avanza nell'ultima parte del secolo XIX, Capuana non abbandona alcuni dei vecchi concetti e, pur accentuando l'idea nebulosa di «forma», rimane fedele soprattutto all'impersonalità dell'arte, che nel suo caso sembra tradursi in impassibilità. Mai lo scrittore siciliano è stato incondizionatamente sensibile alle sofferenze dei miseri, dei diseredati; mai ha combattuto le battaglie sociali e politiche del suo maggior modello francese, Zola. Capuana è un agrario del Sud, e dal lato sociale la sua vista è miope, borghesemente attenta al proprio «particulare», alle poche o tante lirette che gli servono per sopravvivere, vengano dall'editore di Milano o dalla campagna di Mineo, dalla rivista e dal giornale oppure dal prestito urgentemente richiesto all'amico Verga. Di questa insensibilità è testimonianza ulteriore un aspetto non molto gradevole della sua vita privata. Lo scrittore ha, come si è detto, una lunga relazione (dal 1875 al 1892) con una serva di casa, la menzionata Peppa (Giuseppina) Sansone; i figli che nascono da questa storia lui li destina all'orfanotrofio di Caltagirone. E non è tutto: quando, dopo poco meno di vent'anni, il rapporto si conclude, è ancora lui, il «padrone», che per liberarsi della donna la obbliga a sposarsi. Episodi come questo sembrano elementi fondamentali di una concezione della vita: e non è certo per caso che un fatto analogo diventa la molla psicologica del dramma del *Marchese di Roccaverdina*.

Tornando alle idee sull'arte, meno coinvolgenti ma pure collegate, ecco che il verismo nella sua ultima fase ricompare nella spigliata e piacevole prosa critica del più noto libro di Capuana teorico e militante. *Gli «ismi» contemporanei* esce, come a concludere un periodo, nel 1898, precedendo di poco *Il marchese di Roccaverdina* che a sua volta chiude un periodo narrativo fortunato. Negli *«ismi»* e soprattutto nei due saggi intitolati «Idealismo e cosmopolitismo» e «La crisi del romanzo», appare chiaro come l'ideale dello scrittore sia ormai incrinato, anche se vengono ribaditi concetti già sostenuti in *Per l'arte* e nel successivo *A Neera*, confessione e squarcio autobiografico posto poi come prefazione alla *Giacinta* rifatta (III edizione) del 1889. In «La crisi del romanzo» permane dunque la teoria del romanzo «sperimentale» come «opera di arte e scienza», ma con le precisazioni che «il verismo (...) accennava particolarmente più al *metodo* che non alla materia di cui l'arte (...) si serviva» (e si notino gli imperfetti, i tempi verbali al passato), e che «il Romanzo (...) non vorrebbe far altro che cavar fuori creature vive da qualunque materia». E qui Capuana esprime la sua «profonda convinzione che l'opera d'arte è forma soltanto e nient'altro che forma». Ma questa forma (ecco ricomparire il vecchio De Sanctis) si confonde col «vivente», prima di collegarsi opportunamente con lo stile e la lingua (pensiero che meglio risalta nelle recensioni brevi raccolte nello stesso libro): «Tutti coloro che vogliono esprimere puramente un concetto (...) facciano dei trattati, delle conferenze, degli opuscoli, delle prediche magari, ma non si servano del romanzo. La forma, cioè la creatura viva, è assai più complessa del pensiero astratto». Più che di «arte naturalistica» bisogna parlare insomma di «arte impersonale»: lo scrittore segue il suo personaggio, deve obbedirgli, penetrare ogni religione, ogni politica, ogni morale – senza ovviamente farle proprie – «con perfetta obbiettività». Spetta dunque all'artista «dare al suo lavoro un fondamento di osservazione diretta e (...) lasciare ai fatti, ai caratteri, alle passioni la loro piena libertà di azione, senza mescolarvi i suoi particolari criterî; insomma (...) imitare proprio la natura, che mette al mondo le creature e le abbandona a sé stesse e al giudizio della società» (cioè pressappoco come lo scrittore ha agito con i propri figli di carne e ossa, verrebbe da notare un po' malignamente). Tutto questo va contro il cosmopolitismo che secondo Capuana si traduce in simbolismo, in astrazioni d'arte e di idea (fare tutti uguali a russi e norvegesi), snatura i caratteri regionali tipici che Natura impartisce e che, per fare figure vere e vive, lo scrittore deve cogliere. In passato aveva scritto (ancora in *Per l'arte*) utilizzando Verga come esempio autorevole: «quando gli vien l'idea di foggiare in forma artistica i suoi contadini, non si limita soltanto a raccogliere delle generalità, ma circoscrive il suo terreno. Non gli basta che quei suoi personaggi siano italiani – il contadino italiano è un'astrattezza – egli va più in là, vuole che siano siciliani; molto di più e di concreto. Credete voi che n'abbia assai? Nemmeno per sogno. Ha bisogno che siano proprio d'una provincia, d'una città, d'un pezzettino di terra largo quanto la palma della sua mano...». Dunque osservazione più regionalismo determinano, insieme, la forma, la lingua, il modo della narrazione.

E fantasia, immaginazione e simili? Vengono evocate, come si è visto, e ritenute indispensabili per «far *del vivo*», ma non definite. Restano garbate indicazioni d'obbligo. Con lo spiritismo, il magnetismo e così via, siamo invece a quelle manifestazioni abnormi dell'irrazionale che Capuana accetta e riconosce come elementi importanti dell'arte come della vita. con questi lo scrittore sacrifica ai nuovi dei della modernità, ma nel contempo si mette fuori dalla severità materialistica del positivismo da cui pure è partito. Qualche volta, però, manifestazioni irrazionali differenti, di tipo artistico e di tipo medianico, potrebbero coincidere: ci sarebbe analogia fra «allucinazioni» dei due generi, come si afferma in *Spiritismo?* (1884) e come vorrebbero dimostrare in azione alcune novelle «fantastiche», da «Un vampiro» a «Fatale influsso». Tuttavia queste argomentazioni portano al limite esterno, o addirittura fuori del naturalismo.

Nella letteratura come tale, tocca in sostanza allo psicologismo la sorte di sostenere l'impersonalità dell'osservazione e l'obbiettività della narrazione. Si tratterà soprattutto di psicologie femminili: come in *Profili di donne* (1877) o nella scandalosa *Giacinta* desunta dal caso vero di una signora borghese di Ancona. Ma questo è vero un poco in tutte le circa trecento novelle e negli altri romanzi di questo scrittore. Tuttavia qui, nella narrativa, accade che concretamente si compongono le divergenze, si chiariscono certe teoriche vaghe e a tratti semplicistiche. Una narrativa, quella di Capuana, che non potrà essere definita arte singolare, ma che pure prende e ha una sua forza e tensione. Forse per questo, invece dei corposi giudizi critici che portano i nomi di Croce e Russo, Caccia e Marcazzan, Spinazzola e soprattutto Madrignani (si vedano in calce le indicazioni bibliografiche relative) si preferisce citare un parere, per così dire, «volante», dato quasi di passata e senza indulgenza dall'acribìa di Renato Serra. Il quale, dell'opera complessiva di Luigi Capuana, dice (*Le lettere*, 1914, IV. *Prosa*; ora in *Scritti letterari, morali e politici*, a cura di M. Isnenghi, Torino, Einaudi, 1974, p. 429) che «era il tentativo artistico di Verga, ripreso con molto meno di forza fantastica e lirica, ma snodato e sveltito nella tecnica, per quella facilità di narratore nato, che è il dono di Capuana...».

Se a questo «dono» si vuole tornare, basterà leggere le godibilissime novelle, la vicenda d'ambiente e di psicologia borghese di *Giacinta*, il racconto lungo o meglio l'idillio *Scurpiddu* (1898) e infine la storia anzi il dramma del nobile e agrario *Marchese di Roccaverdina*.

3. *Il marchese di Roccaverdina*

La genesi ventennale, i tempi mutati, la stessa incertezza dello scrittore che tende a modificare (completare o incrementare) la teoria verista con qualche spunto postpositivista, per esempio ingrandendo il generico concetto di forma oppure dando credito all'occultismo, non impediscono a questo romanzo di essere e restare nella temperie tipica del realismo. Anzi, di esserne impregnato ancor più di altre opere. *Il marchese di Roccaverdina*, forse a causa del lungo lavoro e delle successive stesure, forse in conseguenza dell'impersonalità e impassibilità della sperimentazione verista, conserva un che di costruzione a freddo. L'ideazione, poi la lavorazione, partono come sempre dal «caso» concreto e dalla conoscenza diretta di luoghi e persone. Dunque prima di tutto dal paese, Mineo, che è la realtà e il punto privilegiato di osservazione dello scrittore. In una lettera datata «Mineo, 3 giugno 1881», interessante anche per un'ennesima puntualizzazione della teoria dello scrittore siciliano, rispondendo a Verga che gli ha chiesto, per il suo romanzo *Il marito di Elena*, alcune indicazioni topografiche relative appunto a Mineo, Capuana scriveva: «La scena del *Marito di Elena* è dunque in Mineo? (...) Io ho dovuto trasportare la scena del mio *Marchese Donna Verdina* in Spaccaforno per non farmi lapidare da tutti i miei personaggi, quantunque non dica male di nessuno, anzi! Mineo ha *tre collegiate* Santa Agrippina, San Pietro, Santa Maria. Dal punto delle fornaci, che con nome arabo rimasto nel dialetto mineolo, si chiama *Rabato*, non si può vedere la chiesa di Santa Maria (...) In fondo, c'è l'Etna, in tutta la sua maestà, nuotante, d'inverno, in un bagno di vapori rosei, quasi vermigli, d'estate azzurrognoli. Dal Rabato, a cento passi di distanza, a destra, proprio sotto lo stradone, si vedono le rovine delle antiche mura...». E, dopo la topografia per l'amico, Capuana torna al *Marchese* con un'indicazione questa volta di metodo: «Intanto lavoro. In questo mese farò una corsa di pochi giorni a Spaccaforno pel mio *Marchese Donna Verdina*, per studiare certe località e il paesaggio: voglio essere topograficamente esatto ed anche pittoricamente».

Ecco, nella pratica e in concreto, che cosa significa verismo: luoghi esatti, dipintura dal vero, osservazione di personaggi che potrebbero essere, più che verosimili, addirittura riconoscibili. Allo stesso modo le novelle, per esempio *Le paesane* (1894), presentano grottesche macchiette e dolenti attori, ironici ritratti d'ambiente, figure di un piccolo mondo contadino, artigiano, di paese. Più tardi, nel romanzo, la storia del Marchese di Roccaverdina (il titolo è variato, ma si tratta di un semplice fatto di gusto, o fonetico) si svolge nel paese di Ràbbato (con accento e due «b»): e questo è un mutamento importante perché trasforma il toponimo pur consentendone l'identificazione inequivocabile. Anziché un nome d'invenzione o di località esistente ma lontana, lo scrittore con una specie di sineddoche (la parte per il tutto) estende a tutto il paese dell'azione narrativa il nome (variato: Rabato = Ràbbato) delle fornaci che rappresentano un luogo (una parte) della vecchia Mineo. Paese d'invenzione? Paese verista: anzi, vero, da cui Capuana prende forza come il mitico Anteo quando tocca la madre Terra. Nella medesima lettera Capuana ha anche scritto: «Sull'impersonalità dell'opera d'arte noi siamo stati sempre d'accordo, meno il limite che io credo posto dalla natura stessa dell'opera d'arte: e tu questo limite lo vedi anche quando dici (...) che le migliori opere d'arte sono quelle che non si scrivono; senza riflettere che l'opera d'arte diventa tale soltanto quando ha preso forma solida, esteriore». La medesima, identica impersonalità tocca il luogo, le vicende e i personaggi: persone reali, in origine, osservate con scrupolo e senza ironia (nota bene: l'ironia è un sentimento colto che esula dall'impassibilità verista, sarebbe una indebita presa di posizione soggettiva dello scrittore). Una volta che i personaggi sono individuati e disegnati o sbozzati, avviene quello che Capuana racconta a proposito della *Giacinta*: «Quando i personaggi si furono nettamente disegnati ed ingaggiati nell'azione tutto andò da sé. Me li vedevo davanti come dei personaggi reali, scrivevo quasi sotto la loro dettatura» (lettera a Verga, da Mineo, 28 gennaio 1879).

Così come il paese in cui si svolge l'azione, deriva dalla realtà la figura di Agrippina Solmo, ombra fra le ombre eppure personaggio chiave del *Marchese di Roccaverdina*. Il suo nome è quello della santa di Mineo (appunto santa

Agrippina), ma la sua storia ricalca in parte la vicenda autentica di Peppa Sansone, schiava, serva, amante per anni del «vero» Capuana, che alla fine costringe l'impresentabile amante a un matrimonio di convenienza, anzi d'obbligo. Ma nella finzione romanzesca gli sposi Agrippina e Rocco devono giurare che non avranno mai rapporti: chissà se il «vero» Capuana avrà imposto a Peppa e al suo sposo un analogo giuramento di castità... A differenza (per fortuna) di quanto accade nella realtà, la storia romanzesca inizia proprio da qui: dal matrimonio in bianco che il marchese impone ad Agrippina col suo uomo di fiducia Rocco. In questo modo si disfà della donna, però non se ne libera: anche se non la vede più, in casa rimangono indizi del suo lungo soggiorno da schiava-padrona, e più tardi persino alla Zòsima Mugnos sposa recente del protagonista sembrerà di sentire per la casa «l'acuto odore di femmina peccaminosa» che quella vi ha lasciato. Dalla gelosia per Agrippina che ora convive, come moglie, con Rocco e che in effetti sta per cedere alla giovinezza e all'attrazione per il marito putativo, nasce il delitto. Fino a questo punto, la vicenda viene narrata indirettamente, attraverso rivelazioni, mezze parole, turbamenti di coscienza e così via. L'azione vera e propria inizia a delitto compiuto, con un innocente accusato e poi lasciato condannare sulla base di indizi confutabili, con un marchese a suo modo pentito, in realtà perseguitato dal rimorso, che però non vuole macchiare pubblicamente l'onore dei Roccaverdina. Dunque non serve la confessione (che del resto non ottiene assoluzione), né darsi al lavoro, dedicarsi a nuove strutture societarie per la raccolta del vino e dell'olio (dove s'intravede un nuovo modello di organizzazione socio-economica favorito dalla «scienza positiva»: ma sempre nella forma di società di galantuomini, nobili e borghesi, mentre i lavoratori, esclusi dalla partecipazione, possono tutt'al più avere il lavoro assicurato). Non serve neppure sposarsi: la sposa non riuscirà a comprendere le motivazioni occulte, quello che pare il misterioso carattere del marito. E il passato ritorna; il finale è, sì, a suo modo liberatorio, ma anche terribile: un'espiazione infame, una vendetta della vita sulla vita stessa.

Il romanzo presenta una struttura compatta; vi lavora una logica narrativa stringente e praticamente ineccepibile, dettata da una grande volontà letteraria, da un lungo lavoro, da una tensione costruttiva che non viene mai meno. Sono 34 capitoli non lunghissimi; strutturalmente vi si possono distinguere tre parti corrispondenti a tre momenti del dramma della coscienza a cui in sostanza si restringe la vicenda nonostante le azioni che vi si sviluppano con piena coerenza. La prima parte, che va dall'inizio sino al cap. X, rappresenta la fase del rimorso più immediato, acuto, legato alla gelosia e al ricordo dell'amore. La parte centrale, la più ampia e divagante, in cui il protagonista domina e reprime i sentimenti cercando rifugio nell'attività fisica e intellettuale, nel lavoro, nel matrimonio, va all'incirca dalla confessione a don Silvio, figura dolce e sacrificale di sacerdote, fino al cap. XXV. Negli ultimi nove capitoli, all'insegna dell'espiazione, il dramma precipita: tutti i sentimenti, i rimorsi, le emozioni ritornano allo stato fluido, incoercibili come la medesima ricomparsa di Agrippina (che nel frattempo si era di proposito allontanata con un secondo, vero matrimonio). La pazzia, l'ebetismo di Roccaverdina non sembrano qui semplici tare ereditarie della famiglia ma punizioni del cielo: destino, insomma, allo stesso modo della morte disperata del contadino forzosamente espropriato della terra dal potente marchese: «Destino – esclamò il massaio – (...) Pietre dell'aria, che ci cascano addosso quando non ce le aspettiamo!»

E di metafore o stilemi, per i quali il romanzo localmente riscatta una certa apparente o reale freddezza, ve ne sono parecchi. Complessivamente, invece, s'imprime nella mente soprattutto quella che è stata chiamata «l'ineluttabilità della natura del protagonista» (A. Borlenghi). Nella vicenda si mischiano anche svariati elementi ideologici, discorsivi e comunque non direttamente influenti sul procedere dell'azione. Sono, per esempio, gli accenni all'inutile unità d'Italia (che lascia intatti i privilegi dei baroni); le dispute sull'esistenza di Dio e sull'essenza della Natura, che Capuana conduce da laico non credente; lo spiritismo dell'avvocato don Aquilante e il suo «vedere» le ombre di coloro che non si sono ancora dissolti nella morte totale. La presenza del soprannaturale nelle sue forme cristiane o parapsicologiche

18

conferma la cultura e la disponibilità dello scrittore a esperienze disparate nel dibattito del suo tempo. Per altro verso, il romanzo di Capuana vede a protagonista un nobile che è anche un proprietario agrario, eppure non fornisce informazioni dettagliate sulla condizione contadina: solo qua e là compaiono – fra incomprensione e dispregio – i servi della gleba, i piccoli proprietari vessati, i braccianti a giornata: «(...) vivere in campagna, tra contadini che lo temevano e non gli volevano bene perché li trattava peggio di schiavi, senza trovar mai una buona parola per essi»; «a un contadino potete prendergli la moglie, la figlia... sta zitto, chiude gli occhi; ma un pizzico di terra no! è come strappargli un brano di cuore». E ci sono poi le schiave della casa, come la nutrice e la stessa Agrippina. Ma non è uno spiraglio sulla condizione femminile o del proletariato agricolo in genere che bisogna cercare nel romanzo del catanese. L'impassibilità verista si traduce fatalmente in insensibilità umana; si è parlato anche di «un senso mistico della vita feudale di provincia», con «qualche ricordo del *Mastro Don Gesualdo* del Verga».

Nella citata «confessione» *A Neera*, a proposito della lingua e dello stile Capuana aveva scritto: «Avevo imparato a mie spese quanto può nuocere a un'opera d'arte l'improprietà dei vocaboli, la poca precisione della frase, e mi s'era maggiormente sviluppato l'amore, la passione della semplicità e della rapidità, due grandi strumenti di efficacia...». Ed è noto che fu il mestiere di critico di giornale a imporgli un linguaggio più svelto, conciso e preciso. La ricerca di realtà psicologica e terrestre talvolta va al di là della lingua comune, sfiora la volontarietà dello stile, e colpisce il bersaglio emotivo con l'invenzione (tematica, linguistica, strutturale): diventa a tratti come un breve raggio, un'illuminazione momentanea. Così come appaiono, le rare dolcezze, i singolari accadimenti emotivi sono meteore ovvero cedimenti della rituale severità stilistica e della normale seriosità supercigliosa dei veristi. C'è, esiste, infatti, un purismo verista, una canonizzazione di modi e regole cui si sottraggono certe pagine, certi periodi, magari soltanto certi incisi: definizioni, attimi di conoscenza viva, di commozione o – ma la parola è forse impossibile per Capuana – «pietà».

Tutto il racconto, in definitiva una sorta di «delitto e castigo», si basa su «quel tormentoso nemico interiore» che il protagonista non riesce a domare e che ricompare di continuo, ossessivamente, sotto le spoglie più diverse, una figura o un ricordo, che si annida nelle parole o nella ben più terribile insonnia. «Il silenzio gli faceva paura. Un gatto cominciò a lamentarsi nella via con voce quasi umana ora di bambino piangente, ora di uomo ferito a morte...»; e anche se il marchese sa bene che si tratta di un «richiamo d'amore» il lamento diventa un'intima voce che gli fa sfilare davanti «dolorose figure di vittime sacrificate alla sua gelosia». Tutto è cominciato, dopo il delitto, con un'allucinazione provocata da un grande Crocifisso coperto da un lenzuolo corroso e tarmato: «il vecchio lenzuolo, ridotto in brandelli, rendeva più terrificante quella figura di grandezza naturale, che sembrava lo guardasse con gli occhi semispenti e volesse muovere le livide labbra contratte dalla suprema convulsione dell'agonia». Questa visione allucinata, rinfocolando un'antica paura infantile, gli rimescola dentro le torbide riflessioni e i terrori di ora, accresciuti dalla «paura del misterioso ignoto» evocato dalle «stramberie» del veggente e spiritista don Aquilante. Non è questione di credenze religiose o del loro contrario: il castigo viene dal dentro, con allucinazioni morbose, superstiziose paure, «apprensione di pericoli appiattati nell'ombra», che si trasformano in (e notiamo il vago movimento proustiano avanti lettera) *intermittenze di pensiero*. Naturalmente il divagare, il non riuscire a frenare la nuvola del pensiero, la tentazione di sostituire alle parole da dirsi altre non dette (e autoaccusatorie) diventano ossessione, tragico percorso di una «terribile fatalità». Se la coscienza turbata e il sentimento del «tormentoso nemico interiore» spaziano dalla gelosia in parte ancora viva al rimorso del delitto, il centro del dramma è forse però in un altro rimorso, e cioè nel non aver compreso se stesso, le proprie risorse o limiti di amore, gelosia, invidia, ira. Il marchese diventa umano solo quando impazzisce, e impazzisce quando s'accorge che la vita è «una folle fantasmagoria», il mondo «un inesplicabile enimma». Nel disordine metafisico e psichico, fra religione non del tutto abbandonata e scienza positiva non bene assimilata (ne sono testimonianza eloquente le discussioni del cap. XI), ricompare il destino: «Tanto, il mondo andrà sempre allo stesso modo... Brancoliamo tastoni, nel buio...»; e poco prima, in una ansiosa domanda su Dio, quando tutta la fiducia nella scienza ci abbandona nel tempo dell'angoscia: «Siamo fragili steli che il vento fa piegare di qua o di là secondo la parte da cui soffia...» (e viene alla mente il dramma borghese del contemporaneo Giacosa, *Come le foglie*, che è del 1900).

In questa situazione gli altri personaggi diventano quasi figure di contorno: atti a portare avanti l'azione narrativa, come l'avvocato veggente; a suscitare inquietudini, come la vecchia mamma Grazia che ha una ridicola e saggia funzione da *fool* shakespeariano, se è lecita la comparazione... Una vittima è Zòsima, antica innamorata divenuta tardivamente moglie sfortunata: che, nonostante la sua condizione dimessa e l'ambiguo atteggiamento dell'uomo nei suoi confronti, intuendo la situazione arriva a dire: «Sono forse una persona, sono un cuore qui?... Sono un mobile». E difatti «la sua gran nemica ella l'aveva subito ritrovata, invisibile, ma presente in quella casa (...); l'aveva ritrovata su la soglia del cuore del marchese...».

La gran nemica, Agrippina Solmo, compare fin da principio – di fronte alla baronessa zia del marchese – in atteggiamento corretto, da inferiore che sa di esserlo, ma del tutto conscia del suo ruolo in un recente passato: «Il tono della voce era umile, l'atteggiamento no» (c'è, qui, ed è notevole, nella secchezza della minima descrizione, l'arte di uno scrittore di vaglia). Così la rivede il marchese nel momento in cui le impone di essere la sposa putativa di Rocco: «Ero sicuro della sua risposta. Per quasi dieci anni, l'avevo vista davanti a me umile, obbediente come una schiava, senza ambizioni di sorta alcuna (...) E giurò... Poteva rifiutarsi...». Una schiava, allora e sempre, anche quando il ricordo diventa un rimpianto: «E rimpiangeva la calma felicità di quegli anni in cui non dava retta a nessuno e faceva il piacer suo; (...) ed egli possedeva non un'amante delle solite, ma una vera schiava, buona, sottomessa...». Ebbene, è proprio questa schiava che ricompare nel finale drammatico, per curare, per cogliere gli ultimi gridi della pazzia di Roccaverdina prima che costui si trasformi in ebete; è lei, sempre umile, sottomessa e memo-

21

re, dopo che tutti ormai hanno capito la verità e il male ha lavorato in modo irreversibile. Gli altri discutono, parlano con un bel movimento teatrale:

«"Ormai, è certo (...) Lo ha ammazzato lui, per gelosia!..."»

«"Inesplicabile!" esclamò il notaio Mazza.

«– Anzi, ora tutto diventa chiaro, – riprese il cavalier Pergola.» E Agrippina, la schiava un tempo padrona, si dà a curare il malato pazzo, colui che ha rovinato la vita a lei oltre che a se stesso: ancora, forse, lo ama? Scoppia, da ultimo, il suo grido, il grido della donna siciliana che identifica amore e maternità:

«Figlio! Figlio mio!» urla Agrippina. «E si lasciò trascinar via da mastro Vito, senza opporre resistenza, umile, rassegnata com'era stata sempre, convinta anche lei che non poteva restare più là, perché il suo destino aveva voluto così!»

Il romanzo termina con questa pagina poetica che parla di una sconfitta irrimediabile.

Dell'amore di Capuana per la parola inventiva testimoniano certe (rare) scelte improvvise e sensibili: «Tristi presentimenti gli *scurivano l'animo*»; «pregava intensamente perché il Signore gli *spietrasse il cuore*». Ma la vera, integrale poeticità risiede nei movimenti dell'animo e nella dinamica dei sentimenti; questi, coerentemente agli interessi dello scrittore (che era partito, si ricorderà, dalla critica teatrale poi raccolta in *Il teatro italiano contemporaneo*, 1872, e che aveva scritto parecchio per il teatro, fra l'altro anche traducendo in lavoro teatrale *Giacinta*) assumono spesso, nel dialogato nervoso e concreto e nel parlato non letterario, caratteristiche teatrali. Esempi di movimenti del genere nel romanzo sono numerosi; oltre a scene già citate, ecco il dialogo di Roccaverdina con la Solmo, che culmina nell'invettiva di lui che risulterebbe persino un po' ridicola se non contenesse il germe della tragedia: «Nega, nega, se puoi!... Ti sei data... a tuo marito, come una sgualdrina!».

Questa sapienza di dialogo insieme teatrale ed esistenziale Capuana l'aveva trovata in sé, scavando nella realtà e studiando il vero, dominando le psicologie e osservando ciò che avviene nella vita. L'impersonalità, l'impassibilità fanno intuire allo scrittore che il dialogo affronta i problemi diminuendo la resistenza della materia verbale. E come sul dialogo si fonda il teatro, come sul dialogo si basa il procedere medesimo del vivere, è sulla felicità e congruenza, sulla rapidità del parlato comune che lo scrittore costruisce il suo miglior esito narrativo. Meglio che nelle sentenze, meglio ancora che nella proverbialità di stampo contadino. Anche se, in qualche caso, la sentenza colpisce diritto il segno, e potrebbe diventare l'epigrafe di tutta la vicenda. Come questa, molto manzoniana, tante volte provata nella verità delle situazioni o nel proprio cuore: «Ognuno crede di avere ragione soprattutto quando ha torto».

Gilberto Finzi

Nota biografica

Luigi Capuana nasce a Mineo, in provincia di Catania, il 29 maggio 1839, primo di nove tra fratelli e sorelle, da famiglia di possidenti agrari. Studia alla scuola dei Gesuiti, poi al Real Collegio di Bronte. Nel 1857 si iscrive alla facoltà di giurisprudenza a Catania; qui si legherà di amicizia con intellettuali, fra cui E. Navarro della Miraglia e L. Vigo (al cui nome è legata la *Raccolta* dei canti popolari siciliani e la beffa che gli venne giocata da Capuana che ne contraffece alcuni), ma non si laureerà per vari motivi: gli interessi letterari e teatrali, l'attività politica per cui lo troviamo nel 1860 segretario del comitato clandestino antiborbonico di Mineo. Legge disordinatamente; scrive e stampa nel 1861 la leggenda drammatica in tre canti *Garibaldi*. Nel 1864, contro le resistenze familiari, parte per Firenze dove rimane per circa quattro anni e dove frequenta, oltre al pittore Telemaco Signorini, Dall'Ongaro, Aleardi, Prati e, da ultimo, il conterraneo Verga, che diventerà l'amico e il confidente. Collaboratore del quotidiano «La Nazione», fra una polemica e l'altra, raccoglie qualche anno dopo in volume le critiche teatrali (*Il teatro italiano contemporaneo*, 1872); ed è importante ricordare che su questo giornale esce nel 1867 il suo primo racconto, *Il dottor Cymbalus*, che segna l'abbandono della poesia lirica (anche se Capuana tornerà alla poesia in verso con *Semiritmi*, 1888) e l'inizio del lavoro narrativo. Il periodo fiorentino, che contribuisce a colmare il ritardo culturale di cui lo stesso futuro scrittore si rende conto, termina nel 1868, quando Capuana è costretto a rientrare a Mineo per motivi di salute; la morte del padre e le successive questioni di famiglia lo tratterranno al paese per circa sette anni. Diventa, nel frattempo, sindaco di Mineo, e trova svago in quelli che oggi si chiamerebbero *hobbies*: fotografia, disegno, incisione, ceramica. Dal 1875 si lega sentimentalmente con una serva di casa, Peppa (o Beppa: Giuseppina) Sansone, ed è una relazione che durerà fino al 1892, quando, per disfarsene, l'amante e padrone la costringerà a sposarsi con un altro: i figli nati dal rapporto li ha destinati all'orfanotrofio di Caltagirone. Sempre nel 1875, in un breve soggiorno a Roma, ha la prima idea del romanzo *Giacinta*. Aderendo agli inviti e alle sollecitazioni degli amici si trasferisce a Milano dove, nel 1877, anche per intercessione di Verga, diventa critico del «Corriere della Sera». Nello stesso 1877 pubblica la prima raccolta di racconti, di tono ancora tardoromantico, *Profili di donne*. Nel 1879 esce *Giacinta*, importante romanzo che provoca «un urlo d'indignazione» per il tema scabroso; lo scrittore però vi lavorerà ancora a lungo, fino alla terza edizione del 1889. Già alla fine del 1880 è di nuovo al paese; conosce il giovane F. De Roberto, terzo della «triade catanese». È del 1881 l'appassionata presa di posizione a favore de *I Malavoglia*, libro che del resto incarna l'ideale verista. Pubblica inoltre, in due serie (1880 e 1882), gli *Studii sulla letteratura contemporanea*, che raccolgono le recensioni e i saggi dedicati fra gli altri a Zola, De Goncourt, Gualdo, Faldella, Dossi, Balzac, Verga medesimo. Sempre del 1882 sono le fiabe di *C'era una volta,* cui seguiranno altri libri per ragazzi. In questo stesso anno si trasferisce a Roma, dove dirige l'importante periodico letterario (cui già collaborava) «Il Fanfulla della domenica». Rientra a Mineo l'anno dopo, al solito, costretto da condizioni di salute che lui ritiene precarie: vi si ferma fino al 1888, e intanto, nel 1885, è di nuovo sindaco. Continua tuttavia a pubblicare racconti e scritti critici; lavora per il teatro e, dopo *Malìa*, trasforma in dramma *Giacinta* che viene messa in scena a Napoli nel 1888 con buon successo. Nel luglio 1888 ritorna a Roma dove rimarrà per tredici anni, insegnando letteratura italiana presso il Magistero (vi conoscerà, fra l'altro, Pirandello). Nel periodo romano pubblica alcune raccolte di novelle, fra cui *Le appassionate* (1893) e *Le paesane* (1894) che riuniscono anche racconti di raccolte precedenti, *Nuove paesane* (1898) e altro ancora; i romanzi *Profumo*, che esce in volume nel 1892, *La sfinge*, 1897 e *Il marchese di Roccaverdina*, in volume nel 1901; il bellissimo idillio di ambiente contadino *Scurpiddu*, 1898; e infine raccoglie i saggi e le recensioni in *Gli "ismi" contemporanei*, 1898, e *Cronache letterarie*, 1899. Nel 1902 torna a Catania dove gli è affidata la cattedra universitaria di Lessicografia e Stilistica. Dal 1895 si è unito a una venticinquenne, Adelaide Bernardini, che sposerà nel 1908, testimonio Verga. Al massimo della fama letteraria, si dedica ancora a racconti, favole, novelle per ragazzi (*Cardello* è del 1907); a lavori teatrali in dialetto che verranno raccolti in cinque volumi, *Teatro dialettale siciliano*, 1911-1921, e che, tutto sommato, avranno miglior sorte – forse anche per merito di attori come G. Grasso e A. Musco – delle commedie in italiano. Nel 1910 Capuana viene affettuosamente e ufficialmente festeggiato a Catania: ha settanta anni. Lo stesso anno, nell'autunno, si reca a Milano come esperto e prende le difese, in tribunale, di F.T. Marinetti accusato di oltraggio al pudore per il romanzo *Mafarka il Futurista*. Afferma: «Se avessi cinquant'anni di meno io mi dichiarerei futurista». Ma continua a scrivere, anche per l'assillo del bisogno che lo ha perseguitato per tutta la vita e che non viene meno con la vecchiaia: *Gli «Americani» di Ràbbato* è del 1912. Muore a Catania, di polmonite, il 29 novembre 1915.

Bibliografia essenziale

A) *Opere di Luigi Capuana*

POESIA: *Garibaldi*, leggenda drammatica, Catania, 1861; *Semiritmi*, Milano, 1888.

ROMANZI: *Giacinta*, Milano, 1879, 3ª ediz. Catania, 1889; *Profumo*, Palermo, 1892; *La sfinge*, Milano, 1897; *Il marchese di Roccaverdina*, Milano, 1901; *Rassegnazione*, Milano, 1907.

RACCONTI (principali raccolte): *Profili di donne*, Milano, 1877; *Storia fosca*, Roma, 1883; *Homo*, Milano, 1883; *Le appassionate*, Catania, 1893; *Le paesane*, Catania, 1894; *Nuove «paesane»*, Torino, 1898; *Il Decameroncino*, Catania, 1901; *Delitto ideale*, Milano-Palermo-Napoli, 1902; *Coscienze*, Catania, 1905; *Un vampiro*, Roma, 1907; *La voluttà di creare*, Milano, 1911; *Eh! La vita...*, Milano, 1913; *Le ultime paesane*, Milano, 1922 (post.). (Tutte le raccolte, comprese quelle qui non citate, sono riprodotte nei tre volumi di *Racconti*, a c. di E. Ghidetti, Roma, 1973-4.)

FIABE, ROMANZI E RACCONTI PER LA GIOVENTÙ: *C'era una volta...*, Milano, 1882; *Il Raccontafiabe*, Firenze, 1894; *Scurpiddu*, Torino, 1898; *Re Bracalone*, Firenze, 1905; *Cardello*, Palermo, 1907; *Gli "Americani" di Ràbbato*, Milano-Palermo, 1912.

TEATRO: *Il piccolo archivio*, Catania, 1886; *Malìa*, Roma, 1891; *Teatro dialettale siciliano*, voll. I e II, Palermo, 1911; III, ivi, 1912; IV, Catania, 1920; V, ivi, 1921.

CRITICA LETTERARIA TEATRALE E VARIA: *Il teatro italiano contemporaneo*, Palermo, 1872; *Studii sulla letteratura contemporanea*, serie I, Milano 1880; serie II, Catania, 1882; *Spiritismo?*, Catania, 1884; *Per l'arte*, Catania, 1885; *Gli "ismi" contemporanei*, Catania, 1898; *Cronache letterarie*, Catania, 1899; *Arte e scienza*, Catania, 1903.

B) *La Critica*

BIBLIOGRAFIA: G. Raya, *Bibliografia di Luigi Capuana* (*1839-1968*), Roma, 1969; V. Santangelo, *Luigi Capuana e i suoi critici*, Roma, 1969: G. Oliva, *Capuana nella critica recente (1960-1978)*, in *Capuana in archivio*, Caltanissetta-Roma, 1979.

BIOGRAFIA: P. Vetro, *Luigi Capuana – La vita e le opere*, Catania, 1922; C. Di Blasi, *Luigi Capuana. Vita. Amicizie. Relazioni letterarie*, Mineo, 1954. Si veda anche: G. Raya, *Carteggio Verga-Capuana*, Roma, 1984.

SAGGI E SCRITTI CRITICI: R. Serra, *Le lettere*, 1914, ora in *Scritti letterari, morali e politici*, a c. di M. Isnenghi, Torino, 1974; B. Croce, in *Letteratura della nuova Italia*, III, Bari, 1915 (1973, 1ª ediz. economica); A. Pellizzari, *Il pensiero e l'arte di Luigi Capuana*, Napoli, 1919; L. Russo, in *I Narratori*, Roma, 1923 (Milano-Messina, 1958, 3ª ediz. integrata e ampliata); G. Marzot, in *Battaglie veristiche dell'Ottocento*, Milano-Messina, 1941; M. Marcazzan, *Dal romanticismo al decadentismo*, vol. I, in «Letteratura italiana (Marzorati) – Le Correnti», Milano, 1956; G. Trombatore, in *Riflessi letterari del Risorgimento in Sicilia*, Palermo, 1960; E. Caccia, in «Letteratura italiana (Marzorati) – I Minori», vol. IV, Milano, 1961-62; A. Borlenghi, in *Narratori dell'Ottocento e del primo Novecento* (Ricciardi), t. II, Milano-Napoli, 1962; R. Bigazzi, in *I colori del vero*, Pisa, 1969; C. A. Madrignani, *Capuana e il naturalismo*, Bari, 1969; E. Ghidetti, Introduzione a L.C., *Racconti*, cit.; e Introduzione a L.C., *Giacinta*, Roma, 1980; G. Luti, Introduzione a L.C., *Gli "ismi" contemporanei*, Milano, 1973; A. Barbina, *Capuana inedito*, Bergamo, 1974; G.P. Samonà, Introduzione a L.C., *Il marchese di Roccaverdina*, Milano, 1974; V. Spinazzola, in *Verismo e positivismo*, Milano, 1977; G. Davico Bonino, Introduzione a L.C., *Giacinta* (secondo la 1ª ediz. del 1879), Milano, 1980.

IL MARCHESE DI ROCCAVERDINA

I

«C'è l'avvocato,» annunziò mamma Grazia affacciandosi all'uscio.

E siccome il marchese non si voltò né rispose, la vecchia nutrice, fatti pochi passi nella stanza, esclamò:

«Marchese, figlio mio, sei contento? Avremo finalmente la pioggia!»

Infatti lampeggiava e tuonava da far credere che tra poco sarebbe piovuto a dirotto, e già rari goccioloni schizzavano dentro dall'aperta vetrata del terrazzino. Il marchese di Roccaverdina, con le mani dietro la schiena, sembrava assorto nel contemplare lo spettacolo dei fitti lampi che si accendevano nell'oscurità della serata, seguiti dal quasi non interrotto reoboare dei tuoni.

«C'è l'avvocato,» replicò la vecchia accostandosi.

Egli si riscosse, guardò la nutrice e parve percepisse soltanto dopo alcuni istanti il suono della voce di lei e il senso delle parole.

«Fallo entrare,» rispose.

Poi, all'atto della vecchia che accennava di voler chiudere la vetrata, soggiunse:

«Chiudo io.»

Si udì subito lo sbattere di pochi goccioloni su i vetri che tremavano scossi dall'aria agitata dalla ondulazione dei tuoni.

La tavola era sparecchiata. Un lume di ottone, a quattro becchi, illuminava scarsamente la stanza. Il marchese non poteva soffrire il petrolio, e continuava a servirsi degli antichi lumi a olio per l'uso d'ogni sera. Soltanto nel salotto, e perché gli erano stati regalati dalla baronessa di Lagomorto, sua zia paterna, si vedevano due bei lumi di porcellana, a petrolio; ma non venivano accesi quasi mai. Egli preferiva le grosse candele di cera dei candelabri di argento a otto bracci, che ornavano colà le consolli dorate, nelle rarissime circostanze in cui doveva ricevere qualche persona di conto.

Con l'avvocato Guzzardi non occorreva. Era di casa, veniva a tutte le ore; entrava fino in camera, se il marchese si trovava ancora a letto.

All'infoschirsi del viso, si sarebbe detto che quella visita, a quell'ora, con quel tempaccio, non riuscisse molto gradita al marchese.

Rimasto in piedi, accigliato, mordendosi le labbra, affondando le dita tra i folti capelli neri, egli si era voltato verso l'uscio, attendendo. L'avvocato gl'incuteva una specie di paura da che si era dato agli esperimenti spiritici. Un giorno o l'altro, quei diabolici esperimenti, povero avvocato, lo avrebbero fatto ammattire! Fortunatamente, fin allora, la sua intelligenza si era conservata benissimo, per ciò il marchese continuava ad affidargli tutte le sue liti e tutti i suoi affari.

A Ràbbato, dove trovarlo un altro avvocato più esperto e più onesto di don Aquilante Guzzardi? Bisognava prenderlo così com'era, con quelle sue stravaganze, che infine provenivano da troppa dottrina. Latinista, grecista, filosofo, teologo, giureconsulto, egli era tenuto meritatamente in grandissima stima anche nei paesi vicini. «Peccato che sia ammattito per gli Spiriti!» dicevano tutti. Il marchese non era giunto ancora ad esclamare così; ma quelle *magherie*, come le chiamava, lo impensierivano per l'avvenire. E quantunque egli fosse incerto se si trattasse di operazioni diaboliche o di fantasticaggini e allucinazioni, non poteva difendersi dal senso di paura che in quel momento lo turbava più forte, forse perché il vento, i lampi e i tuoni imperversanti fuori influivano su i suoi nervi e accrescevano l'effetto della solita e invincibile impressione.

Quanto l'alta e magra figura dell'avvocato comparve su la soglia dell'uscio, quasi ritagliata sul fondo dell'altra stanza rischiarata dal lume portato a mano da mamma Grazia, il marchese si sentì correre un lieve brivido ghiaccio da capo a piedi.

Visto a quel modo, gli parve più alto, più magro, più strano, con la scialba faccia interamente rasa, col lungo collo fasciato dal nero fazzoletto di seta, le cui punte formavano un piccolo nodo davanti, con le falde dell'abito nero che gli scendevano oltre il ginocchio, coi calzoni neri quasi aderenti alle secche e interminabili gambe, con quelle stecchite braccia che si agitavano in ossequioso saluto:

«Buona sera, marchese!»

Anche la voce, che sembrava uscisse dalle profonde cavità dello stomaco, parve più cupa dell'ordinario al marchese, che rispose con un cenno del capo e un gesto della mano invitante a sedere.

«Pareva dovessimo avere chi sa che tempesta, eh? E invece!...» esclamò don Aquilante. «Per questo non ho voluto rimettere a domani la buona notizia che posso recarvi.»

E appena il marchese si era seduto dal lato opposto della tavola, don Aquilante riprendeva:

«Finalmente ci siamo!»

Il marchese spalancò gli occhi, interrogando.

«Neli Casaccio sarà arrestato questa notte.»

«Ma!...» fece quegli.

La voce gli moriva improvvisamente nella gola.

«La deposizione della moglie di Neli ha finito di convincere il giudice istruttore. Il mandato di arresto è stato firmato quattr'ore fa e consegnato al brigadiere dei carabinieri. Vedete, marchese, se io m'ingannavo nelle mie induzioni!»

«Che cosa ha detto quella donna?»

«Ha confermato le testimonianze di Rosa Stanga, di Paolo Giorgi, di Michele Stizza. Neli aveva esclamato più volte: "Se Rocco Criscione non smette gli faccio fare una fiammata!". E quando si convinse che non smetteva d'insidiargli la moglie... Tutto si spiega, tutto è chiaro ora; e possiamo ricostruirci la scena. Egli lo ha atteso su la strada di Margitello, nascosto dietro la siepe di fichi d'India, dove la strada fa gomito. Era passato da Margitello la mattina, fingendo di cacciare da quelle parti. "Salute, compare Neli." "Salute, compare Rocco." C'è la testimonianza del bovaro. "Se stasera tornate a casa, potrò ripassare da qui; faremo la strada assieme." "Non vi scomodate, compare; tornerò molto tardi." Abbiamo pure la testimonianza del garzone di Santi Dimaura, che udì queste parole e intervenne nel discorso, dicendo: "La vostra mula sa la strada meglio di voi, e non ha paura dei fanghi di Margitello". "Con la mia mula andrei anche all'inferno!" rispose Rocco. "E dicono che la strada sia peggio." "In paradiso dobbiamo andare, con la grazia di Dio!" Risposto così, Neli Casaccio si allontanò, chiamandosi dietro il cane. Egli stesso ha deposto che il garzone di Santi Dimaura ha detto la verità. Il garzone non ha saputo riferire se l'intonazione di quelle parole sia stata semplice, naturale o con qualche accento d'ironia: ma l'ironia ha dovuto esserci. Rocco, scherzando, parlava della strada dell'inferno, e Neli parlava... del paradiso, per non dire apertamente: "Ti manderò all'inferno io, questa notte!".»

«Nessuno però ha visto Neli Casaccio.»

«Capisco; voi, marchese, vorreste la certezza assoluta. In questo caso non ci sarebbe stato bisogno del giudice istruttore, né di tanti testimoni per raccogliere un indizio qua, un altro là, e aggrupparli, confrontarli, svilupparli. Neli Casaccio è furbo. Cacciatore di mestiere; figuriamoci! Ma è spaccone, ha lingua lunga. "Gli faccio fare una fiammata!" Quando alla minaccia segue il fatto, che cosa si può chiedere di più?»

Parlando, don Aquilante aggrottava le sopracciglia, storceva le labbra, sgranava gli occhi, agitava le braccia, tenendo combaciati l'indice e il pollice delle due mani e allargando le altre dita con gesto dimostrativo, da uomo che vuole aggiungere evidenza alle sue ragioni. E incupita la voce nel pronunziare queste ultime parole, si era arrestato, fissando in viso il marchese che lo guardava con occhi smarriti, pallidissimo, umettandosi con la lingua le labbra inaridite.

«È venuta da me, l'altra mattina, la povera vedova di Rocco,» riprese don Aquilante, vedendo che il marchese stava zitto. «Sembrava la Madonna Addolorata: "Non avrò pace fino a che gli assassini di mio marito non saranno in galera!".»

«Perché dice: assassini?» domandò il marchese.

«Perché lei crede che siano stati più di uno.»

«Il colpo di fucile è stato uno solo.»

«Che ne sappiamo? Uno quello che ha ucciso. E nessuno ha udito, nella notte, neppure quel colpo.»

Don Aquilante socchiuse gli occhi, scosse la testa e fece una lunga pausa.

Di tratto in tratto, quasi spruzzati per forza, pochi goccioloni sbattevano sui vetri simili a chicchi di grandine; ma i tuoni rombombavano con lunghi echeggiamenti, tra le grida di gioia della povera gente smaniante per la pioggia nelle scoscese viuzze attorno alla vasta casa dei Roccaverdina, isolata da ogni lato e quasi arrampicata a quell'angolo della collina di Ràbbato che aveva in cima le torri dell'antico castello rovesciate dal terremoto del 1693.

Dalla parte del viale che conduceva lassù, la casa dei Roccaverdina aveva l'entrata a pianterreno, mentre dal lato opposto la facciata di pietra intagliata si elevava con tre alteri piani su le povere casette di gesso dalle quali era circondata. Gli altri lati, a mezzogiorno e a tramontana, seguivano la ripida elevazione del terreno, e davano a chi guardava l'impressione che l'edificio si fosse sprofondato per un avvallamento della collina. Il terrazzino della sala da pranzo rispondeva a ponente, e il vento impetuoso lo investiva di faccia.

Durante la lunga pausa, il marchese aveva osservato con crescente inquietudine l'atteggiamento dell'avvocato che, tenendo socchiusi gli occhi e scotendo la testa, sembrava ragionasse da sé, sotto voce, poiché di tratto in tratto agitava le labbra quantunque non ne facesse uscire nessun suono.

«Per conto mio,» disse don Aquilante, destandosi improvvisamente dalla concentrazione che lo aveva fatto ammutire, «io sto tentando un'inchiesta più concludente dell'istruttoria del processo; ma forse è ancora troppo presto.»

«Non parliamo di queste sciocchezze... scusate, avvocato, se dico così,» lo interruppe il marchese.

«E avete torto!»

Don Aquilante, col viso rischiarato da un orgoglioso sorriso di compatimento, appoggiava i gomiti su la tavola, incrociava le dita delle mani e ne faceva sostegno al mento, intanto che con voce cupa e lenta riprendeva:

«L'ho veduto ieri, per la prima volta. Non ha ancora coscienza di essere morto. Accade così per tutti gli uomini materiali. Erra per le vie del paese, si accosta alle persone, interroga, s'indispettisce di non ricevere risposta da nessuno...»

«Sì... va bene; ma io non amo ragionare di queste cose,» tornò a interromperlo il marchese, che però non riusciva a nascondere il turbamento. «Lasciamo in pace i morti.»

«Invece i morti soffrono di vedersi dimenticati. Io lo attirerò verso di me, lo interrogherò per sapere proprio da lui...»

«E quando sarete arrivato a sapere?... Che valore avrà la vostra testimonianza?»

«Non voglio testimoniare, ma sapere, unicamente sapere. Ecco: io avevo già appreso, per altre vie, che l'assassino è stato uno solo, appiattato dietro la siepe di fichi d'India. "Il nome!" ho chiesto. Non me lo hanno potuto rivelare, per leggi inviolabili del mondo di là di cui noi ignoriamo la ragione.»

«Ah!» fece il marchese. «Ma se quel che voi volete darmi a intendere fosse vero, non rimarrebbe più nessun delitto impunito e il governo potrebbe abolire la polizia.»

«È un'altra quistione!» rispose don Aquilante.

«Lasciamo andare; non mi convincerete mai, mai, mai! E poi, la Chiesa proibisce queste operazioni diaboliche. È provato che si tratta di inganni del diavolo. Vi siete lasciato invischiare, così dotto come siete. Ma già voi altri dotti incappate negli errori più di noi ignoranti...»

«Non direte così tra qualche mese!»

«Oh, vi prego di lasciarlo in pace... cioè, di lasciarmi in pace!» si corresse il marchese. «Penso all'arresto di Neli Casaccio. Se il giudice istruttore si è deciso a ordinarlo...»

«La giustizia umana fa quel che può. O prove evidenti, o indizi che conducano a una prova morale; non ha altri mezzi.»

«E così, spesso, condanna qualche innocente!»

«Non lo fa a posta; *errare humanum est*! Ma nel caso nostro è difficile che sbagli. Rocco era un brav'omo; non aveva nemici. Chiassone, sì; donnaiolo, anche! Da che aveva preso moglie però... Gli piaceva di scherzare ciò non ostante. La stessa moglie di Casaccio ha detto al giudice istruttore: "Tempo fa, è vero, mi si era messo attorno, non mi dava requie. Mandava imbasciate, quando non aveva occasione di parlarmi lui stesso. Ed io: 'Siete pazzo, santo cristiano! Non faccio un torto a mio marito. Povera, ma onesta!'. Poi si era chetato. E mio marito lo sapeva, e non lo minacciava più... Erano tornati amici".»

«Ha detto: si era chetato?»

«Sarà stato vero? La donna ha interesse di scusare sé e il marito.»

«Si era chetato!» mormorò il marchese.

E strizzò gli occhi, levandosi da sedere.

Respirava fortemente, quasi sentisse mancar l'aria nella stanza. Aperti prima gli scuri dell'imposta, spalancò poi la vetrata e si affacciò al terrazzino. Don Aquilante lo raggiunse.

Dietro le nuvole diradate e sospinte dal vento, sembrava che la luna corresse rapidamente pel cielo. Al velato chiarore lunare i campanili, le cupole delle chiese di Ràbbato si scorgevano nettamente tra la bruna massa delle case affollate nell'insenatura della collina.

Tutt'a un tratto, il vasto silenzio fu rotto da una roca voce che gridava quasi imprecando:

«Cento mila diavoli al palazzo dei Roccaverdina! Oh! oh! – Cento mila diavoli alla casa dei Pignataro! Oh! oh! – Cento mila diavoli alla casa dei Crisanti! Oh! oh!»

«È la zia Mariangela, la pazza!» disse il marchese. «Ogni notte così.»

E il grido riprendeva, roco, con una specie di cantilena feroce.

«Suo marito la tiene incatenata come una bestia,» rispose don Aquilante. «Dovrebbe immischiarsene l'autorità; farla rinchiudere in un manicomio.»

La pazza tacque.

Il vento aveva già spiazzato le nuvole. Il temporale si era già allontanato, con gli stessi lampi che incendiavano un largo spazio di cielo, verso Aidone, dietro le colline di Barzino.

«Sempre così! Sarà un gran guaio anche quest'anno!» disse don Aquilante. «Buona notte, marchese.»

Il marchese stava per rispondere, quando un altro grido, acuto, straziante, gli arrestò le parole in gola:

«Figlio!... Figlio mio!»

«È la moglie di Neli Casaccio!» esclamò l'avvocato, voltandosi verso il punto da cui il grido veniva. «I carabinieri sono andati ad arrestarlo. Guardate, là, nella Piaz-zetta delle Orfanelle...»

Al chiarore della luna, essi poterono scorgere il gruppo dei carabinieri che conducevano via l'arrestato.

E l'affettuoso grido della moglie di Neli Casaccio vibrò di nuovo, dolorosamente, nell'oscurità, tra il sibilare del vento che riprendeva violentissimo.

«Figlio!... Figlio mio!»

II

Due giorni dopo, il marchese di Roccaverdina vedeva ricomparire l'avvocato che questa volta non veniva solo.

L'anticamera era piena di contadini e di operai, tutti in piedi attorno al tavolino dove il marchese, seduto, esaminava liste di conti scarabocchiate con grossa scrittura.

«Scusate, marchese,» disse l'avvocato inoltrandosi tra le persone che si scostavano per lasciarlo passare. «Dobbiamo parlare di cosa urgente. C'è qui compare Santi Dimaura...»

«*Voscenza* mi benedica!» soggiunse questi, sporgendo la testa dietro le spalle di don Aquilante.

«Andate di là, mi spiccio subito.»

Don Aquilante abbozzò un gesto per significare: «Fate pure con comodo!» e accennò al vecchio contadino di seguirlo.

Dalla stanza dov'erano entrati essi udirono, poco dopo, la robusta voce del marchese che pareva litigasse con parecchi.

Timide risposte interrompevano, a intervalli, le sfuriate, i rabbuffi, le parolacce, le bestemmie che gli sgorgavano dalla bocca simili a un torrente. E durò una buona mezz'ora.

Don Aquilante, con una gamba accavalciata all'altra, una mano davanti agli occhi e il mento chinato sul petto, assorto in profonda meditazione, non aveva risposto a due o tre domande del vecchio che, seduto in un canto,

·icino a l'uscio, girava tra le mani il berretto di panno nero, di Padova, e sembrava atterrito dagli urli del marchese che non finivano più.

Finalmente si udì sbatacchiare la porta di entrata e, quasi subito, acceso in viso pel sangue che gli saliva alla testa ogni volta che montava in collera, il marchese irruppe nella stanza, facendo balzare in avanti l'avvocato che in quel momento chi sa dov'era con la fantasia.

«Qualche giorno mi scoppierà una vena nel petto! Vogliono far le cose a modo loro! E se uno non sta loro addosso come un aguzzino, gli rubano fin l'aria che respira! Posso essere dappertutto? Non sono Domineddio!»

Era l'ultima vampata.

«Che c'è di nuovo?» poi domandò rabbonito d'un tratto, aggiustandosi in capo il berretto di martora.

«Dice compare Santi...» cominciò l'avvocato.

«Per fare un piacere a *voscenza*,» soggiunse il vecchio contadino.

«Un piacere a me? A voi stesso più tosto. Si tratta, suppongo, di quella lingua di terreno, è vero?»

«Eccellenza, sì.»

«Compare Santi era mal consigliato,» disse don Aquilante.

«Sono vecchio, eccellenza. Ho consumato la mia vita su quelle zolle. Che vuole? Ho piantato io quegli alberi; e mi paiono figli miei. E quella casetta l'ho fabbricata io, con queste povere mani. *Voscenza* vuol bene a Margitello? Vuol bene alla casina, colà? È la stessa cosa per me. Chi poco ha, caro tiene. Le male persone però vogliono farmi passare una cattiva vecchiaia. Come hanno potuto dire che ce l'avevo a morte con la buon'anima di compare Rocco? E *voscenza* lo ha pure creduto! E il giudice istruttore mi ha tenuto due ore tra le tanaglie, per strapparmi di bocca: "L'ho ammazzato io!". Perché dovevo ammazzarlo? Perché compare Rocco faceva gl'interessi del suo padrone? Perché più volte mi aveva accusato di alterare il limite? Il pretore però non ha potuto mai condannarmi...

Basta! Ho detto: finiamola! Il signor marchese vuole così? Sia fatta la sua volontà!»

La voce del vecchio tremava; le parole gli uscivano lentamente di bocca, quasi bagnate di lagrime.

«Ve l'ho già spiegato,» disse don Aquilante. «Nell'operato del giudice istruttore il signor marchese non c'entra. La giustizia fa il suo dovere; non ha riguardi per nessuno.»

«Ora hanno arrestato Neli Casaccio, poveretto!»

«Che ve n'importa? Badate ai fatti vostri.»

«Sceglieremo due periti,» fece il marchese. «Stavo per dire di no, sentendovi piagnucolare. Non ve la rubo quella lingua di terreno; ve la pago... Vi piacerebbe, se qualcuno venisse in casa vostra a occupare una stanza? Così voi, a Margitello, siete in mezzo alla mia tenuta, come quell'estraneo.»

«Ma io mi trovavo là fin da quando i fondi attorno erano di altri proprietari. Se essi li hanno venduti a *voscenza*, che colpa ne ho io?... Quando dovrò dare il consenso al notaio mi sentirò strappare un brano di cuore!... Pur troppo, in questo mondo, la brocca di terra cotta che vuol cozzare col sasso ha sempre la peggio!»

«Ora non sapete quel che vi dite!» lo ammonì don Aquilante.

«Lo so anzi, signore avvocato! E il pianto che faccio io Gesù Cristo deve farlo scontare con lagrime di sangue a colui che ha ammazzato compare Rocco Criscione! Senza di questo, io non sarei costretto, per vivere in pace gli ultimi quattro giorni di vita, a vendere il fondo che mi ha lasciato mio padre, e che fu di mio nonno e che doveva essere dei figli di mio figlio, orfani da due anni! Rimarranno poveri e nudi in mezzo alla strada, perché la terra non la porta via nessuno, e i danari si squagliano tra le mani come la neve.»

«Potrete comprare un altro pezzo di terreno.»

«Ah, signor avvocato! Non sarà mai quello che ho innaffiato tanti anni col sudore della mia fronte. Lagrime di sangue deve piangere colui che ha tolto la vita a compare Rocco Criscione! È vero, eccellenza? Per *voscenza* è stato come se le avessero troncato la mano destra. Compare Rocco era un altro padrone!»

Rabbuiatosi in volto, il marchese andava su e giù per la stanza, stringendosi le mani.

«Vedete?» disse don Aquilante. «Il marchese non vuole neppure aver l'aria di farvi una soperchieria. Chi vi ha detto niente? Siete venuto da me per vostra spontanea volontà. E intanto uscite fuori con certi discorsi!»

«Non vi faccia specie, signore mio! Il cuore vuole il suo sfogo.»

E il vecchio contadino si asciugava gli occhi col dorso d'una mano mezza anchilosata dal rude lavoro dei campi.

Intravedendo, con la coda dell'occhio, qualche cosa di nero fermatosi silenziosamente in mezzo all'uscio, il marchese rizzò la testa.

«Che vuoi? Che vieni a fare qui?» gridò con voce turbata.

L'avvocato e compare Santi si voltarono. E, riconosciuta la vedova di Rocco Criscione, si tirarono da parte.

Vestita a lutto, avviluppata nell'ampia mantellina di panno nero che le copriva la fronte, lasciando scorgere, tra le falde tenute strette con le due mani sul mento, appena gli occhi il naso e la bocca, la donna non fece un passo né un movimento. Rispose quasi sottovoce:

«Sono venuta per qualche notizia, se mai...»

Quell'atteggiamento e il tono della voce dovettero irritare maggiormente il marchese.

«Sono forse il giudice istruttore io?» esclamò con stizza. «Ne so quanto te, quanto gli altri!»

E, a un tratto, accortosi che le dava del tu, si morse le labbra, tentò di frenarsi:

«Si farà la causa alle Assise, in Caltagirone... Sarete chiamata. Ci saranno tre avvocati da parte vostra. E questo qui,» soggiunse il marchese indicando don Aquilante, «vale per dieci! Alle spese penso io. Non c'è bisogno che veniate a stimolarmi, a sollecitarmi... Che posso fare più di quel che ho fatto e faccio? Era vostro marito; ma era anche il mio fattore, la mia mano destra, come diceva or ora compare Santi; ed io l'ho pianto e lo piango più di voi... Che bisogno c'è di venire qui?... Ve l'ho detto e ridetto: è inutile venire da me!»

Parlando, il marchese si era nuovamente irritato, alzava la voce, gesticolava agitatissimo.

Anche una persona che non avesse saputo quel che era corso tra quella donna e lui, avrebbe facilmente capito che la irritazione sorpassava il motivo apparente, e che le parole e l'accento con cui venivano pronunziate significavano qualche cosa di più di quel che veramente dicevano.

A Ràbbato nessuno ignorava che Agrippina Solmo era stata fino a tre anni addietro la *femina* del marchese, come colà si esprimono con vocabolo poco indulgente. Nessuno ignorava che egli aveva posseduto quella contadina sin da quando ella aveva sedici anni; che l'aveva mantenuta meglio di una signora, e che per qualche tempo anche i parenti di lui avevano creduto che finalmente avrebbe commesso la pazzia di renderla marchesa di Roccaverdina.

Intorno ai fatti avvenuti dopo, non si sapeva niente di certo. Ognuno diceva la sua per spiegare la subitanea risoluzione del marchese di dar marito a colei. La cosa era passata tra il marchese e Rocco Criscione, detto anche *Rocco del marchese* perché *factotum* di casa Roccaverdina. Solamente, ragionando con un amico, una volta Rocco si era lasciato scappare di bocca:

«Se il marchese mi avesse ordinato: "Buttati giù dal campanile di Sant'Isidoro", mi sarei buttato a chiusi occhi!»

Vedendo che la donna restava là, con lo sguardo implorante fisso addosso al marchese, chiusa nella mantellina nera e immobile come una statua su la soglia dell'uscio, don Aquilante, che si era già dato una spiegazione di quella scena, pensò bene d'intervenire. E avvicinatosele, cominciò a dirle a bassa voce:

«Il marchese ha ragione. Ormai tutto è in mano della giustizia. Per quel che lo riguarda, non dubitate, spenderebbe fino all'ultima stilla del suo sangue, se occorresse. Tornate a casa vostra; e quando vorrete sapere notizie, venite da me, sarà meglio... Andate dunque!»

Agrippina Solmo abbassò gli occhi, stiè un istante indecisa, poi, senza un motto né un gesto, lentamente volse le spalle e sparì come se avesse avuto le suole delle scarpe foderate di ovatta.

Il marchese, quasi masticando qualcosa di amaro, si era accostato alla vetrata della finestra per evitare di guardare la vedova.

«Vestita di nero, col viso pallido, gli occhi intenti e le labbra scolorite, essa deve sembrargli un fantasma di mal augurio», pensava don Aquilante, «anche forse perché gli fa temere una ripresa che potrebbe produrre quelle conseguenze da lui volute evitare dandola in moglie a Rocco Criscione!»

«Bisogna compatirla, poveretta,» egli disse tornando indietro. E annunziò: «È andata via!».

«Quella stupida di mamma Grazia! Perché la lascia entrare!» brontolò il marchese.

E riscotendosi, soggiunse:

«Ah!... Mi ero scordato che voi eravate qui per l'affare di Margitello. Insomma, che dobbiamo concludere? Vogliamo fare alla buona, tra noi, senza periti né altro?... Cinquant'onze!»

«Che dice mai, *voscenza*?» rispose il vecchio contadino rimasto presso l'uscio.

«Sessanta?»

«È il meglio pezzo di terreno, eccellenza; il cuore di Margitello.»

«Più sassi che terra. Dovrò pagarlo a peso d'oro?»

«Quel che vale, eccellenza.»

«Oh! Se intendete di prendermi per la gola...»

45

«No, eccellenza!»

«Sentiamo, dunque: che pretendete?»

Il vecchio stette un po' a riflettere, portò la mano destra al petto, quasi si accingesse a pronunziare un giuramento, e balbettò:

«Cent'onze, eccellenza!»

Il marchese diè uno scatto.

«Per farmi piacere, eh? Cent'onze!... Per farmi piacere?... Vi paiono fichi secchi cent'onze. E venite a dirmelo qui! E scomodate l'avvocato, quasi fosse vostro servitore!... Cent'onze!»

«Compare Santi però...» tentò d'interromperlo don Aquilante per calmarlo.

Ma il marchese non gli diè retta, e continuò a gridare come un ossesso:

«Cent'onze!... Volete scommettere che non vi faccio più andare nel vostro feudo?... Lo stimate certamente un feudo, se ne chiedete cent'onze... Chiudo tutti i sentieri; litigheremo... Intanto dovrete andarvi col pallone nel gran feudo di cent'onze!... Avrei dovuto fare così da un pezzo. Domani! Manderò a disfare con un aratro sentieri e viottole. E chi crede di avere diritti, procuri di farli valere!»

«Ma, eccellenza!...»

«Zitto, compare Santi!» disse l'avvocato. «Lasciate che parli io...»

«Cent'onze!» sbraitava il marchese.

«E se facessi un taglio?» propose l'avvocato. Il vecchio assentì con un gesto e soggiunse:

«Fate come vi pare! Sono venuto qui ad afforcarmi; coi miei propri piedi ci sono venuto! Il signor marchese non dovrebbe approfittarsi delle circostanze... Dio non vuole!»

«Zitto!... Settant'onze!» buttò là in mezzo don Aquilante.

E fece il gesto, quasi aprisse il pugno pieno di monete e le spargesse per terra.

Il vecchio abbassò il capo, si prese il mento tra l'indice e il pollice d'una mano; poi, rassegnatamente alzò le spalle.

«Andiamo dal notaio, eccellenza!» concluse con un fil di voce.

III

Ogni volta che entrava nel camerone, come veniva chiamato il salone della baronessa di Lagomorto, don Silvio La Ciura si sentiva compreso da un sentimento di ammirazione che lo rendeva più timido del solito.

Era rimasto in piedi, con una punta del cappello da prete appoggiata alle labbra, e sembrava quasi smarrito tra i vecchi mobili che davano allo stanzone bislungo un'aria di decrepitezza e di abbandono.

Attendendo che la baronessa comparisse da uno dei quattro usci alti fino al cornicione, dopo di aver dato una rapida occhiata ai ritratti polverosi; ai quadri anneriti e screpolati; agli specchi con cornici barocche, appannati e mezzi rosi dall'umidità, che coprivano le pareti; ai canterali tinti in verde pallido con fiori e fregi bianchi, alla pompeiana, nei margini e nel centro delle cassette: alle esili seggiole con spalliere dorate, alle poltrone e ai due canapè di stile impero, rivestiti con damasco rosso già stinto e logoro, don Silvio si era fermato a contemplare il gran quadro senza cornice, dove si scorgevano a mala pena la calva testa di san Pietro, quelle di altre cinque figure di fantesche e di soldati che lo circondavano nel pretorio di Pilato, e un gallo, su la balaustrata del portico, col becco aperto in atto di cantare.

Egli avrebbe voluto vedere quel quadro in chiesa, su l'altare di una cappella, e non là irriverentemente sovrapposto alla spinetta verniciata in giallo smorto con fregi neri e sorretta da tre sottili gambe quadrate, che stava appoggiata lungo il muro, con la parte della tastiera verso il finestrone. Ma non osava di tornar a suggerire alla baronessa l'idea di regalarlo alla parrocchia.

Quel quadro era stato portato da Roma, nel Seicento, da uno degli antenati di suo marito, ed ella voleva conservare intatti tutti i ricordi di famiglia, come li aveva trovati il giorno che dalla casa dei Roccaverdina era venuta in quella degli Ingo-Corillas, baroni di Lagomorto, sposa al baroncino don Alvaro più di mezzo secolo addietro.

Il fruscio della gonna sui mattoni verniciati del pavimento rivelò al prete la presenza della baronessa soltanto mentr'ella gli passava accanto per andare a sedersi in quell'angolo di canapè dove soleva rannicchiarsi le rare volte che riceveva la vista di un parente o di persone molto intime. Don Silvio era tra queste.

Alta, stecchita, piena di rughe ma ancora rubizza, con capelli bianchissimi divisi in due bande che le coprivano le orecchie e le rimpiccioliivano il volto tra le pieghe del fazzoletto di seta nera annodato sotto il mento; vestita di leggera stoffa grigia e coi mezzi guanti di filo dello stesso colore alle mani scarne e affilate, la baronessa era entrata senza far rumore dall'uscio a cui don Silvio voltava in quel momento le spalle.

Il prete fece un profondo inchino, si accostò a baciarle la mano appena ella, messasi a sedere, gli ebbe accennato una poltrona; poi, con umile atteggiamento ed esile voce, incominciò:

«Mi manda Gesù Cristo...»

«Gesù Cristo vi manda da me troppo spesso!» lo interruppe la baronessa, sorridendo benignamente.

«Si rivolge alle persone che possono fare e fanno volentieri la carità,» rispose don Silvio.

E così dicendo, parve volesse rendere più piccola la sua personcina bassa, magra, che nelle occhiaie e nelle pallide gote infossate mostrava i segni dei digiuni e delle penitenze con cui macerava il misero corpo.

«Gesù Cristo però,» riprese la baronessa crollando la testa, «si ricorda dei poveri che non hanno come sfamarsi e dimentica che ricchi e poveri abbiamo già bisogno della pioggia pei seminati, per le vigne, per gli ulivi!»

«Pioverà, a suo tempo, se i nostri peccati non vi mettono ostacolo.»

«Voi fate penitenza per tutti, voi,» soggiunse la baronessa.

«Io sono più peccatore degli altri!»

«Diteglielo, diteglielo a Gesù Cristo. Ci vuole la pioggia, Signore! Ci vuole la pioggia!»

«Glielo dirò,» rispose con semplicità il buon prete. «Intanto vengo a raccomandarle di nuovo quella povera donna, la moglie di Neli Casaccio. Ora che suo marito è in carcere, perisce di stenti la poveretta, con quattro figli che non possono darle nessun aiuto. Ella giura, al cospetto di Dio e dei santi, che suo marito è innocente.»

«Se è così, non potranno condannarlo.»

«Quando era in libertà, provvedeva lui alla famigliuola col suo mestiere di cacciatore.»

«Manderò un sacco di grano, anzi di farina; sarà meglio.»

«Dio glielo renda, tra cent'anni, in paradiso.»

«Vorrei piuttosto», riprese la baronessa, «che Dio me lo rendesse un po' anche in questo mondo, almeno aggiustando il cervello a mio nipote il marchese, liberandolo dalle male arti di quella donnaccia... Tenta di riafferrarlo la sfacciata! Non ho chiuso occhio questa notte, dopo di aver saputo...»

«Sia fatta la volontà di Dio!» esclamò don Silvio, giungendo rassegnatamente le mani.

«La volontà di Dio qui non c'entra per niente,» replicò quasi stizzita la baronessa. «Dio non può permettere certe enormità; non può volere che la figlia di una raccoglitrice di ulive diventi marchesa di Roccaverdina. *Pares cum paribus*, ha detto il Signore.»

«Siamo tutti uguali davanti a lui!»

«Oh, no, no!» ella protestava. «Perché dunque Gesù Cristo ha voluto nascere da una madre di stirpe reale? San Giuseppe, falegname, fu padre putativo soltanto.»

La baronessa si fermò un istante, aspettando che don Silvio le desse ragione. E siccome il prete rimaneva zitto, con gli occhi bassi, ella continuò:

«Ai miei tempi si rimediava a tutto col braccio delle autorità; ma oggi!... Io però ho mandato a chiamare quella donna; dovrebbe già essere qui, se lo stolido di don Carmelo...»

In quel punto, il vecchio servitore che faceva da maestro di casa, da cameriere e da cuoco in casa della baronessa, affacciava la testa da uno degli usci, annunciando che quella donna attendeva nell'anticamera:

«Posso farla entrare?»

«Subito,» rispose la baronessa.

Agrippina Solmo salutò, con un cenno del capo, prima lei, poi don Silvio e, chiusa nella mantellina, eretta, quasi altera, gettando sguardi diffidenti e scrutatori ora su l'una, ora su l'altro, si avvicinò lentamente verso il canapè.

«Che comanda, *voscenza*?»

Il tono della voce era umile, l'atteggiamento no.

«Non comando niente; sedete.»

E rivolgendosi a don Silvio, la baronessa soggiunse:

«Ho piacere che voi siate testimone. Sedete,» replicò, vedendo che la Solmo restava ancora in piedi. Poi, dopo alcuni istanti di pausa, con aria severa e accento duro, disse:

«Figlia mia, parliamoci chiaro. Se avete fatto ammazzare vostro marito...»

«Io?... Io?»

La baronessa, senza lasciarsi intimidire dall'energica protesta, né dall'occhiata divampante di indignazione che l'aveva accompagnata, continuò:

«C'è chi lo sospetta e lo farà sapere anche alla giustizia!»

«E perché, perché lo avrei fatto ammazzare? Io? Oh, Vergine santissima!»

«Chi sa che vi è passato per la testa! Tentazioni del demonio, certamente. Vi eravate messa in grazia di Dio prendendo marito... Non vi accuso per quel che è accaduto prima; vi compatisco anzi... La miseria, i cattivi consigli, la giovinezza... Forse neppure comprendevate il male che vi si faceva commettere. Infatti, vi siete comportata quasi da donna onesta... Mio nipote, dall'altra parte, ha fatto il suo dovere. Si è tolto ogni scrupolo di coscienza. Siete ricca, si può dire, con la dote ch'egli vi ha dato... Perché dunque non lo lasciate in pace? Che vi passa per la testa? Fingete di non capire quel che vi dico, eh?»

«Ma... signora baronessa!»

«Sbagliate, figlia mia, se v'immaginate che possa riuscirvi ora quel che non vi è riuscito l'altra volta!»

«Che cosa, signora baronessa?»

«Segnatevelo qui, su la fronte. C'è chi tiene bene aperti gli occhi e vi sorveglia! Se avete fatto ammazzare vostro marito per...»

Agrippina Solmo scattò dalla seggiola, lasciò cascare su le spalle la mantellina, e levando in alto le braccia, imprecava:

«Fulmini del cielo, Signore! Fuoco in questa e nell'altra vita a chi mi vuol male!» E coprendosi il volto con le mani, scoppiava in pianto dirotto.

«Calmatevi!» intervenne don Silvio. «La baronessa parla pel vostro bene...»

«Voi che siete un santo servo di Dio!» singhiozzava la vedova, asciugandosi le lagrime e facendo sforzi per frenarle. «Parlo a un confessore, come se fossi in punto di morte. L'hanno ammazzato... mio marito... a tradimento! Oh!... Farlo ammazzare io!... Chi lo dice?... Venga in faccia a me!... Giuri su l'ostia consacrata!... Se c'è Dio in cielo...»

«C'è, c'è, figliuola mia!» esclamò don Silvio, stendendo

le mani, quasi volesse chiuderle la bocca e impedirle di bestemmiare.

«Per quale scopo dunque andate così spesso da mio nipote?» strillò la baronessa. «Non vi cerca lui; non vi manda a chiamare lui!»

«Pel processo, pei testimoni.»

«Il processo? L'ha istruito il giudice. I testimoni? Deve forse scovarli mio nipote? Pretesti! Pretesti! Ormai dovreste averla capita. Se vi lusingate di ricominciare da capo, se vi siete messa in testa... di salire alto dalla vostra condizione... Ecco perché la gente sospetta: l'ha fatto ammazzare essa il marito!»

Agrippina Solmo si era rimessa a sedere. Non piangeva più; sembrava irrigidita contro la terribile accusa gettatale dalla vecchia signora. E, quasi continuasse ad alta voce il rapido ragionamento interiore che le agitava le labbra e la faceva errare con sguardi smarriti lontano lontano, parlava senza rivolgersi a nessuno, ora lentamente, ora a sbalzi:

«Dio solo può saperlo!... Avevo sedici anni. Non pensavo al male; ma, insistenze, preghiere, promesse, minacce... In che modo resistergli?... E sono stata la sua serva, la sua schiava, dieci anni, volendogli bene come a benefattore. In prova, il giorno che all'improvviso mi disse: "Devi prendere marito, il marito che ti do io...". Ah, signora baronessa!... Abbiamo un cuore anche noi poverette!... Avrei voluto continuare ad essere soltanto sua serva, sua schiava... Che ombra potevo dargli? Eppure non fiatai. Ha comandato, ed ho obbedito. Che ero io rimpetto a lui? Un verme della terra... Ed ora, infami! dicono che ho fatto ammazzare mio marito perché vorrei... Ma a chi devo ricorrere in questa circostanza? Non ho più nessuno al mondo!»

«Abbiate fiducia in Dio, figliuola mia!»

«Se il Signore voleva proteggermi, non mi toglieva il marito!» ella rispose bruscamente a don Silvio, alzando le spalle.

«È peccato mortale quel che dite!»

«Si perde anche la fede in certi momenti!»

Raccolse la mantellina, se l'aggiustò su la testa, chiuse sdegnosamente attorno al volto le falde davanti e, ritta, aggrottando le sopracciglia, stringendo le labbra, attese così che la baronessa la licenziasse.

La baronessa in quell'istante parlava sottovoce all'orecchio di don Silvio.

«Ma è poi vero?» rispondeva il prete.

«Le donnacce come lei sono capaci di tutto!»

«Comanda altro, *voscenza*?»

Agrippina Solmo non dissimulava l'impazienza di andarsene.

«Badate a quel che fate! Uomo avvisato è mezzo salvato,» rispose seccamente la baronessa.

E la seguì fino all'uscio con gli sguardi aguzzi, tetri di rancore, che sembrava la sospingessero fuori per le spalle.

«Questa è la grossa spina che ho nel cuore!» ella esclamò. «Dopo d'aver fatto tanto per indurre mio nipote a darle marito!... Almeno non c'era più pericolo di vedergli commettere una pazzia!... Ma già noi Roccaverdina siamo, chi più chi meno, col cervello bacato! Mio fratello il marchese, padre di mio nipote, sciupava tempo e danaro con le corse dei suoi levrieri. Voi non lo avete conosciuto. Si era fatto fare un vestito da burattino, all'inglese, diceva lui, e andava attorno pei paesi vicini a ogni festa di santi patroni, facendo la concorrenza ai ginnetti... Mio fratello il cavaliere si è rovinato per le antichità! Scava ossa di morti, vasi, brocche, lucerne, monetacce corrose, ed ha la casa piena di cocci. Suo figlio se ne è andato a Firenze a studiare pittura, in apparenza; a buttar via quattrini, in realtà; quasi suo padre non bastasse da solo a mandar per aria il patrimonio!... Mio nipote, il marchese attuale... Oh! C'è il castigo di Dio su la nostra casa!»

S'interruppe vedendo entrare dall'uscio rimasto socchiuso quattro canini neri, bassi, mezzi spelati, con gli occhi cisposi, quasi vecchi quanto lei, che volevano saltarle tutti insieme su le ginocchia.

«La mia pazzia, lo so,» ella disse allontanando dolcemente i canini, «sono questi qui. Ma io non rovino nessuno; e per gli affari, me ne vanto, il cervello l'ho a posto. Così lo avesse avuto a posto il barone mio marito!... Bravo, don Carmine!»

Strascicando la gamba, reggendo con le due mani uno scodellone di pane e latte, il vecchio s'inoltrava cautamente per non versare la zuppa, imbarazzato dalla ressa delle quattro bestioline che, alla vista del loro pasto, erano corse ad abbaiargli e a saltellargli attorno alle gambe.

Inutile precauzione! Sospingendosi, urtando lo scodellone con le zampe e coi musi, i cani facevano schizzare parte della zuppa sul pavimento; e la baronessa, intenerita, si chinava soltanto ad accarezzarli, chiamandoli per nome, per impedire che si mordessero, esclamando ripetutamente:

«Povere bestie! Avevano fame, povere bestie!»

Don Carmine, piegato in due, con le mani dietro la schiena, tentennava la testa osservando i bei mattoni di Valenza insudiciati.

«Non occorre ripulire; ripuliscono essi,» gli disse la baronessa mentre egli si chinava per riprendere lo scodellone vuotato.

E leccato bene il pavimento, i cani andavano quatti quatti ad accucciarsi, raggomitolandosi a due a due, sui seggioloni destinati a loro in un angolo, con cuscini a posta.

«Anche questa è carità, caro don Silvio!» disse la baronessa accomiatandolo.

IV

Poco più in là del portone da cui era uscita, Agrippina Solmo si trovava a faccia a faccia con mastro Vito Noccia, calzolaio.

«Che vi accade, comare Pina? Avete un viso!»

«Niente; lasciatemi andare!»

Voleva evitare di fermarsi; ma quegli soggiunse:

«Ho ricevuto or ora la cedola per la testimonianza alle Assise. Sentite, comare Pina: in quanto a Neli Casaccio, ve lo giuro, non so nulla. Non voglio dannarmi, comare!»

«Chi vi forza a dire il falso?»

«Quell'*anima lunga* di don Aquilante...»

Ella lo interruppe:

«Lo avete sentito dire, per caso, che ho fatto ammazzare io mio marito?»

«Voi? Oh, Vergine Maria!»

«Me l'han rinfacciato or ora, mastro Vito!»

E accennò, con significativa occhiata, la terrazza centrale sovrastante al portone dei Lagomorto.

«L'avete sentito dire?» insisteva con sordo fremito nella voce. «Io, io che darei tutto il sangue delle mie vene per farlo risuscitare un solo minuto!»

«E il marchese che ne pensa?»

«Ah, mastro Vito! Non si può più discorrere con lui. Diventa un animale feroce appena gli si parla di Rocco.»

«Povero signore! Gli voleva un gran bene. Ma non vi angustiate per questo. Voci di mala gente.»

«Vi saluto; scusate.»

Andava a rapidi passi, rialzando con una mano la gonna, guardando dove metteva i piedi per evitare le pozze rossastre formate dall'acqua mista con feccia versata da una cantina dove travasavano il vino.

E intanto pensava al marchese che diventava, come si era espressa, un animale feroce ogni volta che ella andava da lui per parlargli del processo.

«Perché? Perché?»

Non sapeva spiegarselo. Sospettava dunque anche lui quel che dicevano le male genti?

Era impossibile!

E affrettava più il passo.

Gli occhi le si velavano di lagrime, il cuore le batteva con violenza, come più ora rifletteva intorno allo strano contegno di lui.

Era cangiato dalla mattina alla sera, pochi giorni prima della disgrazia. Una volta, appena vistala entrare e mentre ella stava per togliersi la mantellina, le aveva gridato: «Vattene! Vattene!».

L'aveva quasi scacciata. Poi, richiamatala addietro, si era rabbonito tutt'a un tratto. E quante domande! «A che ora Rocco è tornato da Margitello? Perché è venuto ed andato via senza farsi vedere da me?» Quasi lo facesse spiare o lo spiasse.

Ripensando alcuni particolari a cui non aveva mai badato, sentiva un turbamento profondo, una specie di smarrimento. E affrettava ancora il passo.

«Perché? Perché?» tornava a domandarsi. «È possibile? Sospetta anche lui? Ah, Signore!»

Mamma Grazia, che spazzava l'anticamera, se la vide davanti come un fantasma.

«Dov'è?»

«Ma, santa cristiana, non lo sapete che non vuole?»

«Lasciatemi entrare. Dov'è?»

«Mi sgriderà; se la prenderà con me!»

«Glielo dirò, state tranquilla, che sono entrata di forza.»

E attraversando stanze, e spalancando usci, e frugando, si rivedeva là non da serva, come aveva detto alla baronessa, ma da vera padrona, con le chiavi della dispensa o del magazzino alla cintola, per averle pronte quando arrivavano i garzoni col mosto o col grano al tempo della vendemmia o del raccolto.

Si rivedeva occupata a riguardare la biancheria, a riporre negli armadi quella lavata e stirata; in faccende per la casa, assieme con mamma Grazia che brontolava, povera vecchia, perché si credeva spodestata dalla sua autorità di nutrice. «Lo hai stregato! Lo hai stregato!» Glielo diceva sul viso, povera vecchia! E ciò non ostante, la rispettava, perché da colui ch'ella aveva nutrito col suo latte le era stato ordinato: «Voglio così, mamma Grazia!».

Ma dov'era?

Non lo aveva trovato in camera, né nella sala da pranzo, né in salotto, né nello studio, né in quella stanza ingombra di selle vecchie e nuove, di briglie, di cavezze, di arnesi di ogni sorta per carrozza e per carri.

Là, in un angolo, coi capelli disciolti, ella si era dati tanti pugni su la testa! Accoccolata per terra aveva singhiozzato e pianto una intera nottata, quando le era stato annunziato: «Domani te n'andrai a casa tua, per l'occhio della gente. Vi sposerete fra un mese!». Erano passati quasi tre anni, ma in quell'istante le pareva di vedere in quell'angolo un'altra se stessa e ne sentiva immensa pietà.

Ah! Si sarebbe buttata di nuovo per terra, dandosi pugni su la testa, a sfogarsi a piangere la sua mala sorte anche ora!...

Dov'era? Come non lo trovava?

Giunta davanti al pianerottolo della scala che conduceva al piano di sotto, cominciò a scendere. La testa le vagellava talmente, da sentir bisogno di appoggiarsi al muro per non ruzzolare gli scalini.

«Voglio saperlo! Dalla sua bocca voglio saperlo!»

E attraversava altre stanze quasi vuote, e spalancava altri usci, fino alla cameretta laggiù, in fondo, dove aveva dormito nei primi mesi, allora! e dove era restata parecchie settimane quasi nascosta, vergognandosi di farsi vedere per le stanze da mamma Grazia, da Rocco, dalle altre persone di casa.

E nell'atto di stendere la mano al pomo di rame dell'uscio, quasi la parete fosse sparita a un tratto, le parve di vedere il lettino con la coltre bianca, e il tavolino con lo specchio, e il lavamano di ferro, e le vesti appese al muro, e la cassa nuova di abete, tinta in verde, allato all'uscio, con la biancheria che ella si era cucita da sé, con le calze che si era lavorate da sé a casa sua, prima che il marchese si risolvesse di farla venire là, seccato di andare da lei, di notte, a ora tarda, in quel remoto vicoletto dov'ella abitava...

Stese la mano. L'uscio resistette.

«Chi è?... Mamma Grazia!...»

Quella voce grossa di stizza l'atterrì.

Se ella avesse risposto e si fosse fatta riconoscere, il marchese certamente non avrebbe aperto. E girò di nuovo il pomo, quantunque avesse già capito che l'uscio era chiuso dall'interno.

Sentì un rumore di oggetto duro buttato sul tavolino; sentì lo scricchiolio della seggiola smossa...

«Tu!... Tu!»

E il marchese indietreggiò alla vista inattesa. Indietreggiò anche lei davanti a quell'aspetto sconvolto.

«Perdoni, *voscenza*!»

Non gli aveva mai parlato altrimenti, anche negli istanti più intimi, piena di gran rispetto per colui che ella aveva sempre stimato, più che amante, padrone.

Uscito fuori e richiuso l'uscio dietro di sé, il marchese la interrogava con sguardi feroci, stringendo i pugni, rialzando le larghe spalle, quasi volesse avventarsele contro.

«Senta, *voscenza*!» ella pregò. «Farà poi quel che vuole, ma senta, per carità!»

Sembrava invecchiato di dieci anni, con la faccia non rasa da parecchi giorni, coi folti capelli in disordine.

«Chi sa chi ti manda!» mugolò. «Domineddio? O il diavolo?»

«Perché, *voscenza*?»

«Che vuoi? Parla! Spicciati!»

«Mi ha fatto chiamare la baronessa. Dice...»

«Che cosa dice?»

«Dice... che sono stata io che ho fatto ammazzare mio marito!»

«E vieni a contarlo a me?»

«Lo vedo!... Non sono più niente per *voscenza*... Mi scaccia come una cagna arrabbiata. Che ho fatto? Che ho fatto? Anche *voscenza* dunque crede?...»

«Che ti deve importare di quel che credo o non credo?»

«È un'infamia!»

«Oh!... Ci sono peggiori infamie in questo mondo!»

«Ma che ho fatto, Madonna Santa?»

«Che hai fatto?... Che hai fatto?... Niente!»

Agrippina Solmo, sforzandosi di capire, andandogli dietro, lo supplicava con gli occhi pieni di lagrime.

«Niente! Niente!» ripeteva il marchese aggirandosi per la stanza, assorto nella triste idea che pareva lo torturasse, masticando parole che evidentemente non voleva lasciarsi sfuggire di bocca.

«Me ne vado,» disse Agrippina Solmo, rassegnandosi. «Questa è l'ultima volta che *voscenza* mi vede qui. Il Signore dovrebbe farmi cascare fredda prima di uscire dal portone!»

E fece l'atto di avviarsi.

Il marchese si era voltato. Ella credette che stesse per risponderle qualche cosa. No; la guardava soltanto, forse per accertarsi che andasse veramente via.

«Le ho voluto bene!» ella si lamentava, senza che dal suo accento trasparisse nessuna intenzione di rimprove-

ro. «L'ho adorato come si adora Gesù sacramentato!...
Mi ha preso dalla strada, mi ha colmata di beneficii, lo
so!... Ma in compenso, non le ho dato il mio onore, la
mia giovinezza, il cuore, tutto? Nessuno saprà mai quel
che ho sofferto dal giorno che *voscenza*... Quasi fossi stata uno straccio da buttar via!... Oh! Era padrone di fare
quel che le pareva e piaceva. Mi disse: "Devi giurare!".
Ed io giurai, davanti al Crocifisso. Mi sarei fatta polvere
per essere calpestata dai suoi piedi!... Crede forse *voscenza* che non sentissi repugnanza!... Che la coscienza non
mi rimordesse?... Che importava? Ero nel peccato (quando è destino, una che può farci?) e restavo nel peccato come prima. Per questo avevo giurato, alzando la mano diritta davanti al Crocifisso!... E ora, me ne vado!... Mi
scoppiava il cuore, se non parlavo!... È convinto *voscenza*
che ho fatto ammazzare io Rocco Criscione?... Mi de-
nunzi alla giustizia! Mi faccia condannare a vita!... Ma
no, *voscenza* non lo crede, non può crederlo!...»

«Dici bene! Non posso crederlo!...»

E con voce ancora più cupa, il marchese soggiungeva:

«Meglio per te e per me, se fosse stato così!... Chi t'ha
fatto venire in questo momento? Domineddio o il diavolo?»

Agrippina Solmo, incrociate desolatamente le mani e
scotendo con atto di compassione la testa, riprendeva a
lamentarsi con voce più fioca:

«Non diceva così *voscenza* quando io le ripetevo: "Mi
lasci stare! Mi lasci stare!". E mia madre piangeva, poveretta: "È la tua disgrazia, figlia mia!". È stato vero! Che
m'importa se ora non mi manca niente? Casa, oro, roba,
voscenza può riprendersi tutto... Un'altra non parlerebbe
così! E intanto la baronessa, il Signore la perdoni!, dice
che io vengo qui per tornare di nuovo con *voscenza*, per...
Mi vergogno di ripetere quel che mi ha rinfacciato!...
Quando mai? Quando mai?... Neppure allora che *voscenza*, ogni giorno: "Sei la padrona qui, sarai sempre la padrona!"... Oh, non si arrabbi!... Me ne vado!... Tutto

61

avrei potuto credere, non questo di vedermi trattata così "È la tua disgrazia, figlia mia!" Mia madre aveva ragione.»

«Zitta! Zitta!» urlò il marchese.

Ella uscì, più turbata e più smarrita che non fosse venendo, e con qualche cosa nel cuore che somigliava a un rimorso.

Quei torbidi sguardi del marchese le erano penetrati nelle carni come lama ghiaccia, l'avevano frugata ne le più intime profondità della coscienza dove ella stessa non osava di guardare; e le sembrava che vi avessero già scoperto la infedeltà che stava per commettere e che avrebbe certamente commesso, se il fucile dell'assassino non avesse colpito Rocco Criscione tra le siepi di fichi d'India di Margitello, mentr'ella lo attendeva alla finestra, al buio, come si attende un amante!

V

Mamma Grazia, vedendola ricomparire, nell'anticamera, l'aveva rimproverata.

«Siete contenta? Quasi gli mancassero dispiaceri a quel povero figlio mio!»

Ella lo chiamava così da più di quarant'anni. Anzi, ora che la casa era stata vuotata e dai matrimoni e dalle morti, e vi rimanevano soltanto il marchese e lei, il suo sentimento di maternità si era accresciuto fino al punto che in certi momenti le sembrava di non avergli dato il solo latte, ma di averlo partorito con gli stessi dolori con cui aveva messo al mondo la creaturina, frutto di un amore disgraziato, volata in paradiso pochi giorni dopo.

Allora vivevano il marchese padre, e quella santa della marchesa, bella come una madonna, che la paralisi delle gambe inchiodava in fondo a un letto, dopo l'aborto che l'aveva tenuta più mesi tra la vita e la morte!

Ed erano in famiglia il cavaliere e la signorina, zii del marchese, che la chiamavano *mamma* anche essi quantunque belli e grandi. La signorina, divenuta baronessa, continuava a chiamarla mamma Grazia tuttavia, ed era vecchia come lei... Il cavaliere, pure! Ma per loro ella non sentiva nessuna tenerezza. Colui pel quale avrebbe preso passione e morte era il marchese nutricato col vivo sangue del suo petto.

Infatti non sapeva darsi pace di vederlo diventato un altro da che avevano ammazzato Rocco Criscione. Si poteva dire che non mangiava e non dormiva più, quasi gli avessero tolto, con lui, metà della sua vita. Certe notti ella lo sentiva andare e venire su e giù per la camera, per le altre stanze. E si levava da letto e accorreva, mezza svestita:

«Ti senti male, figlio mio? Hai bisogno di qualche cosa?»

«Niente, mamma Grazia. Dormite tranquilla; niente!»

E mamma Grazia si addormentava recitando il rosario; e riprendeva a recitarlo durante la giornata, appena terminato di fare quel po' di pulizia che le sembrava urgente nella casa.

Don Aquilante non riusciva a capire in che modo il marchese potesse vedersela attorno, tutta scapigliata, con certe vesti addosso che parevano cenci e certe ciabatte che le sfuggivano dai piedi a ogni due passi:

«La pulizia non è davvero il forte di mamma Grazia!»

«Povera vecchia,» rispondeva il marchese, «fa quel che può.»

Poco, quasi niente. Per fortuna egli viveva come un orso. Pagava la mesata di socio al *Casino*, ma non vi andava mai. Con suo zio il cavaliere non parlava da anni. Dalla zia baronessa si faceva vedere alla sfuggita, soltanto nelle feste di Natale, di Capo d'anno e di Pasqua, o quando la baronessa lo mandava insistentemente a chiamare.

Col cavaliere Pergola, altro parente, l'aveva rotta nel sessanta, perché, rivoluzionario e ateo, sedotta la figlia dello zio cavaliere, l'aveva sposata solamente al municipio, dopo cinque anni di disonore per la famiglia, con due figli che crescevano come due bestioline e già bestemmiavano peggio del padre.

Unico svago del marchese era la passeggiata, lassù, su la spianata del Castello, tra le rovine dei bastioni e delle torri abbattute dal terremoto del 1693. Ne rimaneva ben poco. Il marchese *grande*, come chiamavano suo nonno quando viveva, non aveva avuto scrupoli di servirsi delle pietre intagliate di quelle storiche rovine, per rivestirne la facciata della sua casa; e nessuno aveva osato opporsi a quell'atto di vandalismo. Così ora il marchese, passeggiando per la spianata, con le mani dietro la schiena, in pianelle, vestito come si trovava, stimava quasi di essere in casa sua, e *teneva udienze* seduto su gli scalini di gesso dello zoccolo, sul quale anni addietro i missionarii liguorini avevano piantato una croce di legno che un colpo di levante aveva portato via sfasciandola, e non era stata sostituita.

Verso il tramonto, i contadini del vicinato salivano lassù per osservare come si coricava il tempo e per dare un'occhiata alla campagna; e il marchese si degnava di attaccar discorso con loro; e li interrogava, e dava consigli. E se c'era qualcuno che osava di fargli osservare che si era fatto sempre così, da Adamo in poi e che era meglio continuare a far così, il marchese alzava la voce, lo investiva:

«Per questo siete sempre miserabili! Per questo la terra non frutta più! Avete paura di rompervi le braccia zappando a fondo il terreno? Gli fate un po' di solletico a fior di pelle, e poi pretendete che i raccolti *corrispondano*! Eh, sì! Corrispondono al poco lavoro. E sarà ancora peggio!»

Sembrava che stesse per azzuffarsi con qualcuno; lo sentivano fin da piè della collina coloro che tornavano dalla campagna e ne riconoscevano la voce: «Il marchese predica!». Ormai sapevano quasi tutti di che si trattava.

Durante l'estate, venivano lassù a prendere una boccata d'aria fresca anche parecchi *galantuomini* dal *Casino*, e il canonico Cipolla, dopo l'ufficio di Vespro nella chiesa di Sant'Isidoro. Ma il marchese evitava più che poteva di attaccar discorso con quei signori; non voleva mescolarsi affatto nei loro torbidi intrighi di partiti municipali. Gli bastava pagare le tasse, che erano troppe! Quei signori infatti non sapevano ragionare d'altro che del sindaco che si lasciava menar pel naso dal segretario; dell'assessore per le liti, che rovinava il comune e i debitori di esso per la nota ragione: *Fabbriche e liti, padre Priore*; dell'assessore per l'annona che chiudeva un occhio e anche tutti e due sul conto dei macellai e dei panettieri... perché i migliori bocconi dovevano essere per lui!... Sempre le stesse accuse, per tutti, sempre una musica!... «Ah, lei, marchese, potrebbe fare un gran bene al comune!» «Con lei sindaco, le cose andrebbero diversamente!» «Ci vogliono persone pari a lei!...» Venivano lassù, come il diavolo, per tentarlo. Ma egli non li lasciava neppur finire:

«E gli affari di casa mia? Ho appena tempo di badare ad essi! Gente sfaccendata ci vuole per servire il comune!... Buona sera, signori!»

E scappava, quando non poteva lasciarli a prendere il fresco, e continuava le sue passeggiate in su e in giù, dal bastione agli scalini dello zoccolo, e dagli scalini al bastione, affondando i piedi tra le piantine di malva che coprivano la spianata.

Neppure col canonico Cipolla aveva molto piacere di discorrere.

Che gli importava a lui, marchese di Roccaverdina, e del papa Pio IX e dei conventi e dei monasteri che il governo voleva abolire?

Il papa era lontano, e a Palermo c'era la *Monarchia* che funzionava da papa pei siciliani. In quanto ai conventi e ai monasteri, certamente erano una risorsa per certe famiglie... Ma i frati non avevano aiutato i rivoluzionari? Ben fatto, se ora i rivoluzionari li ringraziavano coi calci!... Egli non voleva impicciarsi di politica, né d'amministrazione comunale, né del papa, né dei conventi!

«Bado ai fatti miei, signor canonico! E, vedete, i fatti miei sono laggiù, a Margitello; e lassù, per le colline di Casalicchio; e da questo lato, a Poggiogrande; e da quest'altro, a Mezzaterra, lungo il fiume... E il papa qua sono io, e il padre guardiano pure; stavo per dire: e la madre badessa anche!»

Il canonico Cipolla sorrideva, pensando che allora la madre badessa il marchese se la teneva chiusa in casa, e non era un bell'esempio di moralità! Intanto gli rispondeva:

«Dite bene. Si parla per chiacchierare e per nient'altro!»

E lo lasciava a misurare col compasso delle gambe la spianata.

In quel tempo, il marchese restava spesso lassù fino a tardi assieme con Rocco e con l'avvocato. L'avvocato gli raccontava le sue frottole spiritiche, seduto di faccia a lui sul bastione che sovrastava alla vallata, ed egli lo canzonava rudemente; non ne aveva ancora paura.

Intanto dietro le colline sorgeva la luna, enorme, rossastra, e montava su pel cielo, quasi arrampicandosi lesta lesta dietro le nuvole, inondando di luce biancastra la immensità della campagna, fino alle montagne lontane che si confondevano col cielo all'orizzonte. E il marchese interrompeva l'avvocato per indicargli:

«Vedete quel lume laggiù? È nella stalla di Margitello; danno la paglia alle mule. Ora Rocco chiude le finestre della casina. Una, due, tre!... Sembra che un lume si accenda e si spenga. Continuate! È Rocco che passa da una stanza all'altra...»

Erano più di due mesi che il marchese tralasciava spesso quella passeggiata di cui sembrava non avesse potuto fare a meno. Infatti chi aveva bisogno di parlargli, in quelle ore, si avviava difilato lassù, sicuro di trovarlo a passeggiare o *a tenere udienza* su gli scalini di gesso dello zoccolo senza croce.

Era andato soltanto quattro o cinque volte in campagna, non a Margitello, ma a Poggiogrande, a Casalicchio. E da due settimane non si moveva di casa, mettendo mobili e oggetti sossopra, quasi per stancarsi con quel lavoro manuale; ricevendo soltanto l'avvocato che veniva, come le nottole, sempre di sera; o qualcuno dei garzoni di Margitello mandato dal massaio a chiedere ordini, perché nessuno voleva assumersi la responsabilità d'una risoluzione qualunque.

Il garzone andava via grattandosi il capo. Oggi, un ordine; domani, uno contrario. E se esitava: «Bestia! Avresti dovuto capire!». Ci andava di mezzo lui.

Mamma Grazia lo compativa:

«Se non si fa la causa, questo inferno non finisce!»

Ma ora che si trattava di giorni il marchese era di peggior umore del solito e sbraitava con don Aquilante:

«Che istruttoria mi andate contando? Che processo?... Tutto è imbastito male. Le testimonianze? Le prove? Basterà un soffio dell'avvocato della difesa per buttarle giù! Saremo daccapo. Dovrò stare ancora mesi e mesi con l'animo sospeso...»

«Perché? È curiosa questa!»

«Perché se io me ne lavo le mani, diranno: "Al marchese non glien'è importato niente del povero Rocco! Chi muore giace e chi vive si dà pace". E verranno fuori nuovi funghi... Vedrete.»

«Perché? È curiosa questa!»

«Vi sembra curiosa, perché voi non vedete altro che la causa, la bella causa e la bella difesa che farete... E se il giurì manderà assolto Neli Casaccio?... Qualcuno... l'ha ammazzato il povero Rocco, giacché è morto... e non si è ammazzato con le proprie mani... E così daccapo!»

«Attendiamo che il giurì abbia giudicato. Ero venuto per sapere l'ora precisa della partenza.»

«Quando vorrete. La carrozza è a vostra disposizione. Io non vengo.»

«Siete citato anche voi.»

«La mia deposizione è scritta nel processo; possono leggerla.»

«Ma gioverà anche la vostra presenza. I giurati, lo sapete, giudicano secondo le impressioni del momento, secondo la loro coscienza; non hanno neppur bisogno di fatti precisi...»

E don Aquilante avea dovuto stentare per indurlo ad andare assieme con lui alla Corte d'Assise. Se n'era quasi pentito.

«Badiamo, marchese!... Badiamo!» egli si raccomandava.

Ma il marchese non gli dava retta, e continuava a dar colpi di frusta alle mule, lasciandole in corsa vertiginosa per quelle rampe di stradone che giravano in declivio attorno al monte in cima al quale Ràbbato stava esposto ai quattro venti, che qualche volta sembrava se lo palleggiassero tra loro.

«Badiamo, marchese!»

Invano Titta, il cocchiere, seduto in cassetta accanto al marchese, si voltava di tanto in tanto per rassicurarlo.

Don Aquilante ricordava, raccapricciando, che appunto lungo quelle rampe le mule avevano preso, tempo fa, la mano al marchese, e lo avevano trascinato giù per la china, tra sterpi e sassi, come impazzite, fino all'orlo del ciglione a precipizio, dove si erano fermate per miracolo; e pensava che certi miracoli non si ripetono, se si ripetono i guai. Doveva ricordarselo, il marchese!

Invece le mule, spumanti di sudore, perdevano il fiato, smaniando sotto i colpi di frusta che piovevano fitti. Evidentemente il marchese sfogava contro di loro tutto il suo malumore, quasi l'istruttoria e il processo li avessero fatti quelle povere bestie e potesse essere colpa di esse se Neli Casaccio veniva assolto!

Erano trasvolati, come un lampo, accanto ai carretti coi testimoni, che scendevano senza fretta. Don Aquilante aveva intravisto Rosa Stanga, mastro Vito Noccia, Michele Stizza e non aveva avuto tempo di rispondere al loro saluto. Li invidiava. Stavano scomodi, sì, sui carretti, esposti alla polvere e al sole; ma almeno andavano tranquilli, senza pericolo di rompersi la noce del collo.

«Badiamo, marchese!»

E per distrarsi don Aquilante si sforzava di pensare al marchese *grande*, di cui si raccontava ancora la storiella dei testimoni... Quegli era un vero Roccaverdina!... Altri tempi, altri uomini!... Doveva vincere una lite? Occorrevano prove? E scriveva al suo agente, in paese: «Manda subito, subito, un'altra carrellata di testimoni!». Si compravano a due tarì l'uno!... Falsi, s'intende! Il marchese *grande*, oh! oh! non guardava tanto pel sottile! La razza, su certi punti, è rimasta la stessa. Quando un Roccaverdina prende un drizzone, è capace di tutto, nel bene e nel male!... Anche a costo di far scavezzare il collo a chi non c'entra...

«Badiamo, marchese!»

Il marchese però scendeva da cassetta appunto quando, raggiunta la pianura, lo stradone filava diritto a perdita d'occhio, tra il frinire delle cicale su per gli ulivi e il zirlare dei grilli tra le stoppie.

«Dicono che avremo la ferrovia fra quattro o cinque anni.»

«Anche i treni prendono la mano ai macchinisti negli scontri,» rispose il marchese, sorridendo stranamente. «E con le macchine è inutile gridare: Badiamo, marchese!»

VI

A Ràbbato si era già saputo, per telegrafo, la notizia della condanna di Neli Casaccio:

«Quindici anni!»

E due giorni dopo, i testimoni, di ritorno, erano assediati dalla gente che voleva conoscere tutti i particolari della causa.

Neli, appena udito «Quindici anni!» si era coperto il volto con le mani scoppiando in singhiozzi. Poi, levata in alto la mano destra, aveva gridato:

«Signore, lo giuro al vostro divino cospetto: sono innocente! E se non dico la verità, fatemi cascare morto, qui, davanti a voi!»

Nella sala tutti gli occhi si erano rivolti verso il Crocifisso appeso alla parete dietro il seggio del Presidente, quasi il Crocifisso avesse dovuto dare davvero la risposta al gesto e alle parole del condannato. Ma i carabinieri, presolo per un braccio, lo avevano condotto via, che si reggeva male su le gambe e balbettante:

«Poveri figli! Poveri figli miei!»

E la moglie! Si era buttata ai piedi del Presidente della Corte, coi capelli disciolti, col viso inondato di lagrime, chiedendo grazia pel marito:

«È innocente come Gesù Cristo, eccellenza!»

Gli si era aggrappata ai ginocchi, disperatamente, né voleva lasciarlo.

«Ma io non sono il Re, figliuola mia! Le grazie può farle lui soltanto.»

«Vostra eccellenza può tutto!... Vostra eccellenza ha in mano la giustizia!... Un padre di quattro bambini!»

Bisognò farle violenza per staccarla.

E la gente, chi giudicava che Neli Casaccio era stato condannato a torto, chi a ragione.

Non aveva egli detto: «Gli faccio fare una fiammata?».

Questo dovrebbe insegnare a tenere in freno la lingua; chi non parla non falla!

I signori del *Casino di conversazione* attendevano il ritorno del marchese di Roccaverdina e di don Aquilante per conoscere tutto l'andamento della discussione e il verdetto dei giurati. Gli avevano negato fin le attenuanti? Non era possibile! Per ciò alcuni dei più curiosi si erano aggruppati in Piazza dell'Orologio per fermare la carrozza al passaggio.

E fu proprio una sorpresa il vedere la strana compiacenza del marchese che, sceso dalla carrozza assieme con don Aquilante, circondato da quei signori e seguito da una folla di persone, si avviò verso il *Casino* dove egli, quantunque socio, aveva messo piede due o tre volte in tanti anni, anche perché, secondo lui, vi si ammetteva facilmente troppa gentuccia.

Il marchese sembrava trasfigurato. Da due giorni, don Aquilante lo guardava stupito e stava ad ascoltarlo ancora più stupito.

I soci del *Casino* si erano schierati in semicerchio; e, dietro i seduti, si pigiava la siepe dei curiosi che, invaso quel salone a pianterreno, stendevano il collo e si sollevavano su la punta dei piedi per sentir parlare il marchese o l'avvocato seduti là in faccia sul canapè addossato al muro.

Alcuni erano fin montati su gli zoccoli delle quattro colonne di finto marmo che reggevano la volta del salone, per vedere e udir meglio.

Questo mosse a sdegno il marchese.

«Che c'è? L'*opera dei pupi*? Che cosa vogliono tutti costoro? Non siamo in Piazza dell'Orologio qui... Cameriere!»

E scoperto il poveretto del cameriere che si affaticava inutilmente a fare uscir fuori quegli intrusi, lo apostrofava:

«Don Marmotta! Ma che: prego, signori miei! Prendeteli per le spalle se non sanno l'educazione!»

Allora parecchi soci si levarono da sedere, e cominciarono a spingere indietro la gente, che esitava e si voltava a guardare dopo aver fatto pochi passi, non sapendosi rassegnare a dover andar via senza cavarsi la curiosità.

Intanto il marchese aveva cominciato a parlare. Ora, anche per lui il processo era stato imbastito maravigliosamente. Il giudice istruttore, dapprima, era andato tastoni, senza lume, senza guida. Aveva poi trovato il filo conduttore, e le prove erano balzate fuori, chiare e lampanti.

«Ah, quel Procuratore del Re! Un fiume di eloquenza. Gelosia? Forza irresistibile? Chiudiamo dunque le prigioni e lasciamo assassinare la gente!... Qui ci troviamo davanti a una premeditazione di lunga mano!... Sì, o signori giurati, c'è la legge anche per coloro che disturbano l'altrui pace domestica, che insidiano l'onore delle famiglie! Se tutti volessimo farci giustizia con le nostre mani, addio società! Ognuno crede di avere ragione soprattutto quando ha torto. Soltanto il magistrato imparziale e giusto, perché non interessato, soltanto i giudici popolari istituiti per questo scopo...»

Sembrava che il Procuratore del Re fosse lui, e che quei soci, seduti in semicerchio là attorno, fossero i giurati che dovevano giudicare. La sua voce prendeva il solito tono alto, come quando egli *teneva udienza* lassù, sulla spianata del Castello; e la gente messa fuori del salone e rimasta davanti a l'aperta grande vetrata poteva udirlo meglio che se fosse rimasta dentro, perché la voce rimbalzava per la sonorità della volta e si faceva sentire vibrante fin dal centro della piazza.

«E così il povero avvocato della difesa si è visto chiusa la bocca prima di parlare... Oh, non già che non abbia parlato! Un'ora e mezzo, con furia di gesti, battendo i pugni sul tavolino... Se l'è presa anche contro i *pezzi grossi* che autorizzano con l'esempio le soperchierie dei loro dipendenti! come se, in questo caso, il marchese di Roccaverdina avesse detto a Rocco: "Va' a rubargli la moglie a Neli Casaccio!". Povero avvocato! Non sapeva dove sbatter la testa; armeggiava con le braccia e con la lingua, dopo che il Procuratore del Re gli aveva troncato anticipatamente i soliti argomenti. La gelosia! La forza irresistibile! Si capiva che parlava unicamente per parlare. E poi... voleva provar troppo. Processo d'indizi! Le testimonianze? "Ho sentito dire!" "Mi è stato detto!" "Ha minacciato!" "È un uomo feroce; cacciatore di mestiere!" "Si può decidere della libertà di un cittadino su così fragili basi?..."»

E il marchese rifaceva la voce e i gesti dell'avvocato con evidentissimo accento d'ironica commiserazione, ridendo perché i circostanti ridevano, lieto dell'effetto prodotto su coloro che dovevano sembrargli proprio i giurati, o altri giurati da giudicare in appello, tanto egli si animava nel ripetere le frasi più altisonanti e più comuni dell'avvocato, aumentando l'ironica intonazione fino alla ripresa del Procuratore del Re che volle parlare l'ultimo per dare il colpo di grazia!

«Una botta da maestro intanto l'aveva già data il nostro avvocato qui. Poche parole, ma sostanziose, ma gravi, di quelle che non ammettono replica...»

Don Aquilante che, con le mani incrociate, gli occhi socchiusi, ora storceva le labbra, ora scoteva la testa, e sembrava di non accorgersi del mormorio di approvazione seguito alle parole del marchese, si scosse con un sussulto allo scatto di voce, che parve un tuono, con cui quegli rispondeva al dottor Meccio, detto *San Spiridione* non si sapeva perché.

Il dottor Meccio, seduto proprio di faccia al marchese,

era stato ad ascoltarlo a testa bassa, col mento appoggiato al pomo dorato della sua canna d'India quasi più lunga di lui; non si era mosso, né avea fatto nessun altro segno di approvazione, né riso come tutti gli altri. E rizzandosi improvvisamente su le interminabili magre gambe – la sua vecchia tuba pareva dovesse arrivare a toccar la volta del salone – avea sentenziato:

«L'han condannato a torto. È il mio parere.»

Il marchese era scattato:

«Come a torto? Con tante prove? Che ne sapete voi?»

«È il mio parere. I giurati non sono infallibili.»

«Chi ha dunque ammazzato Rocco?»

«Non lo ha ammazzato Neli Casaccio.»

«Chi dunque? Ci vuole un bel coraggio a parlare così! Perché non siete andato a dirlo al giudice istruttore quand'era tempo? Non vi rimorde la coscienza di aver lasciato condannare, secondo voi, un innocente? Ecco come siamo! "È il mio parere!" Ma il vostro parere non vale un fico contro la sentenza dei giurati! Il giudice istruttore è stato dunque un bestione? Il Presidente e i giudici della Corte di Assise sono stati pure bestioni? Chi è dunque l'assassino? Dov'è?»

«Non vi scaldate troppo, marchese!»

«Dite, dite: chi è stato l'assassino? Dov'è?»

Il marchese, in piedi, pallido dalla collera, gesticolava, urlava, ripetendo:

«Chi è stato l'assassino? Dov'è?»

«Può essere qui, tra noi, tra quella folla davanti la vetrata e forse ride di me, di voi, dei giurati, dei giudici, della giustizia! E se dico una sciocchezza, lasciatemela dire! La parola è libera!»

San Spiridione gli teneva testa imperterrito, mentre parecchi tentavano di condurlo via per por termine a quella scena sconveniente, e altri circondavano il marchese pregandolo di compatire un presuntuoso che diceva sempre no quando uno diceva sì, per vizio d'indole, per abitudine...

«E perché me lo dice in faccia? L'ho fatto forse io il processo? L'ho discussa io la causa? L'ho condannato io Neli Casaccio?»

E, tornato a sedersi, riprendeva la relazione daccapo, minuziosamente, referendo le testimonianze a una a una, e l'arringa del Procuratore del Re, e le arringhe degli avvocati...

«Tanto, a me che può importare se hanno condannato uno invece di un altro? È affare dei giurati, dei giudici della Corte... Disgraziatamente,» conchiuse, «per gli assassinii che commettono i medici ignoranti non c'è processi né Corte di Assise!...»

Ma il dottor Meccio non poté rispondere a questa frecciata. Era andato via borbottando:

«Se il marchese si figura che il *Casino* sia la spianata del Castello!»

VII

«Bene! Bene!» disse la baronessa. «Ed ora che tutto è finito, mi darai retta, nepote mio?»

«Ho altro per la testa!» rispose il marchese.

«Lo so, pur troppo: quella donnaccia.»

«Non me ne parlate, zia!»

«Anzi debbo parlartene.»

«È inutile, vi dico. Per me, è come se non esistesse più, ve lo giuro.»

«Tu conosci le mie intenzioni.»

«Vi sono grato e vi ringrazio, zia!»

«Il mio testamento è in mano del notaio Lomonaco. Non vorrai costringermi a rifarlo.»

«Siete padrona disporre del vostro come vi pare e piace.»

«Voglio che casa Roccaverdina rifiorisca. Tuo zio è uno scioperato. Ha già dato quasi fondo a tutto il suo patrimonio; e suo figlio è più matto di lui. Della nepote non ragioniamo; ha disonorato la famiglia. Vive in peccato mortale, sposata soltanto in municipio, per la tirannia di quell'eretico marito che essa ha voluto per forza... Se lo tenga!»

«Che possiamo farci? Non è colpa nostra.»

«Dammi retta. Suol dirsi: matrimoni e vescovati dal cielo son destinati. E questo di cui intendo parlarti è certamente tra i destinati, se non m'inganno. Ricordi?... Sì, sì; non c'è stata nessuna promessa tra voi due; non vi siete mai detta una parola di amore; ma non occorreva dirla. Eravate troppo ragazzi allora, e gli occhi e gli atti dicevano assai più di qualunque parola. Così essa si è tenuta sempre come vincolata. Se si fosse chiusa in un monastero, non avrebbe potuto vivere più fuori del mondo. È rimasta sempre in attesa, non ha disperato neppure quando tu eri tutto di quella donnaccia e davi lo scandolo di tenerla in casa...»

«Ma, zia!»

«Non m'interrompere, lasciami dire. Parlo per tuo bene.»

Il marchese chinò il capo rassegnandosi.

Lo avea mandato a chiamare col pretesto di consultarlo su certi miglioramenti da fare nel vigneto di Lagomorto. Ma egli, capito subito di che si trattava, si era preparato le risposte. Questa volta però, a dispetto di ogni suo proposito, il marchese si sentiva imbarazzato da una strana fiacchezza di volontà.

Da prima, lo avevano un po' rassicurato le domande intorno alla causa e alla condanna di Neli Casaccio. E si era diffuso a posta nella narrazione per sviare la zia baronessa.

Gli sembrava di vedere agitarsile su le labbra gli insistenti consigli con cui lo assediava ogni volta che veniva a vederla, mandato a chiamare per lo più; e per ciò aveva tentato di tirare in lungo il discorso, ad evitare la noia della temuta predica: Prendi moglie!

Si era però eccitato per la fissazione della baronessa che Agrippina Solmo avesse fatto ammazzare il marito con l'intenzione di tornare ad essere quella che era una volta e raggiungere uno scopo lasciatosi sfuggire con l'aver sposato Rocco Criscione.

E appunto il vederlo eccitare appena gli era stato accennato questo sospetto, aveva spinto la baronessa a rompere ogni indugio.

Egli aveva dovuto ascoltarla, rispondendole quasi sbadatamente, girando gli sguardi pel salone, fissando un ritratto, osservando un vecchio mobile, guardando i cani accovacciati sui cuscini dei loro due seggioloni, e che riposavano riaprendo di tratto in tratto gli occhi e alzando le teste, quasi capissero che non dovevano muoversi per non interrompere la conversazione.

Dall'alto di uno dei balconi era entrato improvvisamente uno sprazzo di sole in tramonto. La striscia di luce rossiccia aveva rischiarato per alcuni istanti il soprapporto dell'uscio di faccia, e il marchese aveva strizzato gli occhi per distinguere le figure annerite di quel *Giudizio di Paride* malamente dipinto, cercando di distrarre anche con questo la sua attenzione dalla predica che la baronessa aveva cominciato a fargli e che minacciava di non finire più! Poi, nella penombra della sera e mentre la zia gli evocava quel ricordo di giovinezza quasi scancellato dalla sua memoria, egli si era sentito prendere da una sottile angoscia di rimpianto che gli increspava la fronte e lo induceva a interromperla con quel: «Ma zia!» che non era un diniego, né una protesta, e non poteva avere nessuna efficacia per impedirle di continuare.

«Lasciami dire; parlo per tuo bene... Io la vedo spesso da anni. Sempre la stessa! Vestita sempre di scuro, come una vedova, poveretta! E silenziosa, specialmente dopo il tracollo della sua famiglia, che è nobile quanto la nostra! nepote mio... Faresti la felicità tua, e anche un'opera buona! Dignitosa, anzi orgogliosa in quella miseria che deve nascondersi, mai un accenno di te e della sua ostinata speranza. E quando io gliene parlai, tempo fa, divenne, prima, rossa rossa, poi impallidì, rispondendo soltanto: "Ormai, baronessa! Sono vecchia!". A trentadue anni? Non è vero. È fina, delicata, signorile. E quando sorride, sembra che tutta la sua persona si rischiari e si illumini e lasci scorgere l'anima gentile e pietosa... Perché non vuoi? Perché ti ostini a vivere solo?... Che malìa ti ha dunque fatto quella donnaccia?»

Pur troppo, quella donnaccia avea dovuto gettargli addosso una terribile malìa; lo sentiva e fremeva. Ma la zia baronessa faceva peggio rammentandogliela; egli ora tentava, appunto, di strapparsela dal cuore, insofferente della prepotenza e irritato della propria inettezza di vincerla e di liberarsene. Non amava più, odiava Agrippina Solmo; ma l'odio gliela teneva radicata nell'animo assai più dell'amore! Ah, se la zia baronessa avesse saputo!... Egli però non aveva mentito giurandole: «Per me, è come se non esistesse più!». Non voleva vederla neppur da lontano; le aveva interdetto di passare la soglia di casa Roccaverdina!

Intanto...!

E si rizzò dalla poltrona, ripetendo:

«Ho altro per la testa in questo momento. Ne riparleremo, zia!»

I quattro canini, saltati tutt'insieme giù dai seggioloni, e stiratisi e sbadigliato, circondavano il marchese, mostrando di riconoscerlo col dimenare festosamente le code e saltellargli attorno e abbaiare. La baronessa li guardava sorridendo dalla commozione.

«Non fai loro neppure una carezza!» esclamò.

Gli passava davvero ben altro per la testa in quel momento che accarezzare quelle decrepite bestie mezze spelate e con gli occhi pieni di cispa!

La zia baronessa aveva ragione. Perché egli non voleva? Perché si ostinava a vivere solo?

E rientrando in casa, gli parve di rientrare in una spelonca.

Mamma Grazia, che non aveva ancora acceso i lumi, venne ad aprirgli portando con una mano la sporca lumiera di terracotta stagnata, col lucignolo a olio, che essa adoprava in cucina.

Dalla zia baronessa tutto era un gran vecchiume; ma vi si scorgeva la sorveglianza d'una intelligente e pulita padrona. Qua si sentiva il tanfo della trascuratezza, del disordine e dell'abbandono. Dal giorno che *quella* – non la nominava più neppure col pensiero – era andata via, egli non aveva più badato a niente, lasciando che mamma

Grazia facesse quel po' che poteva, non osando di rimbrottarla, di sgridarla, per via dell'età e del rispetto che le portava come nutrice e come vecchia persona di casa. Altra donna di servizio non voleva, anche per non fare dispiacere alla povera vecchia; servitori non gli piaceva di averne attorno, perché li stimava indiscreti e ciarlieri.

Era vita questa? La solitudine ora gliene faceva sentire tutto il fastidio e la nausea. Vita bestiale! Egli, marchese di Roccaverdina, godeva forse delle ricchezze ereditate? I suoi massai, i suoi fittaiuoli godevano meglio di lui. Da più di dieci anni si era ridotto un selvaggio, schivando il commercio delle persone, arrozzendosi, chiuso in quella spelonca d'onde usciva soltanto per fare quattro passi su la spianata del Castello, o per vivere in campagna, tra contadini che lo temevano e non gli volevano bene perché li trattava peggio di schiavi, senza trovar mai una buona parola per essi.

Ah, la zia baronessa aveva ragione!

Perché non voleva?

Le altre volte la zia gli aveva parlato su le generali. Ora aveva precisato, pur non nominando colei che era stata la segreta aspirazione dei suoi sedici anni, quando timido ed esitante si era contentato di manifestare il sentimento che gli tremava in fondo al cuore soltanto con gli sguardi o con fanciullesche intimità di scherzi e di atti forse meno espressivi degli scherzi; quando gli era bastato di scorgere o d'indovinare, dal pudibondo contegno, che ella si era accorta e che acconsentiva con maggiore serietà di propositi, non mai smentita dopo. Ed egli l'avea dimenticata! Ed egli l'aveva offesa antiponendole quella donna poi divenuta sua tortura e suo castigo.

Perché ora non voleva?

Non lo sapeva neppur lui!

Era seduto a tavola. Mamma Grazia, portato il vassoio dell'insalata, vedendo che il marchese mangiava con aria cupa, evitando di guardarla e di rivolgerle la parola, si era fermata a osservarlo, incrociando le mani sotto il grembiale di traliccio. Due grigi cernecchi dei pochi capelli mal pettinati le si sparpagliavano su la fronte piena di grinze, cascandole sugli occhi, da uno dei quali, con gli orli delle palpebre rossi, non ci vedeva per un disgraziato accidente di molti anni addietro, quando, divezzato il marchese, era rimasta come serva dai Roccaverdina.

«A che pensi, figlio mio?» ella disse teneramente.

E all'inattesa domanda il marchese faceva una rapida mossa di tutti i muscoli della faccia, quasi volesse, con essa, trafugare nel più oscuro posto del cervello i pensieri che lo tormentavano e nasconderli anche a se stesso.

Ella, che aveva notato, altre due o tre volte, una mossa simile e in identiche circostanze, ne fu addolorata.

«A me puoi dirlo,» soggiunse accostandosi alla tavola. «Sono la tua mamma Grazia!»

«Non trovo certe antiche scritture; pensavo appunto dove cercarle,» rispose il marchese.

«Giù, nel mezzanino ce n'è una catasta.»

«Dici bene.»

«Ce n'è tante altre anche in un baule. Io so qual è la chiave.»

«Me la darai domani.»

«Farò prendere aria a quelle stanze. Saranno piene di topi. Non vi è entrato nessuno da anni.»

«Sì, mamma Grazia.»

Non convinta della risposta, dopo alcuni momenti di silenzio, ella riprendeva:

«Che ti cuoce, figlio mio? Dimmelo. Pregherò il Signore e la Vergine Santissima del Rosario. Ho fatto dire una messa alle anime sante del Purgatorio perché ti diano la pace dell'animo... Senti: se è per *quella*... richiamala pure... Le farò da serva, come prima!»

Il marchese alzò la testa e le spalancò gli occhi in viso, impaurito dalla chiaroveggente penetrazione di quella rozza e semplice creatura.

«Oh, mamma Grazia!... È venuta qui? Che ti ha detto?

Non voglio più vederla, non m'importa più niente di essa!... Ti ha forse suggerito di dirmi così?»

«No, figlio mio!... Non irritarti; ho parlato da vecchia stolida!»

Si era irritato, invece, per la vergogna di sentirsi quasi alla mercé degli altri. Non sapeva, non poteva più dissimulare dunque?

Allo sgomento che gli intorbidava lo sguardo, mamma Grazia, intimidita, replicò:

«Non irritarti! Ho parlato da vecchia stolida!» E andò via strascicando le ciabatte.

VIII

Quantunque, il giorno dopo, mamma Grazia lo avesse avvertito ch'ella aveva già dato aria al mezzanino, lasciando la chiave nella serratura dell'uscio perché dalla scala interna nessuno passava, il marchese non era disceso a ricercare le vecchie scritture.

Fatto attaccare le mule alla carrozza, era partito per Margitello.

Titta, il cocchiere, si meravigliava di vedere il padrone rannicchiato in fondo alla carrozza chiusa, e insolitamente silenzioso. Avea tentato, ma inutilmente, di fargli dire qualcosa.

«Ci vuole la pioggia! Guardi, *voscenza*; non un filo d'erba.»

La pianura si estendeva da ogni lato, con terreni riarsi dal sole e screpolati, con aride piante di spino irte sui margini dello stradone... E si era alla fine di ottobre! Qua e là, un paio di buoi attaccati all'aratro si sforzavano di rompere le zolle indurite, procedendo lenti per la resistenza che incontravano. Qualche asino, un mulo, una cavalla col puledro dietro, pascolavano, legati a una lunga fune, o con pastoie ai piedi davanti, tra le poche stoppie non ancora abbruciate.

«Quest'anno la paglia rincarirà. Non vi sarà altro per le povere bestie!»

La carrozza, lasciato lo stradone provinciale, aveva infilato, a sinistra, la carraia di Margitello, tra due siepi di fichi d'India contorti, polverosi, coi fiori appassiti su le spinose foglie magre e quasi gialle per mancanza di umore. Le mule trottavano, sollevando nembi di polvere e facendo sobbalzare la carrozza su le ineguaglianze del suolo. A un certo punto, le ruote avevano urtato in un mucchio di sassi che ingombrava metà della carraia.

«Qui accadde la disgrazia!» disse Titta.

Quel mucchio di sassi indicava il posto dove era stato trovato il cadavere di Rocco Criscione, con la testa fracassata dalla palla tiratagli quasi a bruciapelo dalla siepe accanto. Chi era passato di là in quei giorni vi avea buttato un sasso, recitando un *requiem*, perché tutti si ramentassero del cristiano colà ammazzato e dicessero una preghiera in suffragio di quell'anima andata all'altro mondo senza confessione e senza sacramenti. Così il mucchio era diventato alto e largo in forma di piccola piramide.

Ma neppure questa volta Titta sentì rispondersi niente; e frustò le mule, pensando a quel che sarebbe avvenuto a Margitello dove nessuno si attendeva l'arrivo del padrone.

Stormi di piccioni domestici, usciti alla pastura, si levavano a volo dai lati della carraia al rumore dei sonagli delle mule e delle ruote della carrozza, che ora correva su la ghiaia sparsa sul terreno a poca distanza dalla casina. Si scorgevano il ricinto della corte e le finestre chiuse, a traverso gli alberi di eucalipti che la circondavano da ogni parte.

Contrariamente alle previsioni di Titta, il massaio e i garzoni l'avevano passata liscia.

Il marchese avea visitato la dispensa, le stalle delle vacche, il fienile, la pagliera; avea ispezionato minutamente gli aratri di nuovo modello fatti venire da Milano l'anno avanti, la cantina, le stanze di abitazione dei contadini, seguito dal massaio che gli andava dietro, timoroso di qualche lavata di capo; e non avea fiatato neppure quando allo stesso massaio era parso opportuno scusarsi per un oggetto fuori posto, per un ingombro che avrebbe dovuto essere evitato, per qualche arnese buttato là trascuratamente, guasto e non riparato.

Poi il marchese era salito, solo, nelle stanze superiori; e il massaio, dalla corte, gli vedeva spalancare le finestre, lo sentiva passare da una stanza all'altra, aprire e chiudere cassette di tavolini e di cassettoni, armadii, spostare seggiole e sbattere usci. Due o tre volte, il marchese si era affacciato ora da una ora da un'altra finestra, quasi volesse chiamare qualcuno. Invece, avea dato lunghe occhiate lontano e attorno, per la campagna, o al cielo che sembrava di bronzo, limpido, senza un fiocco di nuvole da dieci mesi, infocato dal sole che bruciava come di piena estate.

Tre ore dopo, egli era disceso giù, aveva ordinato a Titta di riattaccare le mule, ed era ripartito senza dare nessuna disposizione, senza mostrarsi scontento né soddisfatto.

A mezza strada della carraia di Margitello, là dove era il pezzo di terreno di compare Santi Dimauro, che avea dovuto venderlo per forza, per evitarsi guai, il marchese, scorgendo dallo sportello il vecchio contadino seduto su un sasso rasente la siepe dei fichi d'India, coi gomiti appuntati su le ginocchia e il mento tra le mani, avea ordinato a Titta di fermare le mule.

Compare Santi rizzò la testa, e salutò il marchese sollevando con una mano la parte anteriore del berretto bianco, di cotone.

«*Voscenza* benedica!»

«Che fate qui?» gli domandò il marchese.

«Niente, eccellenza. Trovandomi al mulino, ho voluto dare uno sguardo...»

«Rimpiangete ancora questi quattro sassi?»

«Il mio cuore è sempre qua! Verrò a morirvi un giorno o l'altro.»

«E avete faccia di lagnarvi, dopo che ve li ho pagati settant'onze?»

Il vecchio si strinse nelle spalle, e riprese la sua positura.

«Montate in serpe con Titta,» soggiunse il marchese.

«Grazie, *voscenza*. Ho lasciato l'asino al mulino; vo' a riprenderlo, con la farina.»

Titta si era voltato per convincersi se il padrone avesse parlato sul serio invitando compare Santi a montare in serpe, tanto gli era parsa straordinaria la cosa; ma la sua curiosità rimase insoddisfatta. Il marchese gli accennò con la mano di tirar via, e le mule si rimisero al trotto al primo schiocco di frusta.

Lungo la ripida salita, Titta avea risparmiato le povere bestie. Alla svoltata della Cappelletta però, da dove lo stradone comincia a salire dolcemente, egli faceva riprendere il trotto; e pel movimento a sbalzi, i sonagli delle testiere squillavano all'ombra degli ulivi e dei mandorli che sporgevano dietro i ciglioni le chiome grige e verdognole tra cui stridevano alcune cicale ritardatarie, illuse forse dal persistente caldo che l'estate durasse ancora.

«Che c'è?» domandò il marchese all'improvviso arrestarsi della carrozza.

E, affacciatosi allo sportello, vide l'avvocato don Aquilante, con le lunghe gambe penzoloni dal parapetto di un ponticello, il cappellone di feltro nero, a larghe falde, che gli riparava dal sole, come un ombrello, la faccia sbarbata, con la grossa canna d'India tenuta ferma da una mano sul paracarro sottostante.

Don Aquilante socchiuse gli occhi, scosse la testa con l'abituale movimento, portò l'altra mano allo stomaco, quasi volesse reggere la cintura rilasciata dei calzoni, e scese dal parapetto, aggrottando le sopracciglia, stringendo le labbra con l'aria di un uomo importunamente disturbato.

«Qui, con questo sole?» disse il marchese aprendo lo sportello della carrozza.

Don Aquilante fece soltanto una mossa che voleva significare: se sapeste! e, accettando l'invito espressogli con un gesto, montò accanto al marchese. Le mule ripartirono al trotto.

«Qui, con questo sole?» tornò quegli a domandare.

«Voi siete scettico... Non importa!... Vi convincerete un giorno o l'altro!» rispose don Aquilante.

Il marchese sentì corrersi un brivido per tutta la persona. Pure fece il bravo, sorrise; e quantunque avesse pregato don Aquilante di non più riparlargli di *quelle cose*, ed ora ne sentisse più che mai invincibile terrore, provò un impeto di sfida per vincere la sensazione che gli sembrava puerile in quel punto, all'aria aperta e con tutta quella luce.

«Ah! Venite a cercare gli Spiriti fin qui?»

«L'ho seguito a dieci passi di distanza, senza potere raggiungerlo. Ora è agitato; comincia ad aver coscienza della sua nuova condizione... Voi non potete intendere; siete fuori della verità, tra la caligine dei pregiudizi religiosi.»

«Ebbene?» balbettò il marchese.

«Un giorno vi persuaderete, finalmente, che io non sono un allucinato, né un pazzo. Vi sono persone,» soggiunse con severo accento, «che posseggono facoltà speciali per vedere quel che gli altri non vedono, per udire quel che gli altri non odono. Per esse, il mondo degli uomini e quello degli Spiriti non sono due mondi distinti e diversi. Tutti i santi hanno avuto questa gran facoltà. Non occorre, però, di essere un santo per ottenerla. Particolari circostanze possono accordarla a un meschino avvocato come me...»

«E non vi è riuscito di raggiungerlo!» disse il marchese, con accento che avrebbe voluto essere ironico e tradiva intanto l'ansia da cui era turbato.

«Si è fermato presso il ponticello ed è rimasto un istanze in ascolto; poi, tutt'a un tratto, udito lo strepito dei sonagli delle mule e il rumore delle ruote della vostra carrozza che saliva per la rampa sottostante, si è precipitato giù pel ciglione dirimpetto. Evidentemente, ha voluto evitare d'incontrarsi con voi.»

«Perché?»

«Ve l'ho detto. Egli comincia ad aver coscienza della nuova condizione. In questo caso, tutto quel che rammenta la vita ispira orrore. È il punto più penoso dell'altra esistenza. Rocco che già si accorge di non essere più vivo...»

Il marchese non osava d'interromperlo, né osava di domandarsi se colui che gli parlava in quel modo avesse smarrito il senno o fosse ancora in pieno possesso della ragione. A furia di udirlo discorrere di queste stramberie, come il marchese soleva chiamarle, si sentiva attratto da esse, non ostante che da qualche tempo in qua gli ispirassero una gran paura del misterioso ignoto, a dispetto del suo scetticismo e delle sue credenze religiose.

E l'Inferno? E il Paradiso? E il Purgatorio? Don Aquilante li spiegava a modo suo; ma la Chiesa non dice che si tratta di cose diaboliche?

Titta aveva spinte le mule al gran trotto, per fare una bella entrata in paese con schiocchi di frusta, gran tintinnio di sonagli e rumore di ruote; e questo distrasse il marchese dal torbido rimescolio di riflessioni e di terrori che gli passava per la mente mentre don Aquilante parlava.

Rimescolio di riflessioni e di terrori che lo riprendeva però appena posto il piede in quelle stanze deserte dove non si udiva altro di vivente all'infuori dello strascicar delle ciabatte di mamma Grazia e del borbottio dei suoi rosarii, quando essa non aveva niente da fare.

«Ho lasciato la chiave nella serratura dell'uscio,» gli rammentò mamma Grazia.

E il marchese, per occuparsi di qualche cosa, quantunque veramente non avesse nessuna vecchia scrittura da ricercare, scendeva già nel mezzanino.

Mamma Grazia aveva dato aria a quei due stanzoni,

ma il tanfo di rinchiuso prendeva alla gola ciò non ostante. Larghe amache di ragnateli pendevano dagli angoli del soffitto. Un denso strato di polvere copriva i pochi vecchi mobili sfasciati, le casse, le tavole rotte che ingombravano la prima stanza e vi si distinguevano appena, perché essa prendeva luce da l'altra che rispondeva su la via.

Entrato quasi diffidente, arricciando il naso pel forte puzzo di muffa, strizzando gli occhi per vedervi, il marchese si era fermato più volte a fine di raccapezzarsi. Tutta roba da buttar via! Era là fin da quando viveva il marchese *grande*. Nessuno aveva mai pensato di fare un bel repulisti; lo avrebbe fatto fare lui e subito.

Ma pur pensando a questo, tornavano a frullargli nella testa le parole di don Aquilante, quasi qualcuno gliele ripetesse sommessamente dall'angolo più riposto del cervello:

«Ha voluto evitare di scontrarsi con voi! Comincia ad aver coscienza della sua condizione!»

Ormai! Che doveva importargli delle stramberie dell'avvocato?... Ma se fosse vero? Eh, via!... Ma, infine, se fosse vero?

E si arrestò con un senso di puerile paura, appena passata la soglia dell'altra stanza. La stessa angosciosa impressione di una volta, di molti e molti anni addietro! Allora aveva otto o nove anni.

Ma allora il lenzuolo che avvolgeva il corpo del Cristo in croce, di grandezza naturale, appeso alla parete di sinistra, non era ridotto a brandelli dalle tignuole; e non si affacciavano dagli strappi quasi intera la testa coronata di spine e inchinata su una spalla, né le mani rattrappite, né i ginocchi piegati e sanguinolenti, né i piedi sovrapposti e squarciati dal grosso chiodo che li configgeva nel legno.

La vista di quel corpo umano, che il lenzuolo modellava avvolgendolo, lo aveva talmente impaurito da bambino, ch'egli si era aggrappato al nonno, al *marchese gran-*

de, da cui era stato condotto là, ora non si rammentava più perché; e i suoi strilli avevano fatto accorrere mamma Grazia e la marchesa nuora non ancora assalita dalla paralisi. Il nonno aveva tentato di convincerlo che quello era Gesù Crocifisso, e che non ne doveva aver paura; ed era salito sulla cassapanca sottostante per togliere gli spilli dal lenzuolo e fargli vedere il Signore messo in croce dai Giudei, del quale la mamma gli avea raccontato la storia della passione e della morte, un venerdì santo, prima di farlo assistere nella chiesa di Sant'Isidoro alla sacra cerimonia della Deposizione. Anche quella volta egli aveva strillato dalla paura, come altri bimbi suoi pari; e mamma Grazia era stata costretta a portarlo via in collo facendosi largo a stento tra la folla delle donne accalcate nella chiesa quasi buia, e singhiozzanti e piangenti, mentre un prete picchiava con un martello sul legno della croce per sconficcare i chiodi del Crocifisso, e una tromba squillava così malinconicamente che sembrava piangesse anch'essa.

Questi ricordi gli eran passati, come un baleno, davanti agli occhi della mente; e intanto la paura di bambino si riproduceva in lui ugualmente intensa, anzi raddoppiata dalla circostanza che il vecchio lenzuolo, ridotto in brandelli, rendeva più terrificante quella figura di grandezza naturale, che sembrava lo guardasse con gli occhi semispenti e volesse muovere le livide labbra contratte dalla suprema convulsione dell'agonia.

Quanti minuti non aveva avuto forza e coraggio d'inoltrarsi né di tornare addietro?

Quando poté vincersi e dominarsi, aveva le mani diacce e il cuore che gli batteva forte. E non riusciva a formarsi un'esatta idea del tempo trascorso. S'impose però, facendosi violenza, di fissare il Crocifisso, anzi di accostarsi ad esso.

E soltanto dopo che si sentì un po' tranquillo, uscì dallo stanzone, indugiò un istante nell'altro, e chiuse l'uscio a chiave. Ma nel salire le scale gli sembrava che quegli occhi semispenti continuassero a guardarlo a traverso la spessezza dei muri, e che quelle livide labbra contratte dalla suprema convulsione dell'agonia si agitassero, forse, per gridargli dietro qualche terribile parola!

IX

Don Silvio La Ciura si era alzato più volte dal tavolino dove teneva aperto davanti a sé uno dei quattro tomi del breviario.

Quella sera sembrava che i venti di levante e di tramontana si fossero dati la posta a Ràbbato per una sfida di gara; e soffiavano, fischiavano, stridevano, urlavano, strisciando lungo i muri delle case, scotendo le imposte, sconvolgendo le tegole sui tetti, azzuffandosi agli svolti delle cantonate, pei vicoli, nelle piazze con gridi rabbiosi, con ululi prolungati, ora vicini, ora lontani, che davano i brividi al povero prete.

Ai ripetuti assalti, l'imposta poco solida del balconcino della sua cameretta aveva minacciato di cedere, di spalancarsi, di lasciar invadere la casa da quel che sembrava un nemico assediante, inasprito sempre più della resistenza che trovava.

Don Silvio, interrompendo la recita dell'ufficio, era stato costretto a puntellarla con un pezzo di tavola e con una stanghetta. Ma quantunque rassicurato, si arrestava spesso a metà d'un versetto di salmo, e si sentiva diventare piccino piccino a quegli ululi, a quegli impeti fischianti che facevano fin tintinnire, a intervalli, la piccola campana del vicino monastero di Santa Colomba, e buttavano, di tratto in tratto, sul selciato della via qualche tegola o qualche vaso da fiori che vi si fracassavano con pauroso rumore.

La sua casetta a un solo piano, all'angolo del vicoletto breve e contorto, investita da un lato dal vento di levante e, di faccia, dal tramontano, sembrava vacillasse. Tutti gli usci delle stanze si agitavano e i vetri delle finestre e del balconcino trabalzavano, e sul tetto era un continuo acciottolio di tegole, quasi vi spasseggiasse a salti un grosso animale.

Don Silvio levava gli occhi dal breviario, tendeva le mani giunte alla Madonna Addolorata appesa al capezzale del lettino, invocandola, o si rivolgeva al crocifisso di ottone che aveva davanti sul tavolino:

«Sia fatta la vostra santa volontà, Signore! Abbiate pietà di noi, Signore!»

E si sarebbe detto che i venti, indispettiti di quella preghiera, assalissero allora con maggior violenza la casetta, e urlassero con più forza dietro la porta, dietro le finestre e il balconcino. Per ciò don Silvio rimaneva un po' incerto se quei colpi che gli era parso di udire alla porta di casa provenissero dal rabbioso furore del vento o da qualche persona che veniva a chiedere per un moribondo la sua opera spirituale.

Di là, la vecchia sua sorella lo chiamava:

«Silvio! Silvio! Non senti? Picchiano.»

Scesi con un lume in mano gli scalini di gesso della scaletta, egli avea domandato da dietro la porta:

«Chi siete? Che volete?»

«Aprite, don Silvio! Sono io.»

«Oh, signor marchese!» egli esclamò stupito, riconoscendolo alla voce.

E posato il lume sur uno scalino, toglieva la stanghetta di sorbo che sbarrava trasversalmente la porta di entrata.

Una folata di vento spense il lume.

«Lasciate fare a me,» disse il marchese, richiudendo subito la porta e puntellandola forte con una mano, mentre con l'altra cercava tastoni la stanghetta che don Silvio aveva appoggiato in un angolo. «Ho i cerini,» soggiunse, dopo di averla rimessa trasversalmente a posto, introdu-

cendone i capi nelle due buche laterali che dovevano tenerla fissa.

E riaccese il lume.

«Signor marchese! Che accade!... A quest'ora?... Con
questo inferno scatenato?»

Alto, robusto, con la cappotta di panno scuro il cui
cappuccio gli nascondeva metà della faccia, il marchese
di Roccaverdina sembrava un gigante di fronte al magro
corpicino del prete, in quella cameretta imbiancata a calce e che aveva, soli mobili, il tavolino con su un crocifisso
di ottone, i volumi del breviario e poche carte alla rinfu-
sa, il lettino con la coperta bianca e quella Madonna Addolorata al capezzale, e due seggiole col piano rozzamente impagliato, una davanti al tavolino e una accanto al
letto.

«Permettete,» disse il marchese sbarazzandosi dalla
cappotta che buttò su la seggiola più vicina.

Don Silvio non osava di tornare a interrogarlo, dopo
che non avea ricevuto nessuna risposta a piè della scala.

Il marchese si passò più volte le mani su la faccia, si
tolse di capo il berretto di martora, posandolo su la cappotta; poi, quasi facesse uno sforzo, disse:

«Voglio confessarmi!» E scorgendo l'occhiata di stupore di don Silvio, soggiunse: «Ho anche fretta».

«Eccomi,» rispose il prete. «Un momento, e vengo subito.»

Andò di là, rassicurò sua sorella mezza cieca e malatic-
cia, senza dirle chi fosse venuto a trovarlo, e tornando
nella cameretta chiudeva dietro a sé gli usci delle altre poche stanze.

Il marchese era rimasto in piedi, e l'ombra della sua
persona proiettata dal lume si disegnava nera e ingrandi-
ta su la parete bianca, ingombrandola con la larghezza
delle spalle e del torace, toccando la volta del soffitto con
la testa attorno a cui si sparpagliavano, enormi come ten-
tacoli di polipo, i ciuffi di capelli che egli aveva arruffati
con rapido atto delle dita irrequiete.

Don Silvio intanto, cavata dalla cassetta del tavolino una stola di stoffa scura con due crocette di gallone di argento nelle estremità, se la passava dietro il collo, facendone ricadere i lembi sul petto. Tolse dal tavolino il lume, posandolo per terra nella stanza accanto, vicino all'uscio, in modo che la cameretta restasse in penombra; e sedutosi su la seggiola davanti al tavolino e fattosi il segno della croce, ripeté: «Eccomi!» invitando nello stesso tempo, col gesto, il marchese a inginocchiarsi.

Il marchese esitò un istante. Volgendosi inquieto verso il balconcino contro cui il vento faceva impeto, tendeva l'orecchio all'urlo selvaggio che, imboccato il vicolo, passava rapidamente oltre, seguito da altri ululi, da altri fischi, da altri stridi quasi umani che passavano pure rapidamente oltre in sinistra rincorsa, lasciandosi dietro un intervallo di morto silenzio più sinistro di loro.

Così, durante uno di questi intervalli, egli poté udire benissimo le gravi parole che il confessore gli rivolgeva a bassa voce, dopo di averlo aiutato a recitare il *confiteor*.

«Dimenticate ora la mia povera persona e il misero luogo dove vi trovate. Al cospetto di quel Dio che vi legge nel cuore, e che è Padre di misericordia e di perdono, confessate umilmente le vostre debolezze, i vostri falli, giacché la sua santa grazia vi ha spinto a questo atto per la vostra eterna salute.»

La voce di don Silvio aveva preso un accento solenne; e il marchese che, quantunque ginocchioni, si trovava con la fronte all'altezza della testa del prete sorretta da un braccio appoggiato al tavolino, rimase stupito della severa dignità di quel viso pallido, emaciato dai digiuni e dalle penitenze, che nelle circostanze ordinarie aveva un'umile espressione di sorridente dolcezza e di bontà quasi femminile.

Per vincere quest'impressione che lo aveva assai turbato, il marchese aspettò che il vento riprendesse a soffiare e a urlare; e giusto nel momento in cui parve che esso volesse trascinar via nella sua furia tutte le case del vicolo, balbettò:

«Padre, ho ammazzato io Rocco Criscione!»

«Voi! Voi!» esclamò don Silvio con voce tremante, sollevandosi a metà da sedere, tanto gli era sembrato enorme quel che aveva udito.

«Meritava di essere ammazzato!» soggiunse il marchese.

«Dunque non siete pentito del fallo, figlio mio!» esclamò il prete riprendendo alquanto la sua calma.

«Sono qui, ai piedi vostri, per ottenere il perdono.»

«E avete permesso,» riprese quegli severamente, «che l'umana giustizia condannasse un innocente?»

«L'accusa non è venuta da parte mia.»

«Voi però non avete fatto niente per impedire quest'infamia!»

«È colpa dei giurati e dei giudizi, se lo han condannato a torto, quasi senza prove.»

«E perché, perché avete ammazzato Rocco Criscione?»

«Se lo meritava!»

«Chi vi ha dato il diritto di farvi arbitro della vita e della morte d'una creatura di Dio?»

«Giacché Dio lo ha permesso...»

«Oh! Non bestemmiate a questa maniera per scusarvi e giustificarvi.»

«Il Signore ci toglie il senno in certe circostanze.»

«Quando meritiamo tale castigo!»

«Ero pazzo, forse... certamente... in quella terribile notte!»

«Ma dopo? Non avete riflettuto, non avete sentito rimorsi?»

«Oh, padre! Che giornate e che nottate per lunghi mesi!»

«Ebbene; era la voce di Dio che vi premeva, vi consigliava, vi chiamava...»

«E sono venuto!... Lasciatemi parlare; non mi togliete

con la vostra severità la forza di dirvi tutto. Aiutatemi anzi, siate misericorde!»

«Dite, dite, figliuolo mio! Vi assisteranno la Beata Vergine e i santi da voi invocati col *confiteor*.»

Ah! Perché il vento taceva in quel momento? Il marchese aveva paura della sua stessa voce, davanti a quel sant'uomo, nella penombra della nuda cameretta.

Ma già egli aveva pronunciato le fatali parole: «Ho ammazzato io Rocco Criscione!». Quel segreto, da cui era stato torturato tanti e tanti mesi, gli era finalmente sfuggito di bocca! Ed ora egli sentiva bisogno, più che di accusarsi, di difendersi, di scolparsi anche!

Dopo che la giustizia umana non poteva più colpirlo, si sentiva oppresso dal terrore della giustizia divina. Gli sguardi semispenti di quel gran Crocifisso lo inseguivano fin là, dal mezzanino; e ora, quasi le avesse sotto gli occhi, egli vedeva agitarsi quelle livide labbra che gli era parso volessero pronunziare la parola: Assassino! e gridarla forte perché tutti la udissero e tutti apprendessero!

Invano egli aveva tentato di persuadersi che tutto questo era opera della sua immaginazione esaltata. I sentimenti religiosi con i quali era stato educato dalla madre, attutiti dall'età, dai casi della vita, dalla poca frequenza con cui li aveva praticati specialmente in questi ultimi anni, suscitati quel giorno dalla vivissima impressione dell'inattesa vista del Crocifisso, gli erano rifioriti, da una settimana, nel cuore con la stessa semplicità, con la stessa sincerità di quand'era fanciullo. Egli vi aveva opposto, sì, una specie di resistenza, quasi per istinto di conservazione, di difesa personale; ma quella notte, nello sconvolgimento della natura, il suo coraggio, il suo orgoglio avevano vacillato, avevano ceduto.

Ed era uscito di casa, spinto pure dalla certezza che nessuno, durante la tempesta scatenatasi su Ràbbato, lo avrebbe visto entrare dal prete, nessuno avrebbe potuto sospettare niente dell'atto ch'egli andava a compire.

Per questo non era umile davanti al confessore, per

questo si ostinava a ripetere: «Se lo meritava!» parlando dell'ucciso.

Visto che il marchese intendeva di diffondersi nella narrazione, e comprendendo che avrebbe sofferto stando lungamente in ginocchio, don Silvio lo interruppe:

«Per le facoltà accordatemi, vi dispenso di continuare a confessarvi ginocchioni. Sedete; potrete parlare più liberamente.»

Il marchese obbedì grato di quel che gli pareva un giusto riguardo alla sua persona; e riprese:

«Mia zia diceva bene: non dovevo sposare quella donna, per l'onore della nostra famiglia dove non è mai avvenuto nessun incrociamento con sangue basso... Ma io non sapevo staccarmene. Convivevo da quasi dieci anni con lei...»

«In peccato mortale,» suggerì il prete.

«Come tanti altri,» replicò il marchese. «La società non è un convento di frati che hanno fatto voto di castità. La carne ha le sue imposizioni; e i pregiudizi sociali sono talvolta più potenti delle stesse leggi umane e divine. Ho fatto male, come tanti altri; non mi accorgevo di far male. Eppure volevo impedirmi di arrivare fino all'eccesso paventato da mia zia e dagli altri miei parenti. Ci sarei arrivato più tardi, se non avessi preso la risoluzione... Fu un patto, fra noi tre. Una sera, chiamai Rocco e gli dissi: "Devi sposare Agrippina Solmo...". Contavo su la devozione di lui, su la sua fedeltà. Rispose: "Come vuole *voscenza*". "Dovrai però essere suo marito soltanto di nome!..." Non esitò; rispose: "Come vuole *voscenza*". "Giuralo!" Giurò... Poteva rifiutarsi...»

«Ma è stato un gran sacrilegio!» esclamò il prete.

«Allora, chiamai lei. Ero sicuro della sua risposta. Per quasi dieci anni, l'avevo vista davanti a me umile, obbediente come una schiava, senza ambizioni di sorta alcuna. Questo formava la sua forza, il suo potere sul mio cuore. Le disse: "Devi sposare Rocco!...". Mi guardò supplicante, ma rispose anche lei: "Come vuole *voscen-*

za!". "Sarai però sua moglie soltanto di nome, per l'occhio della gente; giuralo!" E giurò... Poteva rifiutarsi...»

«È stato un gran sacrilegio! Al concubinato avete sostituito l'adulterio!» lo interruppe con accento di grande tristezza don Silvio.

«Non dovevo, non potevo sposarla io, e la volevo sempre mia. Non badai ad altro. Nel mio cuore c'era allora una tempesta assai più tremenda di questa che sconvolge l'aria fuori... Voi siete un santo... Non potete intendere...»

Le parole gli morirono su le labbra.

I due venti in contrasto riprendevano in quell'istante i loro ululati, i loro stridi; urtavano alle imposte, strisciavano lungo i muri, pel vicolo, come una masnada in rivolta, inseguentisi, e la campanella di Santa Colomba tintinnava, quasi annunziasse lamentosamente un prossimo disastro.

«Avrei dovuto subito prevedere che esponevo quei due a un gran cimento!» continuò il marchese coprendosi il viso con le mani. «Ma la provata devozione di Rocco mi affidava; ma la gratitudine e l'affezione, non meno provate, di essa mi affidavano ancora più! E l'ostacolo apparente metteva un sapore nuovo nella mia vita; non godevo di altro! Per compensare Rocco del suo sacrificio, gli lasciavo mano libera. A Margitello, a Casalicchio, a Poggiogrande, il padrone era lui. Spendeva e spandeva con le donne; tanto meglio. Mi pareva rassicurante segno di fedeltà al giuramento. A lei avevo regalato, in dote, anche quella casa vicino a casa mia. Essa veniva da me tutti i giorni, con la scusa di aiutare nelle faccende mamma Grazia, che non ha mai sospettato niente, e che la soffriva malvolentieri. E davanti a tutti, io conservavo con gran scrupolo le apparenze. Mi son divagato con questo giuoco... fino all'istante che cominciò a infiltrarmisi nell'animo il bieco sospetto. Per quali indizi? Non saprei dirlo precisamente. Perdei la pace. Ella se n'accorse subito; e il suo contegno più non fu schietto e sincero come prima. Ah, che fiera trafittura pel mio cuore! La gelosia mi faceva spalancare gli occhi su ogni minimo atto di Rocco e di lei, ma mi dava insieme forza di dissimulare. Ora egli non correva più dietro alle donne. Aveva perseguitato con le sue insistenze la bella moglie di Neli Casaccio. Poi, si era chetato; lo ha confermato pure essa, nella sua deposizione davanti al giudice istruttore... Perché? Come mai?... Avrei dovuto prevederlo!... Erano sposi davanti alla Chiesa e alla legge; erano giovani e costretti a vivere nella stessa casa, a vedersi quasi tutti i giorni... Ma... non avevano accettato il patto? Non avevano giurato? Se si fossero presentati a me e mi avessero confessato: "Non vogliamo, non possiamo più!" io... non so che cosa avrei risposto, che cosa avrei fatto. Avrei perdonato forse, li avrei sciolti dal giuramento... Invece...»

«E della legge di Dio non vi ricordate mai?»

«Voi siete un santo; non potete intendere! Ella giunse fino a non nascondermi che colui le faceva pena; fino a pretendere che le apparenze fossero conservate anche davanti a lui!... Me la sentivo sfuggire di mano; perdevo la testa pensando all'infame tradimento che quei due mi avevano fatto o stavano per farmi. Ingrati! Spergiuri! Dissimulavo tuttavia. Volevo esser certo... O tutta mia, o né mia né di altri! Pensiero fisso che mi ribolliva nel cervello, e mi offuscava la ragione... E quando mi parve di non poter più dubitare... È avvenuto così!... L'ho ammazzato per questo!... Se lo meritava!»

E la durezza dell'accento con cui il marchese aveva pronunziato queste ultime parole vibrò in quell'intervallo di calma come uno scoppio di frusta e parve riempire la cameretta.

Pallidissimo, con la testa china, gli occhi socchiusi, pieno di terrore e di compassione, il prete aveva ascoltato il penitente, quasi dimenticando la sua funzione di confessore. Quella gran miseria umana, di cui egli ignorava i bassi avvolgimenti e le angosce, gli faceva stillare dalle palpebre cocenti gocce di lagrime che gli cascavano su una mano. Mai, da confessore, gli era accaduto un caso che avesse avuto almeno qualche lontana somiglianza con questo. E quel che più gli stringeva il cuore non era tanto il delitto confessato, quanto lo stato d'animo di colui che sembrava non avesse una chiara idea del gran sacramento di penitenza a cui era venuto a ricorrere. Mentre il marchese parlava, egli levava la mente a Dio, pregando per la contrizione del peccatore, invocando lumi perché i suoi consigli giungessero a serenare quell'anima sconvolta e rabbuiata.

«Prostratevi di nuovo davanti a Dio,» disse con voce lenta.

Il marchese si lasciò cascare pesantemente sui ginocchi, affranto; e si coprì un'altra volta la faccia con le mani convulse.

«Dio perdona soltanto a chi è pentito, a chi è pronto a riparare il male commesso. Sentite voi un profondo sentimento di contrizione dell'assassinio commesso e dei gravi peccati che lo hanno preceduto e preparato?»

«Sì, padre!» rispose il marchese.

«Siete voi pronto a riparare i danni prodotti alla persona e alla reputazione altrui, unica positiva assicurazione del vostro pentimento?»

«Sì, padre!... Se è possibile,» quegli aggiunse esitando.

«C'è un innocente che soffre per colpa vostra. Bisogna giustificarlo, salvarlo.»

«In che modo?»

«Nel modo più semplice e più diretto.»

«Non capisco...»

«Egli sconta immeritamente una pena che avrebbe dovuto ricadere sul vostro capo...»

«Aiuterò, soccorrerò sua moglie e i suoi figli, in ogni maniera...»

«Non basta.»

«Che altro potrei fare?»

«Liberarlo, prendendo il suo posto. Soltanto a questo patto...»

«Padre, imponetemi qualunque gran penitenza...»

«Questo vi dice il Signore per bocca del suo umile ministro; ne dipendono la vostra pace in questa vita, la vostra salvezza eterna nell'altra.»

«Ho sentito dire che c'è un mezzo di riscatto dei peccati, beneficando chiese, istituzioni religiose, opere pie...»

«Dio non mercanteggia il suo perdono. Egli che vi ha concesso la ricchezza può togliervela in un momento, se vuole. È stato immensamente misericordioso inspirandovi di accorrere al suo santo tribunale.»

«Dovrei disonorare il nome dei Roccaverdina?»

«Un misero orgoglio vi fa parlare così. Badate! Dio è giusto, ma inesorabile! Egli saprà vendicare l'innocente. Le sue vie sono infinite.»

Il marchese abbassò il capo e non rispose.

«Pentirsi, quando il male da noi fatto è irreparabile, basta alla misericordia del Signore. Ma se la riparazione è possibile, urgentissima, il pentimento non vale niente. Io non potrei alzare la mano in nome di Dio ed assolvervi. Qualunque più grave penitenza sapessi imporvi sarebbe insufficiente, irrisoria. Riflettete bene!»

«Rifletterò!» disse il marchese con cupa irritazione nella voce. «Badate intanto; io vi ho rivelato la mia colpa sotto il sigillo della confessione. Voi non potete denunciarmi alla giustizia...»

«Denunciarvi? Che vi passa pel capo? Pensate piuttosto che in questo momento voi rifiutate la grazia del Signore...»

«Assolvetemi!... Farò penitenza!» supplicò il marchese. «Riparerò in qualunque altro modo! Tutto si compensa nel mondo!»

«Sentite?» rispose il confessore. «Dio ci parla anche coi venti, coi terremoti, con la fame, con la peste, e ci palesa l'ira sua e ci ammonisce...»

«Tornerò un'altra volta!»

E il marchese si rizzò in piedi.

«Il Signore vi aiuti!» esclamò il prete.

E mentre il marchese si rimetteva in testa il berretto di martora e indossava la cappotta, egli andò a riprendere il lume; e su quel viso pallido ed emaciato riapparve l'abituale dolce sorriso di bontà quasi femminile.

«Voi non potrete denunciarmi!» replicò il marchese.

E sembrava minacciasse.

«Ho dimenticato,» rispose don Silvio. «Ah, signor marchese! Ah, signor marchese!»

X

Non aveva avuto agio di riflettere lungo il faticoso giro per straducole e vicoletti a fine di evitare in qualche modo la furia del vento; ma appena chiuso cautamente il portoncino di casa e acceso il lume, il marchese respirò a larghi polmoni, quasi si sentisse liberato da insopportabile oppressione.

Era soddisfatto. Con lieta meraviglia, si sentiva tranquillo. La coscienza non gli rimordeva più, o almeno non lo atterriva coi tetri fantasmi che per poco – ne sorrideva compiacendosi – non lo avevano spinto al suicidio, quel giorno che era andato a rinchiudersi nella cameretta al secondo piano, deciso di tirarsi un colpo di revolver alla tempia. Due volte era stato sul punto di far scattare il grilletto; e perciò, trovatosi inattesamente faccia a faccia con Agrippina Solmo, aveva esclamato: «Chi sa chi ti manda! Domineddio? O il diavolo?».

Ora non gl'importava più di sapere precisamente chi l'avesse mandata quel giorno. Pensava soltanto che la giustizia umana si era legate le mani da sé, condannando Neli Casaccio; e che la giustizia divina doveva essere, in parte, già appagata dalla confessione spontaneamente e sinceramente fatta un'ora fa. Se il confessore non avea voluto imporgli una penitenza, se si era rifiutato di assolverlo, non era colpa sua.

Forse, scegliendo un altro sacerdote... Si era lusingato che don Silvio La Ciura, tenuto per santo dal popolino –

gli attribuivano anche parecchi miracoli – avesse dovuto giudicare meglio di tutti le circostanze per le quali un marchese di Roccaverdina era potuto diventare assassino.

E spogliandosi per andare a letto, esaminava freddamente il suo stato d'animo di quei giorni.

Una vampa di pazzia lo aveva avvolto! Si era creduto davvero stregato, come diceva mamma Grazia. Il colpo di fucile che aveva ucciso Rocco doveva però anche aver rotto la opera diabolica di quella donna, se egli si era sentito invadere immediatamente da invincibile avversione, da odio verso colei, appena ella poteva essere tutta sua, unicamente sua, come la desiderava e voleva prima di ammazzare lo spergiuro!

E quel sant'omo di don Silvio gli proponeva di denunciarsi, di prendere il posto di Neli Casaccio!

Se Dio intanto aveva permesso che costui fosse condannato, voleva dire probabilmente che gli pesava addosso qualche altro grave delitto rimasto occulto.

In quanto a lui, visto che il confessore si era rifiutato di assolverlo, perché non si sarebbe rivolto a chi sta più in su di qualunque confessore, a chi ha piena facoltà di sciogliere da tutti i peccati, al Papa in persona? Il Papa è Dio in terra. Col pretesto di un viaggio nel continente, egli sarebbe andato a Roma per buttarsi ai piedi di Sua Santità. – Doveva fondare un altare con messa perpetua? Dotare un orfanotrofio? Regalare un calice di oro con brillanti a San Pietro? – Purché il nome e l'onore dei marchesi di Roccaverdina non fosse macchiato!... Oh! Pio IX avrebbe capito subito le buone intenzioni di lui; non era povero di mente come don Silvio!

E si era addormentato in ginocchio davanti a Pio IX che alzava la mano per assolverlo.

Così si rimetteva alla solita vita con vivissima eccitazione di occuparsi, di stordirsi, quasi le energie del suo organismo volessero prendersi la rivincita dell'inerzia in cui le aveva lasciate per tanti mesi, abbandonando gli affari di campagna in mano di garzoni incapaci e senza scrupoli, di mezzadri che col pretesto della cattiva annata, oltre di non pagare i fitti, venivano a piangergli davanti per avere soccorsi di semenza e di alcune giornate di quegli aratri di nuovo modello da lui fatti venire da Milano. La lunga siccità aveva reso duri come il ferro i terreni, e i vomeri ordinari non riuscivano a spezzarli per preparare i maggesi.

«Abbiamo la mano di Dio addosso!» conchiudevano malinconicamente.

Egli non osava di rispondere, come le altre volte: «La vera mano di Dio che vi pesa addosso è la vostra pigrizia!».

Guardava un po' scoraggiato anche lui quelle campagne dove non si scorgeva un fil d'erba, quel cielo che, da mesi e mesi, non mostrava agli occhi ansiosi l'ombra di una nuvoletta all'orizzonte. Soltanto l'Etna fumava, quasi volesse ingannare la gente facendo scambiare per nuvole le dense ondate di fumo del suo cratere, che il vento disperdeva lontano.

Verso sera, la spianata del Castello si popolava di contadini, di gente di ogni condizione che venivano a interrogare il cielo per trarne qualche buon augurio. Le serate erano dolci, quantunque già si fosse alla fine di novembre. Non spirava un alito.

Il canonico Cipolla, che aveva letto i giornali in *Casino*, prognosticava vicina la pioggia.

«A Firenze piove da un mese, giorno e notte! In Lombardia, fiumi rigonfi straripano, allagano le campagne. Il cattivo tempo è in viaggio; arriverà anche qui!»

E i contadini che stavano a udirlo a bocca aperta, volgevano gli occhi verso il levante per scorgere qualche indizio che annunziasse il prossimo arrivo del *cattivo tempo in viaggio*, e sarebbe stato tempo benedetto!

L'anno avanti non si era raccolto neppur tanto da compensare della semenza gettata nei solchi. Le ulive si erano risecchite su le piante. Per ciò tutti si sforzavano di raddoppiare la sementa, risparmiando il grano da molire, stringendosi le cigne dei calzoni attorno allo stomaco, sperando di rifarsi col nuovo raccolto.

E il marchese parlava poco e senz'alzare la voce, ora passeggiando su e giù per la spianata, dal bastione allo zoccolo della croce, ora seduto su uno scalino di esso, sentendosi lentamente compenetrare dalla costernazione che si leggeva su tutti i volti e dalle parole di tristezza che uscivano dalla bocca di quei poveretti.

Essi se ne andavano a uno a uno, a due, voltandosi indietro per dare un'ultima occhiata a quel cielo limpidissimo, a quelle campagne riarse, a quei monti lontani che non si erano coperti di neve e dietro i quali non si affacciava da mesi uno straccio di nuvoletta.

Anche quei del *Casino* che venivano lassù non a godere il fresco ma a spiare, come la povera gente, il cielo di bronzo, l'orizzonte senza vapori e l'Etna che fumava, anche quei del *Casino* non discutevano più del sindaco, degli assessori, di tutte le loro misere gare municipali per cui ordinariamente si accapigliavano trovandosi insieme.

«Sarà una mal'annata peggiore della precedente!»

«I piccoli furti non si contano più!»

«Che volete? La fama è cattiva consigliera.»

«Dobbiamo pensare ai fatti nostri, marchese!»

«Ognuno ha i suoi guai!» egli rispondeva.

E siccome, una sera, assieme con altre persone, era venuto lassù anche il cavalier Pergola, suo cugino, col quale stava in rottura, il marchese fu costretto a rivolgere la parola pure a lui che si era avvicinato salutandolo il primo.

Il cavaliere, ad arte o no, lo aveva toccato nel debole, domandandogli se era vero che quell'anno avrebbe adoperato la trebbiatrice a Margitello.

«Forse, per prova, togliendola in prestito dal Comizio agrario provinciale.»

«Voi potete farlo; ma i piccoli proprietari?»

«Si tratterebbe di trasportare i covoni. La spesa verrebbe largamente compensata dalla celerità e dalla perfezione del lavoro. Margitello è un punto centrale... Noi abbiamo quel che ci meritiamo,» aveva soggiunto il marchese. «Non ci curiamo di associarci, di riunire le nostre forze. Io vorrei mettermi avanti, ma mi sento cascare le braccia! Diffidiamo l'uno dell'altro! Non vogliamo scomodarci per affrontare le difficoltà, né correre i pericoli di una speculazione. Siamo tanti bambini che attendono di essere imboccati col cucchiaino... Vogliamo la pappa bell'e preparata!»

«Parole d'oro!»

«I nostri vini se li prende la Francia, con quattro soldi, e ce li rimanda trasformati in Bordeaux. I nostri olii sono buoni appena per saponi o per macchine, e abbiamo intanto le migliori ulive del mondo. Io ho prodotto vini, così per saggio, da mettersi in tasca tutti i Bordeaux, tutti gli Xeres, tutti i Reni dell'universo; olii da dar dei punti a quei di Lucca e di Nizza... Ma bisognerebbe produrre in grande, esportare... E non parlo dei formaggi, del burro!...»

Erano rimasti soli lassù, senz'accorgersi che la sera si era inoltrata; il plenilunio ingannava.

All'ultimo, il cavalier Pergola gli aveva detto:

«Pur troppo è così! Siamo ancora mezzi barbari!... Ecco: per parlare di noi, giacché l'occasione è capitata, noi ci guardiamo da un bel pezzo in cagnesco. Perché? Per un pregiudizio. Non ho sposato la chiesa! È il mio gran delitto. Vostro zio non vuol vedere in viso, nemmeno da lontano, sua figlia! Voi avete fatto lo stesso con me.»

«Il torto è vostro, cugino! Siete scomunicato, non lo sapete? E fate vivere in peccato mortale anche quella poveretta!»

«Perché un prete sudicio non ci ha buttato addosso due gocce di acqua salata?»

«Benedetta, cugino! Dio vuole così!»

«Quale Dio? Chi lo ha visto cotesto Dio?»

«Io vi rispondo come don Silvio La Ciura, quando don

Aquilante voleva provargli che le persone della Santissima Trinità sono quattro: il Padre, il Figlio, lo Spirito Santo e il Dio che vien formato dalla riunione di tutti e tre.»

«E che rispose quel bestione?»

«Tre! Tre! Tre! E s'inginocchiò e baciò per terra... Lasciamo andare questo discorso.»

«Ebbene, scomunicato qual sono, io sto bene quanto gli altri. Che mi fa la pretesa scomunica? Niente. Se fosse vera, dovrei vedermi cascare i panni d'addosso; le mie campagne non dovrebbero fruttare; i miei affari andare a rotoli. Invece! Guardate là. Che cosa concludono quei gonzi che si affollano dietro a don Silvio, recitando il rosario del Sagramento, con la croce e i lanternoni, in processione per le vie? Sciupano scarpe e fiato. Da mesi, ogni sera, essi vanno attorno, mettendo malinconia alla gente, invocando la pioggia. Se esistesse davvero un Dio che fa la pioggia e il bel tempo, avrebbe dovuto muoversi a compassione. Non piove e non pioverà fino a che le leggi della Natura...»

«La Natura? Che cos'è?»

«Il mondo, il cielo, l'universo, la materia; non c'è altro! E piove quando deve piovere, quando può piovere. E se noi crepiamo di fame, la Natura non si turba per ciò. Siamo insetti impercettibili di fronte al Creato.»

«Ma cotesta Natura chi l'ha fatta?»

«Nessuno. Si è fatta da sé, e da per sé...»

«Chi ve l'ha insegnate tutte queste fandonie?»

«Chi? I libri che voialtri non leggete. Fandonie? Verità sacrosante; e i preti che hanno paura di perdere la cuccagna, se esse si diffondono nel popolo...»

«Voi l'avete sempre coi preti!»

«Sono nemici d'ogni bene dell'umanità.»

Tacquero, per guardare la folla fermatasi e inginocchiatasi laggiù davanti a la chiesa di Sant'Isidoro recitando il rosario del Sagramento dietro a don Silvio che portava la croce nera, tra una dozzina di lanternoni. Si udivano distinte le parole cantate:

«E cento mìlia volte sia lodato e ringraziato...!»

In quel momento la campana del convento di Sant'Antonio dava il segno dell'un'ora di notte.

Il marchese si avviò.

Al lume di luna, si vedeva la folla dei preganti che sfilava inoltrandosi per la via di rimpetto, dietro la croce nera e le fiammelle gialle dei lanternoni che pareva traballassero.

XI

Rocco Criscione, Agrippina Solmo, le Assise, la stessa nottata della confessione erano ormai pel marchese di Roccaverdina persone ed avvenimenti così lontani, ch'egli stesso si maravigliava di questo strano fenomeno della sua memoria.

Di tratto in tratto però, con lunghi intervalli, qualcuna di quelle figure gli si rizzava improvvisamente davanti e lo faceva sobbalzare, quasi apparizione reale.

Rivedeva ora Rocco ora la Solmo in un particolare atteggiamento, come li aveva visti anni addietro, in qualche circostanza insignificante, in campagna o in casa sua; e non riusciva a spiegarsi perché mai quei ricordi gli scattassero dalle oscure profondità del cervello limpidi, precisi, senza che nessun apparente richiamo avesse potuto sollecitarli.

Rocco che maneggiava un arnese rusticano; che mangiava sul desco di pietra, nella corte di Margitello, un'insalata di pomidori, col fiasco di terracotta stagnata da un lato, e con la grossa pagnotta di pane scuro dall'altro, nell'atto di tagliarsene larghe fette da intingere nel condimento. La Solmo, coi capelli disciolti, quando si pettinava in maniche di camicia, e buttava indietro, con grazioso movimento della testa, parte della chioma nera e folta, legata rasente la nuca con la stringa; o quando, lavata e pettinata, innaffiava le graste di basilico e di garofani su pei terrazzini, orgogliosa di quei folti e rotondeggianti cesti di basilico, che ella accarezzava con le mani per impregnarsele di odore e annusarle deliziata.

E ormai l'uno o l'altra in circostanze gravi, in atteggiamenti di rimprovero o di accusa, o semplicemente in atto di discorrere con lui o di stare ad ascoltarlo, no; ma occupati in qualche faccenda per conto loro, senza sospetto di essere osservati.

Apparivano improvvisamente e allo stesso modo sparivano e non gli lasciavano altra impressione all'infuori dello sbalzo e di quella curiosità di sapere per quale nascosta ragione fossero apparsi e spariti.

Soltanto allorché, allo stesso modo, egli rivedeva il gran Crocifisso che lo guardava, lo guardava con gli occhi velati dallo spasimo dell'agonia, agitando le labbra tumide e pavonazze per pronunziare parole che non prendevano suono, soltanto allora egli si sentiva rimescolare da terrore quasi puerile, e chiamava subito:

«Mamma Grazia!»

In quel momento voleva qualcuno che gli stesse vicino e lo aiutasse a vincere quell'impressione.

Mamma Grazia accorreva.

«Che vuoi, figlio mio?»

Ed egli la intratteneva con un pretesto qualunque, fino a che la interna visione non si affievoliva, non si scancellava e non lo lasciava di nuovo tranquillo.

Qualche volta gli passava anche per la testa il timore che don Silvio non andasse a denunciarlo, in un impeto d'ingenuità o di compassione pel condannato a torto.

Incontrandolo, è vero, il sant'uomo lo salutava umilmente, al suo solito, con quel soave sorriso che gli illuminava il volto pallido e scarno. Il saluto: «Buon giorno, marchese!». «Servo suo, marchese!» aveva però, o gli sembrava, la stessa intonazione delle ultime sue parole in quella notte, miste di compianto e di rimprovero: «Ho dimenticato!... Ah, signor marchese! Ah, signor marchese!». Ma la convinzione che i confessori, per speciale grazia divina, non potessero rivelare i peccati dei penitenti, lo rassicurava.

Infine, che prove avrebbe potuto dare don Silvio? La sola sua affermazione non era sufficiente!

Per tutto questo, sere addietro, egli aveva ascoltato senza indignarsi le empietà del cugino Pergola, e poi le aveva ripensate lungamente, ripetendosi spesso:

«E se ha ragione lui?... Non è solo nel pensare così... E se ha ragione lui?»

Il marchese non si era mai occupato di quelle intricate questioni, come non si era mai occupato di politica, di amministrazione comunale, né di tante altre cose che non lo riguardavano da vicino. Doveva badare ai suoi affari, non voleva avere grattacapi per nessuno.

Che gl'importava che fosse re Ferdinando II, o Franceschiello, o Vittorio Emanuele? Tanto, era la stessa solfa: «Pagare tasse!». La libertà? Ma egli aveva sempre fatto quel che gli era parso e piaciuto. Si sentiva meglio di un re in casa sua. Comandava ed era obbedito più di Vittorio Emanuele che non poteva far niente, dicevano, senza il consenso dei ministri. E allora che valeva l'essere re?

In quanto alla religione... No! No! Il cugino Pergola, con quei libri proibiti, aveva dato l'anima al diavolo. Era protestante, frammassone, ateo; bestemmiava peggio di un turco...

Bestemmiava anche lui, ne conveniva, ma per cattiva abitudine, perché aveva da fare con gente che non capiva le ragioni, ma le parolacce. E poi, una cosa era il praticar poco la religione, un'altra il negare l'esistenza di Dio, della Madonna, dei Santi!

Intanto, quando si era fortificato, per un poco, contro l'impressione dei discorsi del cugino, la pulce cominciava a ronzargli dentro l'orecchio:

«E se ha ragione lui? E se ha ragione lui?»

Una mattina quel demonio tentatore era andato insolitamente a fargli una visita.

«Vedete, caro cugino! Sono più cristiano di tutti voialtri; dimentico le offese. Non vi dispiacerà, spero, che sia venuto a trovarvi. Io sono indulgente. Capisco le debolezze umane, come le chiamano i preti. Quando tutti vi biasimavano perché tenevate in casa la Solmo, vi difendevo, solo contro tutti i parenti. Mio suocero, vostro zio, buttava fuoco e fiamme dalla bocca e dagli occhi; la zia baronessa, peggio. Credete che fosse per la morale? Per vanità, per interesse. Avevano paura che la sposaste... Oh, io l'avrei sposata per dispetto. Belloccia, giovane, onesta, via, più di parecchie maritate... Siete stato troppo buono! Basta; avete fatto il comodo vostro; ve ne siete sbarazzato. Potrete ricominciare con un'altra.»

«Ah, no!» esclamò il marchese.

«Perché? Per quel che direbbe la gente? Lasciatela strillare! Voi fate una vita impossibile. Siete il marchese di Roccaverdina e non contate per niente. Se fossi nei vostri panni, non si dovrebbe muovere foglia in paese senza il mio consenso; e anche per fare un po' di bene. Vi siete imprigionato qui, come se il mondo non esistesse.»

«Bado agli affari miei.»

«Potreste badarvi egualmente. Accumulate quattrini? A che scopo? Quando il danaro non serve a far godere la vita, è cosa senza valore.»

«La godo a modo mio.»

«Avete gli occhi chiusi, caro cugino. Se credete di guadagnarvi il paradiso!... Il paradiso è quaggiù, mentre respiriamo e viviamo. Dopo, si diventa un pugno di cenere e tutto è finito.»

«E l'anima?»

«Ma che anima! L'anima è il corpo che funziona; morto il corpo, morta l'anima. Chi ha mai visto un'anima? Soltanto don Aquilante e i pochi pazzi suoi pari si illudono di parlare con gli Spiriti.»

«Chi ci assicura che sia come dite voi?»

«La scienza, l'esperienza. Nessuno è mai tornato dall'altro mondo... Ma già, per voi, le fandonie dei preti sono verità sacrosante.»

«Le ha rivelate Dio.»

«A chi? Se rifletteste un momento, vi avvedreste di qual ammasso di contraddizioni è composta la Fede. E i preti, che la sanno lunga, dicono: "Fate quel che vi diciamo noi, non quel che facciamo noi!".»

«Sono uomini anche loro...»

«Siamo uomini pure noi; ci lascino tranquilli!»

«Perché Dio ci ha dunque creati?»

«Non ci ha creato nessuno! La Natura ha prodotto un primo animale e da esso, per trasformazioni e perfezionamenti, siamo venuti fuori noi. Siamo figli di scimmia, animali come gli altri animali.»

«Oh, questo poi!...»

«Animalissimi! Solamente, invece dell'istinto, abbiamo la ragione; ed è la stessa cosa. Con la scusa della ragione, facciamo però tante cose irragionevoli. Abbiamo inventato l'anima immortale, il paradiso, l'inferno... I cani, gli uccelli hanno l'anima anch'essi. Dove vanno le anime loro dopo la morte? C'è il paradiso dei cani? C'è l'inferno degli uccelli? Sciocchezze! Fantasticherie! Tutte invenzioni dei preti. E quando si avvedono che una loro balordaggine non si regge più, ne inventano subito un'altra. I sacerdoti pagani: Giove, Giunone, cento mila divinità. I preti cattolici hanno preso Dio agli ebrei e hanno inventato Gesù Cristo.»

«State zitto! Inventato?»

«Gesù Cristo era un uomo come voi e come me, bravo, caritatevole, che odiava i sacerdoti, che non voleva templi... Che ne hanno fatto i preti? Un Dio, col papa, coi cardinali, con chiese piene di fantocci, di madonne e di santi...»

«State zitto! State zitto!»

Il cavalier Pergola scoppiò a ridere.

«Che? Temete che ci si sprofondi il pavimento sotto i piedi? Ecco; non si sprofonda niente!... Ah! Ah! Ah! Voglio portarvi certi libri. Dovete leggerli; tanto, non avete nulla da fare.»

116

«Sono proibiti.»

«Figuratevi! I preti vorrebbero impedire il trionfo della verità...»

E mentre il cavalier Pergola, parlando, agitava i quattro peli della barbetta che gli orlava il mento, il marchese si meravigliava di stare ad ascoltarlo con grande interesse.

Se fosse così, come diceva il cugino?

Si sentiva rimescolato, quasi una mano crudele tentasse di strappargli dalle viscere qualcosa di vivo e di tenace.

«Secondo voi,» disse, «ognuno potrebbe commettere qualunque delitto e scialarsela, giacché non c'è inferno né paradiso.»

«C'è la legge, fin dove può; c'è la coscienza umana che ci dice: Non fare agli altri quel che non vuoi fatto a te stesso!»

«È uno dei dieci comandamenti di Dio.»

«Di Mosè, che era un gran sapiente, un politicone come non ne nascono più. Fingeva di salire sul Sinai a discorrere col Padre Eterno, quando era cattivo tempo e tonava; e poi veniva giù: "Il Padre Eterno mi ha detto questo; il Padre Eterno ordina quest'altro!". E faceva bene; col popolo ignorante si deve agire così... Dopo che avrete letto quei libri di cui vi ho parlato...»

«Non li leggerò; è inutile prestarmeli. Non voglio guastarmi la testa.»

Eppure li lesse, con una specie di terrore, e li rilesse anche. Ragionavano assai meglio del cugino, che riferiva le cose buccia buccia, e, sentendosi a corto di argomenti, scaraventava fuori due, tre bestemmie in fila per sfogarsi contro i preti, contro il papa, fin contro il governo che non li impiccava tutti.

«Eh?» gli domandava il cavaliere. «Vi siete convinto?»

Tutte le cose lette gli turbinavano nella mente e nella coscienza, senza che egli avesse coraggio di mostrargli che lo avevano scosso.

Gli sembrava di essere penetrato in una regione nuova,

dove si respirava meglio, con più larghi polmoni, ma dove egli si sentiva ancora, come le persone arrivate di recente, un po' sbalordito e solo. Bisognava abituarsi; e si accorgeva con piacere che non era difficile. Di giorno in giorno, rimuginando le cose udite e lette, vedeva che una difficoltà, una repugnanza, un ostacolo erano già superati.

Incontrando don Silvio, al saluto: «*Servo suo, marchese!*» ora rispondeva con tono di celata ironia, quasi volesse dirgli: «Non me la date più a intendere, prete mio!». E si sbalordiva di sorprendersi a pensare così.

Certe sere, durante la cena, dal balcone aperto, gli arrivava all'orecchio il confuso rumore delle voci che andavano cantando il Rosario del Sagramento dietro a don Silvio, in penitenza per la siccità; e alzava le spalle, compassionando quei poveretti che sciupavano scarpe e fiato, ripeteva le stesse parole del cugino, con la speranza che il cielo si movesse a pietà di loro!

E non si turbava più, se udiva nella notte il rauco ritornello cantilenato dalla zia Mariangela:

«Cento mila diavoli al palazzo di Roccaverdina! Oh! Oh! Cento mila...»

Quei diavoli mandati attorno dalla povera pazza, cento mila qua, cento mila là, per tutte le case dei ricchi, gli facevano soltanto rivedere con l'immaginazione la figura della infelice, che portava i capelli tagliati alla mascolina, coperta di cenci, pavonazza in viso pel sangue che le saliva alla testa. Così andava girando per le vie, sboccata ma innocua, quando il marito non la incatenava al muro come una bestia feroce, per costringerla a restare in casa.

Ma poi, appena egli credeva di essere già certo, ridiveniva a poco a poco perplesso. A letto, prima di addormentarsi, in campagna sorvegliando i lavori e dando ordini, nell'andare e venire da Ràbbato a Margitello, o a Casalicchio, o a Poggiogrande, rannicchiato in fondo alla carrozza, tutte quelle *storie* del cugino, tutte le cose lette e rilette gli crollavano nella mente come un giuoco di carte.

E riprendeva a pensare al progettato viaggio in Roma, per farsi assolvere dal papa.

Nel dubbio, non era meglio mettersi in salvo?

Intanto l'irrequietezza lo riafferrava. Il cugino Pergola aveva ragione quando gli diceva: «Voi fate una vita impossibile!».

E la zia baronessa aveva pure ragione:

«Perché non vuoi? Perché?»

Inoltre, in fondo in fondo al cuore, l'odio ora gli rimescolava più spesso i ricordi di Agrippina Solmo.

«Potrete ricominciare con un'altra!» gli aveva suggerito il cugino Pergola.

«Oh, no! Oh, no!»

E rimpiangeva la calma felicità di quegli anni in cui non dava retta a nessuno e faceva a piacer suo; e la sua casa era pulita come uno specchio, ed egli possedeva non un'amante delle solite, ma una vera schiava, buona, sottomessa... che aveva anche il gran pregio di non fare figliuoli!

Ah, se non avesse ascoltato i rimproveri e i suggerimenti della zia baronessa!

Niente sarebbe accaduto di quel che era accaduto! Ed egli non si sarebbe trovato un delitto su la coscienza – gli sembrava quasi incredibile! – e Agrippina Solmo starebbe ancora là...

«E dire che c'è gente che m'invidia!» sospirava, scotendo la testa.

XII

Quella domenica andando, cosa insolita, dalla zia baronessa senza che fosse mandato a chiamare, il marchese ebbe la sorpresa di trovarvi la signorina Mugnos accompagnata dalla sorella minore e dalla serva.

Riconosciuta costei nell'anticamera, dove don Carmelo le dava spiegazioni, a modo suo, intorno a certi ritratti di antichi personaggi dei Lagomorto, appesi ai due lati della stanza sopra le cassapanche strette e lunghe con spalliere ornate dello stemma gentilizio rozzamente dipinto, il marchese aveva subito indovinato chi si trovava dalla zia. E suo primo movimento era stato quello di tornare addietro; per timidezza, come ai tempi ormai lontani in cui non aveva osato di fare alla giovinetta un'aperta dichiarazione; e anche per vergogna di trovarsi ora faccia a faccia con lei che già sapeva le intenzioni della zia baronessa e, forse, pure le riluttanze di lui, non essendo la prudenza una delle principali virtù della vecchia signora.

Ma don Carmelo era corso ad annunciare alla padrona:

«C'è il marchese!»

E per alcuni istanti anche la baronessa si era trovata in imbarazzo.

«Si parlava della mal'annata,» ella riprese. «Si può parlar d'altro? La povera gente muore di fame. È uno strazio!»

«Dicono che il governo manderà dei soccorsi,» fece il marchese.

«E queste cucine... come le chiamano?»

«Economiche. Distribuiranno, per pochi soldi o gratis, minestre di riso e pane. Al Municipio sono in faccende per metterle su.»

Tacquero.

La signorina Zòsima, la maggiore delle Mugnos, non aveva detto una parola e non aveva alzato gli occhi.

La minore avea continuato ad andare attorno pel *camerone*, osservando minutamente i vecchi mobili e i quadri, dopo aver risposto con un inchino al saluto del marchese quando era entrato.

Così egli, trovandosi ora a lato della baronessa e di faccia a colei che era stata la sua breve passione giovanile, si sentiva su le spine; e non sapendo come riattaccare la conversazione, si arrabbiava internamente contro la zia che non gli veniva in aiuto e che pareva lo facesse a posta, per costringerlo a parlare.

Ah! Era molto cangiata la Mugnos.

E il viso pallido, con quei capelli castagni pettinati all'antica, semplicemente, con quel fazzoletto di seta scuro che glielo contornava, e col vestito quasi nero, semplicissimo anch'esso, mostrava più anni che ella non avesse in realtà.

Qualche cosa però della primitiva grazia sussisteva tuttavia nei lineamenti, nell'espressione; qualche cosa di soave, di gentile, di signorile, quantunque la modesta decenza dell'abito lasciasse scorgere la triste condizione in cui la famiglia era caduta per colpa del padre.

Costui aveva voluto vivere sempre da signore, senza far niente, indebitandosi, vendendo a uno a uno i fondi, le case, i canoni, tutto, pei vizii della gola e del giuoco. Era morto all'improvviso, a tavola; e, dalla mattina alla sera, la sua famiglia s'era vista sprofondare in un abisso.

Metà della scarsa dote della vedova, strappata a stento alle rapaci mani dei creditori accorsi subito, come corvi, faceva vivere miseramente lei e le figlie. Tutte e tre lavoravano, nascondendosi per pudore, di cucito, di ricamo o filando lino (così correva voce) fino a tarda notte, chiuse in casa come monache, uscendo soltanto le domeniche per la messa cantata o per qualche rarissima visita. E si intristivano in quelle stanze quasi nude, dormendo su pagliaricci perché avevano dovuto vendere fin la lana delle materassa, orgogliose però di non chiedere niente a nessuno; la mamma, invocando silenziosamente la morte che si era dimenticata di venire a prendersela, e paventando nello stesso tempo, ma soltanto per quelle due angeliche creature, che essa venisse; le figlie, rassegnate a tutto e non lamentandosi mai.

Queste cose, parte egli le aveva sapute dalla baronessa; parte, da don Aquilante che, come avvocato, aveva dovuto rimediare per loro parecchi brutti affari, servendole con premura di amico, disinteressatamente. E la baronessa, dicendogli, l'altra volta: «Faresti la tua felicità e anche un'opera buona», accennava appunto a tali circostanze, che ella, evitando di offendere la dignitosa verecondia delle tre donne e con diversi delicati pretesti, si era sempre impegnata di raddolcire.

Il marchese intanto, durante quei momenti di silenzio, si sentiva invadere da un impeto improvviso. La voce della coscienza gli suggeriva:

«Se tu lasci passare quest'occasione, se tu non parli ora, non si darà più il caso, mai più! E non potrai rimediare!»

Questa voce era la conseguenza di quel che aveva pensato e fantasticato nei giorni avanti, quando avea fin temuto di vedersi di nuovo in balìa dei rinascenti stimoli che gli facevano rimpiangere il passato, quasi la creduta *fattura* di Agrippina Solmo tornasse a oprargli addosso.

Era anche la conseguenza della decisione da lui presa di far vita nuova, con intendimenti nuovi; di mescolarsi con gli altri, di agire insieme con gli altri, di non rimanere più oltre un'ombra, un nome, come aveva fatto fin allora.

Il cugino diceva benissimo:

«Il paradiso è quaggiù, se sappiamo godercelo!»

E, ora, il marchese voleva goderselo, largamente; convinto ormai che appena morti si è morti per sempre. Non se ne sa niente di certo, per lo meno; e poteva darsi, in ogni caso, che nel mondo di là fossero più di manica larga dei confessori di quaggiù.

In quanto a Neli Casaccio... Soccorrendone sotto mano, per mezzo di mamma Grazia, la famiglia, il marchese si era già messo l'animo in pace.

E poiché si trovava là, di faccia alla signorina Mugnos che non osava di guardarlo; e poiché sentiva l'impulso di non lasciarsi sfuggire l'occasione, e il cuore gli predicava: «O ora, o il caso non si darà più, mai più!» egli cercava una parola, una frase con cui riprendere il discorso, quando la baronessa ruppe il silenzio:

«Ebbene? Non vi dite niente? Come se non vi foste mai conosciuti!»

«Zòsima!» esclamò il marchese. «Permettetemi di chiamarvi così, come anni fa... Ricordate?»

La signorina Mugnos alzò gli occhi, e un dolente sorriso le fiorì su le labbra; ma si spense subito.

La baronessa allora si rizzò da sedere con la scusa di mostrare all'altra sorella certi oggetti curiosi, conservati in una cassetta del cantonale davanti a cui quella si era fermata.

Rimasti soli, Zòsima e lui, il marchese esitò un istante. L'atto della zia baronessa gli aveva fatto smarrire il filo delle idee, ed egli cercava di rintracciarlo.

«Ricordate?» poi replicò.

«Non ho mai dimenticato!»

«E nel cuore non avete niente, proprio niente, contro di me?»

«Che mi avete fatto di male?»

«Ho fatto molto male a voi e a me; ora lo comprendo. E .. se fosse possibile...»

«Ormai!» ella rispose con una leggera mossa delle spalle.

«La mia vita, finora, è stata un grande sbaglio, da cima a fondo,» continuò il marchese. «Peggio che uno sbaglio, forse!... Ma non sono così vecchio da non poter rimediare.»

«Tante cose sono cangiate; io, soprattutto. Mi avreste riconosciuta incontrandomi altrove? Sono parecchi, parecchi anni che non ci troviamo faccia a faccia. Siamo due fantasmi venuti fuori chi sa come!... Non vi pare?»

«Voglio rinunciare al mio isolamento; voglio vivere come gli altri, in mezzo agli altri.»

«Fate bene.»

«La zia baronessa vi ha parlato qualche volta...»

«La baronessa è buona, e s'illude riguardo a me!»

«In che modo? Perché s'illude?»

«Non so che dire. In questo momento mi par di sognare di star qui, a discorrere insieme.»

«E non vi dispiacerebbe di svegliarvi e di accorgervi che avete sognato?»

«Da anni, non mi dispiace più nulla. Voi sapete quel che è avvenuto in casa nostra. Mi sembra ovvio, naturale che le disgrazie si seguano e si somiglino, anzi, che non si somiglino!»

«Bel tempo e cattivo tempo non durano gran tempo! dice il proverbio.»

«I proverbi dicono tante cose!»

«Riflettete. Se noi ci fossimo incontrati di nuovo un anno fa, io non vi avrei parlato così; forse avrei evitato di rivolgervi la parola. Ero altro uomo un anno fa!... Ero un bruto! Lasciatemelo dire; lasciatemi arrossire davanti a voi! Oggi, tutto mi sembra congiurare perché ogni cosa si muti per voi e per me. Non sapevo di trovarvi qui. Non credevo che avrei avuto il coraggio di dirvi, e con l'animo con cui ve l'ho detto: ricordate?»

«Mia sorella si volta spesso a guardarmi, meravigliata

di vederci discorrere insieme. Quando mi domanderà: "Che cosa ti ha detto?" io non saprò...»

«Rispondetele: "Mi ha detto se voglio fargli l'onore di essere la marchesa di Roccaverdina!".»

«No, marchese! Ormai!... E per tante ragioni. L'onore sarebbe mio; ma, ripensateci!... Ormai!»

«E se insistessi? E se io vi dicessi che voi commettereste una cattiva azione, rifiutando di cooperare alla rinnovazione della mia vita? Non chiedo una pronta risposta... Se poi il cuore vi consigliasse di no; se il mio passato v'ispirasse repugnanza – può darsi – non sarebbe giusto che vi sacrificaste. Consultate vostra madre. Darete la risposta alla zia.»

Egli si era chinato verso di lei per dirle sommessamente e rapidamente queste ultime parole, tanto era grande il suo stupore di aver potuto parlare a quella maniera, con delicatezze di voce e di forma che ignorava di possedere, e non meno grande il timore che non potesse andar oltre senza riprendere la sua abituale rozzezza.

La baronessa veniva a rioccupare il suo posto.

«Vi siete riconosciuti, finalmente!»

«Un poco,» rispose il marchese ridendo.

La signorina Mugnos lo supplicò, con gli occhi, di non tornare sul soggetto della loro conversazione. E, rassicurandola allo stesso modo, egli fu lieto di scorgere una notevole trasformazione in lei, quasi un'istantanea rifioritura di grazia e di giovinezza che le coloriva leggermente la bianca pelle della faccia, le ravvivava le labbra, le accendeva le pupille, e le metteva un dolce tremito nella voce, allorché domandò alla sorella Cristina se non le paresse che la mamma poteva stare in pensiero, vedendole ritardare.

La giovine, accostatasi timidamente, rispose:

«La mamma sa che dopo la messa dovevamo venire qui.»

«Tu non conosci mio nipote,» le disse la baronessa.

«Era bambina allora,» soggiunse il marchese.

«Di vista, sì,» fece Cristina. «Me lo ha indicato Zòsima, dalla finestra che dà su lo stradone. Passa spesso, in carrozza.»

«Com'è il mondo!» esclamò la baronessa. «Nello stesso paese, nello stesso quartiere – no, veramente voi siete del quartiere di San Paolo; non è in capo al mondo, infine! – e persone amiche non s'incontrano da anni, quasi vivessero separate da grandi distanze!»

«Per noi,» disse Cristina, «il mondo è racchiuso tutto nelle quattro mura di casa nostra.»

«Anche per me, figlia mia! Ma io sono vecchia e non me n'importa niente.»

«Non ce n'importa niente neppure a noi, baronessa,» rispose Zòsima. «Siamo abituate... Ormai!»

«Ah, tu, con questo: ormai!»

«La zia mi ha tolto di bocca quel che stavo per dire. Perché: "Ormai! Ormai!". Perché?»

«Perché è così!» disse Zòsima tristamente.

Dai seggioloni dov'erano accovacciati, due canini ricominciarono a tossire con rauchi scoppi.

«Senti?» disse la baronessa al marchese. «Tossono da quattro giorni, poveretti! Non si muovono più dalla cuccia.»

«Sono vecchi, zia.»

«Gli altri due li tengo in camera mia; ho paura che si contagino. Questi bevono appena un po' di latte caldo. Se morissero, nepote mio, sarebbe malaugurio per me!»

«Dicevate la stessa cosa anni fa, quando morirono prima Bella e poi Fifì.»

«Senti? Senti? Mi strappano l'anima.»

Zòsima lo guardò sorridendo benignamente del gesto della baronessa che aveva portato le mani alle orecchie per non sentire i rauchi scoppi di tosse.

Ed egli andò via con la soave impressione di quel sorriso che gli illuminò il cuore parecchi giorni.

XIII

Non già che il marchese fosse innamorato come un giovanotto (egli anzi si meravigliava un po' di non provare per la Mugnos qualche cosa di più che un sentimento di gratitudine e di rispetto), ma perché la immagine di lei sorridente lo rasserenava tenendolo occupato.

La risposta poteva essere diversa da quella che egli desiderava?

Intanto bisognava pensare a ripulire la casa, a farvi grandi mutamenti. Mai, come in quei giorni, essa non gli era sembrata un laberinto.

Ah, quel marchese *grande*, che aveva avuto il mal del calcinaccio in città e in campagna! Fare e disfare era stato per lui davvero tutto un lavorare.

Che mostruosità quella massiccia facciata, con lo smisurato portone e le pesanti mensole dei balconi, in quel vicoluccio, tra casette che non permettevano di poterla osservare da vicino! E il brutto atrio, col pozzo in mezzo, la stalla a destra, la cantina a sinistra, e in fondo la legnaia e la pagliera da far andare in fiamme tutta la casa, se qualcuno vi avesse buttato un zolfanello acceso! E la scala! Buia, storta, non poteva servire ad altro che a far scavezzare l'osso del collo alla gente. Inutile anche, perché dal lato opposto si entrava a pian terreno, e soltanto affacciandosi ai balconi si capiva di trovarsi al terzo piano.

Egli già aveva tracciato uno schizzo dei mutamenti da

fare. Ma l'ingegnere, che mostrava di non raccapezzarsi, avea voluto, innanzi tutto, rendersi conto della solidità dei muri sottostanti, delle volte, della possibilità dei passaggi da praticare.

«Capisce, marchese!...»

Parlava con aria severa, di uomo che la sa lunga e che vuole far valere la sua scienza, stirandosi le grige fedine alla Francesco-Giuseppe, girando il collo dentro il largo colletto con lunghe punte a canale, aggiustandosi gli occhiali affumicati, a capestro, le cui enormi lenti rotonde sembravano due buchi neri sotto la fronte. Il marchese avea cominciato a irritarsi delle minute osservazioni di lui.

«Guardi, guardi: buttando giù questo muro, non avremo un'ariosa camera quasi immediata alla sala da pranzo?»

«Ma capisce, marchese, che allora non sapremo più d'onde cavare un discreto corridoio per liberare le altre stanze!»

«Come? E questo spazio qui?»

«Ah! Su la carta, sta bene. Io però non guardo la carta...»

Don Aquilante, che veniva per render conto al marchese dell'andamento di una lite, lo sentì sin dall'anticamera gridare:

«Capisce! Capisce! Sono uno stupido forse? Il corridoio qui... Un uscio. Un altr'uscio. E così avremo un salottino avanti il salone! Capisce, sì o no?»

E rivolgendosi all'avvocato che entrava in quel momento, esclamò forte, quasi non potesse raffrenare l'impeto della voce:

«Oggi non è possibile. Domani, domani l'altro!»

«Quando vi fa comodo, marchese,» rispose don Aquilante, un po' sconcertato da quell'accoglienza.

Il marchese intanto continuava a discutere come se l'avvocato non fosse rimasto là, irritandosi sempre più per la testardaggine dell'ingegnere che scovava difficoltà da ogni parte:

«Io debbo avvertirla avanti, marchese; non voglio assumere responsabilità.»

E si stirava le fedine.

Il marchese, insistendo nella difesa del suo progetto, invocava anche il parere di don Aquilante, che lo ascoltava socchiudendo gli occhi, tirandosi su, col solito movimento delle mani e del ventre, la cintura rilasciata dei calzoni, approvando con la testa, senza pronunciare un monosillabo.

«Ho ragione?... Che ne dite?» strillò, all'ultimo, il marchese.

Era impazientissimo; quasi le obbiezioni dell'ingegnere ritardassero i lavori e potessero mettere qualche impedimento alla rinnovazione della sua vita che quel matrimonio doveva iniziare.

E pochi giorni dopo, la casa era piena di operai che buttavano giù pareti intermedie, smattonavano pavimenti, abbattevano volte reali; di ragazzi che ammonticchiavano i calcinacci ai lati del portoncino, donde li portavano via i carrettieri, di mano in mano, per non ingombrare il viale che conduceva alla spianata del Castello.

Impolverato peggio dei manovali, il marchese andava da un punto all'altro dando ordini, gridando come un ossesso se si vedeva mal capito, togliendo di mano il piccone a un operaio se questi esitava nel dare i colpi per paura di vedersi crollare addosso un pezzo di muro:

«Così, animale! Debbo insegnarti io il tuo mestiere?»

E la domenica appresso, non avendo chi sgridare né di che occuparsi, sentì con piacere che due *forestieri*, pecorai a giudicarli dall'apparenza, chiedevano di consegnargli una lettera e di parlare con lui.

Li squadrò mentre apriva la busta.

Vestiti da festa, con camicia di grossa tela candidissima sotto il bianco corpetto di frustagno casalingo, ornato di fitti bottoncini di madreperla; giacchetta di albagio nero con maniche attillate; calzoni della stessa stoffa, a ginocchio, dall'orlo dei quali scappavano i lembi delle mutande; calze di lana grigia, e calzari a punta, di pelle suina, legati con corregge di cuoio incrociate attorno al collo del piede, quei due, un vecchio e un giovane, parevano intimiditi dalla circostanza di trovarsi al cospetto del marchese di Roccaverdina.

«Di che si tratta? La lettera non spiega nulla,» egli disse.

«Vostra eccellenza scuserà l'ardire,» balbettò il vecchio. «Questi è mio figlio.»

«Me ne rallegro con voi; bel pezzo di giovane!»

«Grazie, *voscenza*! Abbiamo detto: "È giusto richiedere prima il permesso al padrone". I grandi meritano rispetto. Noi non vogliamo offendere nessuno... Se *voscenza* acconsente...»

«Spiegatevi.»

Si vedeva che non era facile spiegarsi perché padre e figlio si guardarono negli occhi, invitandosi l'un l'altro a parlare.

«Siamo di Modica, eccellenza,» riprese, esitante, il vecchio. «Ma pel pascolo delle pecore, veniamo spesso da queste parti... Così si sono conosciuti, per caso. Egli mi ha detto: "Padre, che ne pensate? Io la sposerei, però...".»

«Chi?» domandò il marchese che cominciava a comprendere.

«La vedova... di *voscenza*, cioè, la Solmo...»

«E venite da me? Che può importarmi a me di cotesta signora?... Vi compatisco, perché non siete del paese.»

«*Voscenza* deve perdonarci,» s'intromise il giovane.

«Ci hanno consigliato...» balbettò l'altro.

«Vi hanno consigliato male. Non ho niente che spartire con costei... Sono suo parente, forse? Perché è stata... al mio servizio? Ha preso marito... È vedova, libera... Che c'entro io?»

Il marchese alzava la voce, corrugando le sopracciglia,

facendo gesti di negazione con le mani. «Che c'entro io?» agitato da improvviso sentimento di rancore, quasi di gelosia, contro colui che infine (egli lo riconosceva nello stesso tempo) veniva a rendergli un bel servizio portando via, lontano, quella donna che forse tratteneva la signorina Mugnos dal prendere una risoluzione affermativa.

«Chi vi ha consigliato?... Essa?»

«Eccellenza, no. Un nostro amico che rispetta tanto *voscenza*...»

«Ditegli che lo ringrazio, e che poteva far a meno di suggerirvi una sciocchezza... E sposatevi, sposatevi pure! È libera, vi ripeto. Io non c'entro, né voglio entrarci... Subito vi sposereste?»

«Bisogna cavar fuori le carte e fare i bandi in chiesa.»

«E la condurreste a Modica?»

«Se *voscenza* permette.»

«Io non c'entro; non volete intenderlo?» urlò il marchese.

Era rimasto turbato. Per poco non gli sembrava che Agrippina Solmo gli facesse ora un altro tradimento; giacché doveva essere di accordo con lui, se pure quel tentativo non nascondeva un'insidia, un mezzo di rammentare a lui, marchese, che ella era viva e che si teneva ancora come legata!... Sposasse! Purché gli si levasse di torno!...

Non voleva darle neppure la soddisfazione di rinfacciarle la sua infamia!

Aveva dunque fretta di riprendere marito?

E una sconcia parola gli uscì di bocca, quasi la Solmo fosse là, a riceverla in pieno viso!

Per sfogo, ne parlò con mamma Grazia.

«Meglio così, figlio mio!»

«Se venisse, bada!... non voglio vederla!»

«La ho incontrata parecchie volte a messa. Ultimamente mi ha domandato: "È vero che il marchese prende moglie?".»

«Chi gliel'ha detto?»

«Non so. Risposi: "Se fosse vero, lo saprei prima degli altri". Ah, se le anime sante del Purgatorio facessero questo miracolo!»

«E... insistette?»

«Disse: "Dio lo renda felice!". Nient'altro. E ogni volta ha soggiunto: "Baciategli le mani, se credete!". Ma io te l'ho sempre taciuto, per non farti dispiacere, figlio mio!»

Eppure no, non doveva lasciar andar via quella donna senza prima rinfacciarle il suo nero tradimento! Doveva, invece, strappargliene la confessione, perché ella non potesse vantarsi, in cor suo, di essere riuscita a farsi gioco del marchese di Roccaverdina. Voleva che piangesse, che avesse rimorso dell'atto infame da lei commesso, e non ignorasse per quale motivo egli si era rifiutato di più vederla e le aveva chiuso in faccia la porta di casa!

Poi rifletteva:

«Ho torto. Vada via! Lontano! Vada!»

Aveva paura di tradirsi, di farla sospettare per lo meno. E s'indignava contro se stesso della vigliaccheria che gli rimestava nel cuore i ricordi del passato, che gli faceva risentire il contatto delle verginali carni di lei, come la prima volta, a Margitello, quando egli le aveva giurato: «Non avrò altra donna!». Era un fiore, allora!... E dopo... anche! E, nei giorni scorsi, mentre il piccone dei manovali abbatteva le pareti della sua camera, non si era sentito stringere il cuore...?

«Ho torto! Vada via! Lontano!... Vada!... E se ella avesse l'audacia...»

Ma quella sera, al vedersela improvvisamente davanti, avvolta nella mantellina nera e vestita a lutto, nell'andito del portoncino dov'ella lo aveva atteso quasi un'ora, sapendo che doveva arrivare da Margitello, al sentirsi salutare con voce commossa: «*Voscenza benedica*!» il marchese non ebbe animo di passare sdegnosamente innanzi, né di fare un gesto o di dirle un'amara parola che la sciacciasse.

L'umile atteggiamento, il suono di quella voce che, non udita da un pezzo, gli ronzava da qualche giorno nell'orecchio col ricordo di parole e di frasi evocate suo malgrado (egli stesso non avrebbe saputo dire se per rimpianto, o per indignazione, o per rigurgito di odio), lo sopraffecero, anche perché lo coglievano alla sprovveduta.

«Che fai qui?... Perché non sei entrata?» le disse in risposta al saluto.

«Volevo almeno vederlo... Per l'ultima volta!»

«Entra! Entra!»

La voce del marchese si era già alterata, e il gesto era diventato brusco, imperioso.

Mamma Grazia, accorsa ad aprire l'uscio al tintinnio dei sonagli delle mule e al rumore delle ruote della carrozza, indietreggiò spalancando gli occhi vedendoseli apparire insieme, e non poté trattenersi dall'esclamare sotto voce:

«Oh, Vergine santa!»

Agrippina Solmo la salutò con un cenno della testa, inoltrandosi dietro al marchese tra le impalcature e gli arnesi da muratori che ingombravano le stanze, fino alla sala da pranzo, rimasta intatta, dove il marchese si fermò, sbatacchiando nervosamente l'uscio per chiuderlo.

«Volevo almeno vederlo... per l'ultima volta,» ella replicò tra i singhiozzi irrompenti.

«Sto per morire, forse?» disse il marchese con cupa ironia. «Per te, lo so, sono morto da un pezzo!»

«Perché, *voscenza*?»

«Perché?... Non avevi giurato?» egli proruppe. «Ti ho costretto con la forza quel giorno? Ti feci una proposta. Potevi rifiutarla, rispondermi di no!»

«Ogni sua parola era comando per me. Ho obbedito... Ho giurato, sinceramente.»

«E poi?... E poi?... Nega, nega, se hai coraggio!»

«Per Gesù Cristo che deve giudicarmi!»

«Lascia stare Gesù Cristo! Nega, nega, se puoi!... Ti sei

data... a tuo marito, come una sgualdrina! Non era, non doveva essere marito di apparenza soltanto?... Lo avevate giurato, tutti e due!»

«Ah!... *Voscenza*!»

«Tu, tu stessa me l'hai fatto capire!»

«Com'è possibile?»

«Ti faceva pena! Ti sembrava avvilito davanti alle persone! Me lo hai detto più volte.»

«È vero! È vero! Ma pensi, *voscenza*... Da prima, niente; come due estranei, come fratello e sorella. Spesso lo vedevo appena mezza giornata, le domeniche... Dopo quattro o cinque mesi... oh! sembrava scherzasse: "Bella vita, eh? Ho sotto gli occhi la tavola apparecchiata e debbo restare digiuno!". Io lo lasciavo dire. E poi, di tratto in tratto, mordendosi le mani: "Ci voleva il santissimo... del marchese di Roccaverdina per farmi fare questo sacrificio!". E una volta: "Vi pare che io non indovini che cosa dice la gente? *Quel cornutaccio di Rocco*!". Gli risposi: "Dovevate pensarci prima!...". "Avete ragione!..." Pensi, *voscenza*. Sentirlo parlare così!... Non ero di bronzo!»

«E allora?... Allora?... Non me ne dicevi niente però!»

«A che scopo? Perché *voscenza* andasse in collera?...»

«E... poi?»

«E poi... Ma pensi, *voscenza*!... Un giorno gli risposi: "Femine ne avete quante volete... Chi v'impedisce?... Non vi bastano?". Si mise a piangere; come un bambino piangeva, imprecando: "Sangue... qua! Sangue... là! Dobbiamo finirla questa storia! Non reggo più!... Che cuore avete dunque?". Che cuore? Non glielo davo a vedere, ma piangevo, di nascosto, pel peccato mortale in cui vivevo...»

«E per lui pure!... Dillo! Confessalo!»

«Niente! Niente, *voscenza*!... No,» ella soggiunse dopo breve pausa, «non voglio mentire!... Ma il Signore ci ha castigati... per la mala intenzione soltanto! E, quella notte, non lo fece arrivare a casa!... Oh!... Saremmo venuti da *voscenza*, a pregarlo, a scongiurarlo... Tanto, a *voscen-*

za che le è più importato di me?... Il mio destino ha voluto così. Sia fatta la volontà di Dio!... Ed ora, si perderà di me anche il nome. Vado via, in un paese dove nessuno mi conosce; per disperazione vado via... Se un giorno però... Serva, serva e nient'altro! Ah! Vorrei dare il mio sangue per *voscenza*!»

Il marchese l'aveva ascoltata con crescente ansietà, stringendo tra i denti il labbro per non irrompere; e quando, fermatasi un istante, ella aveva subito soggiunto: «No, non voglio mentire!» il sangue gli aveva dato un tuffo, quasi egli dovesse vedere compirsi di nuovo l'infame tradimento e proprio sotto i suoi occhi.

Stette immobile, senza fiato. Immediatamente però il petto gli si gonfiava con un gran respiro di tetra soddisfazione. Aveva colpito a tempo! Aveva impedito che il tradimento fosse compiuto!...

Ma la intenzione, la mala intenzione, c'era dunque stata! E, chi sa? – non osava di confessarglielo – essa rimpiangeva ancora il morto!

Un feroce pensiero gli attraversò la mente: impedirle di sostituire il morto con un vivo! Tenersela sempre schiava, e colmarla di disprezzo, non guardandola neppure in viso! Quei singhiozzi, quelle lagrime, quelle proteste erano certamente menzognere!

E già stava per dirle: «Non sposare!... Resta!». Si trattenne a stento.

Agrippina Solmo gli si era accostata umilmente, asciugandosi le lagrime; e, presagli una mano, gliela baciava con labbra gelide e convulse:

«*Voscenza benedica*! E il Signore le dia tutte le felicità... se è vero che sposa!»

Un lieve senso di tenerezza lo invase al contatto, ed egli ritrasse lentamente la mano. E prima che maggiore commozione lo vincesse, al gesto di commiato, fece seguire, con voce turbata, queste sole parole:

«Se, per caso... avessi bisogno... Ricordati!...»

XIV

La baronessa di Lagomorto, che da dieci anni usciva di casa soltanto per andare ad ascoltar una messa, le domeniche, nella vicina chiesetta delle Orfanelle, era venuta dal nipote per portargli senza indugio la risposta della signorina Mugnos, e anche per vedere i mutamenti da lui fatti nel vecchio palazzo dei Roccaverdina dov'ella era nata.

«Dovresti accendermi un bel torcetto!»

«Anche venti, zia!»

«Ma che hai operato qui? Non mi raccapezzo.»

«Vita nuova, pelle nuova!» esclamò il marchese, dandole braccio per condurla attorno.

Mamma Grazia, che si era messa subito a piangere dalla consolazione di rivedere colà la baronessa, dopo tanti e tanti anni che non ci veniva più, si affacciava timidamente a questo o a quell'uscio, facendo strani gesti, cacciandosi indietro i cernecchi che gli cascavano davanti agli occhi.

«Siete contenta, mamma Grazia, ora che il marchese prende moglie?»

«Ah, se fosse vero, eccellenza!»

«Se non fosse vero non ve lo direi. Bisogna ripulirsi, mamma Grazia, per far piacere alla bella padrona che verrà qui.»

«Mi ripulirò, per l'altro mondo! Oh, morrei contenta, se fosse vero!»

Non osava di credere alla notizia. Come mai *suo figlio* non glien'aveva fatto neppure un accenno finora? Era l'ultima a saperlo! Tempo fa – rammentava – fin *quella* le aveva detto: «So che sposa!». E per ciò, a ogni risposta, mamma Grazia aggiungeva: «Se fosse vero!» quasi per rimproverare il marchese.

«È vero! È vero!» egli le confermò accorgendosi che la povera vecchia si era imbronciata. «Ma la certezza l'ho avuta or ora, dalla zia baronessa. Ecco perché non te n'ho detto niente. Se poi non fosse accaduto...»

«Hai ragione, figlio mio!»

E si ritrasse dietro un uscio per nascondere la commozione.

«E il salone?» domandò la baronessa.

«È rimasto intatto.»

«Con la sconcia donna nuda dipinta nel soffitto?»

«L'Aurora, opera pregevole, zia, dello stesso pittore che ha fatto gli affreschi nella chiesa di Sant'Isidoro.»

«Poteva coprire certe parti però!... No, non voglio rivederla,» soggiunse la baronessa, mentre il marchese stendeva la mano al pomo dell'uscio.

Vita nuova, pelle nuova! Una riunione delle principali persone a cui era stato invitato personalmente dal Sindaco per provvedere alla gran miseria della bassa gente, aveva fornito il pretesto al marchese di andare in *Casino*, d'intrattenervisi a lungo, di tornarvi altre volte con lo stesso pretesto.

«C'è voluto la mal'annata per rivedervi qui!»

«Tutto sta nel prender l'aire!»

Non era però divertente la conversazione nel *Casino*. Non si sentiva ragionar d'altro che di fame, di miseria, d'intere famiglie di contadini emigrate nei paesi fortunati dove la terra aveva fruttato e c'era da trovar lavoro e pane; di gente che moriva di tifo per avere disseppellito e mangiato carne di animali morti dell'infezione maligna che distruggeva gli armenti, quasi la carestia non fosse stato sufficiente castigo di Dio!

Oh, questa volta era ben diverso dalle terribili cattive annate di cui parecchi avevano memoria! Nel '46, mancava il grano; non se ne trovava neppure a pagarlo a peso d'oro! Il nuovo governo, sì, aveva fatto venire grano da ogni parte; ma i quattrini dove erano? Dissanguati dalle tasse e dalla mal'annata dell'anno avanti, i proprietari non sapevano più a qual santo votarsi. Ogni lavoro era arrestato. Lo stesso marchese non osava di avventurarsi a intraprendere niente nelle campagne, con quella persistente siccità! Non era nato un fil di erba da tutta la semenza prodigata sperando che finalmente, dopo quasi un anno, il cielo si sarebbe sciolto in pioggia feconda!

Dietro la gran vetrata del *Casino*, larve di vecchi, di donne, di fanciulli si affacciavano, mute, senza gesti, con lo stupore dello sfinimento negli occhi, attendendo che il cameriere apportasse loro qualche soldo, o che venisse a cacciarle via perché nessuno là dentro aveva più niente da dare.

E, poco dopo, ecco altre larve, mute, senza gesti, con lo stesso stupore di sfinimento negli occhi, che attendevano, che non mormoravano vedendosi scacciate, e riprendevano a trascinare di porta in porta i corpi ischeletriti, reggendosi a mala pena sulle gambe, senza un fil di voce per invocare la carità.

Si vedevano oggi, domani, e poi certi visi non comparivano più. «È morto il tale, di fame! È morto il tal altro, di fame!»

E davanti la porta del convento di Sant'Antonio, dove il Municipio distribuiva, a mezzogiorno, minestre di riso bollito nell'acqua, condite con un po' di lardo, e grosse fette di pane nero, i carabinieri, la guardia forestale e gli inservienti del municipio stentavano molto a trattenere la ressa! Nessuno aveva vergogna di accorrere là. «Anche il tale!» «Anche in tal altro!» Li nominavano con triste maraviglia. Persone che mai si sarebbe sospettato potessero arrivare al punto di dover stendere la mano, e che senza quella misera minestra e quella fetta di pane nero, sarebbero morte forse anch'esse di fame!

La sera, non più rosario del Sagramento per invocare la pioggia. Don Silvio La Ciura aveva visto assottigliarsi a poco a poco la folla che soleva seguirlo. In che modo aggirarsi in processione per le vie e cantare il rosario a stomaco vuoto?

E il sant'omo, che aveva gran fede ed era ingenuo quanto un bambino, dicendo messa, ogni mattina picchiava con le nocche delle dita alla porticina dorata del tabernacolo, e con commovente semplicità, invocava:

«Gesù Salvatore!... Gesù Salvatore!... Ti sei dunque dimenticato di noi?»

E, dopo messa, via, di casa in casa, a chiedere l'elemosina per gli affamati, riempiendosi le tasche coi tozzi di pane che gli davano, portandone in un fazzoletto, fin nella falda del mantello; e, due tozzi qua, tre tozzi là, uscio per uscio in quelle sudice catapecchie dove i malati di tifo guarivano per miracolo, senza assistenza di medici, senza medicine... E avrebbero preferito di morire!

Sembrava una larva anche lui; e intanto saliva e scendeva scale, correva da un quartiere all'altro, con quei suoi brevi passi da perniciotto, rasentando il muro dei vicoli, quasi non volesse farsi scorgere; portando dappertutto, oltre il soccorso materiale, il conforto di una buona parola, di un sorriso, d'una benedizione... E pane e pane e pane, che non si capiva d'onde potesse cavarlo; talché la gente credeva che gli si moltiplicasse tra le mani, come una volta a Gesù Cristo.

La baronessa di Lagomorto gli aveva detto:

«Faccio fare, ogni tre giorni, una fornata di pagnotte da due soldi; pensate a distribuirle voi.»

«Dio la rimeriti, buona signora!»

«O perché non andate pure da mio nipote?»

«So che ha dato molto grano e molti quattrini al Municipio.»

«Darà dei soldi anche a voi, non dubitate.»

E si era risoluto a seguire il consiglio, quantunque si fosse già accorto che il marchese di Roccaverdina, da qualche tempo in qua, lo salutasse a denti stretti ogni volta che lo incontrava. Egli si sentiva trafiggere l'anima pensando a quel peccatore che non era più tornato a confessarsi! E ogni sera, nella nuda cameretta dove lo aveva visto inginocchiato ai suoi piedi, pregava intensamente perché il Signore gli spietrasse il cuore e lo inducesse ad aver compassione dell'innocente che scontava la pena del delitto altrui.

Ma appunto quella mattina, nell'aiutarlo a indossare i paramenti sacri per la messa, don Giuseppe il sagrestano gli domandava:

«Avete sentito, don Silvio? Il marchese di Roccaverdina ha regalato un Crocifisso al convento di Sant'Antonio. I frati fanno una gran processione. Non lo sapevate?»

Don Silvio, che non voleva distrarsi dal recitare i versetti rituali, indossato il camice, lo ammonì:

«Zitto!... Porgetemi il cingolo.»

E intanto ch'egli se lo legava ai fianchi, il sagrestano, giratogli attorno per aggiustargli le pieghe, e datogli in mano la stola, riprendeva:

«Grand'offesa per la nostra parrocchia! Il canonico Cipolla è furibondo; e anche gli altri canonici. Non andremo, s'intende, alla processione del trasporto... Il padre guardiano ha mandato l'invito. Aspetta, che vengo!»

Don Silvio adattatosi il manipolo al braccio destro, abbassava la testa perché il sagrestano gli infilasse la pianeta.

«Non ve n'importa niente, a voi, di questa offesa alla parrocchia?»

Preso di sul pancone il calice col corporale e il sovraccalice, don Silvio si era avviato per l'altare. Su la soglia della sacrestia il canonico Cipolla lo fermava.

«Siete avvertito: noi non interverremo. Ve l'ha detto don Giuseppe?»

Ospite incomodo quel Crocifisso che, di tanto in tanto, pareva si svegliasse per turbare con la sua importuna visione la coscienza del marchese!

Egli non avrebbe dovuto badargli più, dopo che il cugino Pergola gli aveva sbarazzato il cervello di tutte le superstizioni dei preti. Intanto, che cosa poteva farci? la figura di quel Cristo agonizzante su la croce, abbandonato laggiù nello stanzone del mezzanino, con la testa, le mani e le ginocchia fuori dai brandelli del lenzuolo roso dalle tignuole, come egli lo aveva inattesamente visto quel giorno... che cosa poteva farci?... quella figura gli dava un senso di inquietudine, di malessere ogni volta che gli invadeva l'immaginazione.

E meno male se, col fantasma di essa, altri ed ugualmente tetri, non gli si fossero ripresentati davanti, altri che egli già credeva scacciati lontano e da parecchio tempo!

E così, ora ecco Rocco Criscione, a cavallo della mula, nell'oscurità, tra le siepi di fichi d'India di Margitello, che veniva avanti, canticchiando sotto voce – gli era rimasto nell'orecchio! – *Quannu passu di ccà, passu cantannu* e non aveva avuto tempo di dire: Gesù! Maria!... con quella palla ben assestata che gli aveva fracassato la testa! E il tonfo del corpo!... E lo scalpito della mula che fuggiva spaventata!... E il gran silenzio nell'oscurità, terribile, seguito allo scoppio della fucilata!...

E così, ora ecco Neli Casaccio che dal gabbione delle Assise, alzando la mano destra e piangendo, gridava: «Sono innocente! Sono innocente!». E tanto forte, che il suo giuramento sembrava si trasformasse in urlo, in quegli urli del vento, la nottata della confessione, e ch'egli assumesse le sembianze di don Silvio, pallido, con la stola, e inesorabile: «Bisogna riparare al mal fatto! Ah, marchese!».

Nervi! Immaginazione esaltata!... Se lo ripeteva cento volte, n'era persuasissimo. Ma che cosa poteva farci?

Era andato a sorvegliare, con altri della Commissione municipale, la distribuzione delle minestre e del pane alla povera gente; e Padre Anastasio, guardiano del convento di Sant'Antonio, parlava di una gran processione di penitenza, a piedi scalzi, con corone di spine e disciplina per placare lo sdegno divino. Dovevano intervenirvi persone di ogni ceto, sacerdoti, signori, maestranze, contadini, senza distinzione alcuna, come egli si era sognato che gli ordinasse Sant'Antonio, due notti di seguito.

Il marchese tentennava il capo. Quel padre Anastasio, alto, nerboruto, col naso a tromba e gli occhi che gli scoppiavano fuor dall'orbita, non era tenuto per stinco di santo nei dintorni del convento. Caso mai, Sant'Antonio sarebbe andato proprio da lui per ordinargli la processione?

Ma gli altri della Commissione approvavano.

«E col simulacro della Regina degli Angioli,» proponeva uno. «È miracoloso!»

«Con la statua del Cristo alla Colonna,» suggeriva un altro. «È più miracolosa ancora! Si dice: *"Ora per la pioggia, ora pel vento. Non si fa la festa del giovedì santo!"*. Ed è quella del Cristo alla Colonna.»

«Ho un gran Crocifisso. Ve lo regalo per la vostra chiesa, padre Anastasio. E farete la processione trasportandolo da casa mia.»

L'idea gli era balenata in mente tutt'a un tratto. Il marchese si stupiva di non averci pensato prima.

«Quando il Crocifisso non sarà più laggiù nel mezzanino, col lenzuolo roso dalle tignuole,» egli rifletteva, «i miei nervi rimarranno certamente tranquilli, e tutto il resto si cheterà anch'esso. Che diamine!»

E sorrideva in faccia a padre Anastasio profondentesi in ringraziamenti con quel naso che pareva volesse squillare proprio come una tromba, con quegli occhi che, dalla gioia, si sgangheravano più dell'ordinario...

«Che fortuna pel convento! Un Crocifisso grande?»

«Al naturale.»

«Di carta pesta?»

«Scolpito in legno duro e con una croce immensa. Non lo reggeranno due uomini. Figuratevi che un giorno...»

Suo malgrado, senza poter ritenersi, il marchese si sentì spinto a raccontare quel che gli era accaduto quel giorno.

«Ha avuto paura?»

«Un pochetto.»

«Ah! Lo credo... Una notte, anni fa, nel convento di Nissorìa...»

E padre Anastasio rideva anticipatamente di quel che stava per dire: che paura anche la sua! Nell'andare dalla cella in fondo al corridoio... in un certo posto... miseria umana!... si doveva passare davanti a un gran San Francesco, dipinto nella parete, con le braccia aperte e rapito in estasi dal suono del violino di un angelo a cavalcioni delle nuvole. Lo vedeva almeno venti volte al giorno, da sei mesi che si trovava in quel convento, passando e ripassando pel corridoio. Ma quella notte, al lume della lampadina recata in mano... Come se quel San Francesco – che alla dubbia luce sembrava vivo e parlante, con gli occhi travolti in su – come se quel San Francesco gl'imponesse: «Padre Anastasio, di qui non si passa!». E non era passato, con tutta l'urgenza! Che cosa fosse allora accaduto, miseria umana!... Ora rideva, ma in quel momento!...

E la pancia di padre Anastasio sobbalzava sotto la tonaca; e gli occhi gli erano diventati lustri dal convulso provocato dalle grosse risate.

XV

Il cavalier Pergola trovò il marchese che sbraitava ancora:

«Sono padrone io in casa mia! O che? Dovevo chiedere il permesso al canonico Cipolla?... Al prevosto Montoro?... Anche a don Giuseppe il sagrestano?»

«Con chi l'avete, cugino?»

L'impeto della collera gl'impediva di raccontare con ordine la scena avvenuta poco prima davanti ai muratori che davano l'intonaco alle pareti di quella stanza; giacché il marchese aveva fatto introdurre colà, senza cerimonie, amichevolmente, il canonico e il prevosto venuti a trovarlo.

«"Ma come, signor marchese! E la parrocchia? Il Cristo spettava ad essa... Alla cappella del Crocifisso! Non ci faccia quest'affronto!... Ripari!" Sissignore, pretendevano questo! È forse un buffone il marchese di Roccaverdina, da fare prima una promessa e poi rimangiarsela?»

«E vi guastate il sangue per loro?»

«Ah, cugino! Sentirsi dire dal prevosto: "Vi dava noia in casa quel Crocifisso, marchese? Meglio tenerlo nascosto nel mezzanino, che esporlo nella chiesucola di un convento ridotto una mandria indecente da padre Anastasio e dagli altri frati!". Predica la morale, lui! il signor prevosto, quasi non si sapesse...»

«Benissimo! Quasi non si sapesse!...»

Il cavalier Pergola si stropicciava allegramente la mani,

rideva battendo i piedi, mentre il marchese tornava a ripetere:

«Dovevo chiedere il permesso a loro?... Anche a don Giuseppe il sagrestano?»

E ripeteva che, soprattutto, lo avevano irritato le parole del prevosto: «Vi dava noia in casa quel Crocifisso, marchese?». Da che cosa poteva sospettarlo quel faccione da mulo del prevosto? Doveva avergliele suggerite, certamente, don Silvio La Ciura!

E il giorno della processione...

Uno spettacolo! Tutti a piedi scalzi, e con corone di spine in testa, una sfilata che non finiva più, a dispetto dei canonici di Sant'Isidoro!... E pianti e colpi di discipline!... E, mescolati insieme, preti, frati, confraternite, signori, maestranze, massai, contadini!... Tutta Ràbbato per le vie! E padre Anastasio che accorreva da un punto all'altro, con in testa la corona di vimini un po' di traverso e la disciplina in mano, per mostra. Poteva fare due cose nello stesso tempo, flagellarsi le spalle e badare all'ordine della processione, alle fermate, alle riprese? «Psi! Psi! Psi! Avanti!» Si udiva soltanto la sua voce, si vedeva soltanto un suo braccio, messo fuori dalla larga manica, trinciante l'aria con rapidi segnali. E la imperiosa tromba del suo naso e la sua poderosa pancia che sporgeva stretta dal cordone trionfavano allorché egli si fermava a gambe larghe, in mezzo alla via, quasi argine, per far passare a giusta distanza le due file della processione che accennavano a serrarsi incalzate dalla folla.

E quel giorno...

Il marchese avea dovuto andare dalla zia baronessa per trovarsi colà con la famiglia Mugnos che voleva assistere da un terrazzino al passaggio della processione. Nervoso, irrequieto, rispondeva spesso fuori tono alle domande della zia e della signora Mugnos. Si affacciava, rientrava, tornava ad affacciarsi; e la processione sfilava, sfilava, interminabile, tra la folla enorme.

«Che hai, nepote mio?»

«Niente. Certi spettacoli... non so... fanno un effetto...»

«È vero.»

«È stata una santa ispirazione, marchese!» gli ripeteva per la terza volta la signora Mugnos.

Il marchese appoggiato all'imposta del balcone dov'erano affacciate Zòsima e la sorella, chiamò:

«Zòsima, sentite!»

Ella si piegò col corpo verso di lui, tenendosi attaccata con una mano alla ringhiera di ferro.

«E ditemi la verità!» soggiunse il marchese sottovoce.

«La dico sempre,» rispose Zòsima.

«Ditemi la verità: perché avete tardato tanto ad acconsentire?»

«Per riflettere bene; e anche per...»

«Per gelosia di... quella...? Oh!»

«Forse! Cosa passata non conta più... Ecco il Crocifisso.»

Dovette affacciarsi anche lui.

Si attendeva di riceverne un'impressione violenta e avrebbe voluto evitarla. Invece, alla luce diffusa, nello spazio della via, il suo Crocifisso gli parve rimpicciolito di proporzioni e meno doloroso di aspetto. Egli stentava a persuadersi che fosse proprio quello stesso che laggiù, alla parete del mezzanino, gli era sembrato quasi colossale e così terrificante con quegli occhi semispenti e quelle sanguinolenti piaghe che spuntavano dagli strappi del lenzuolo!

Intanto, padre Anastasio se lo portava via, in coda alla processione, a dispetto dei canonici di Sant'Isidoro... Solo don Silvio non avea voluto mancare, e, confuso coi più umili, con la corona di spine in testa, a piedi scalzi, si sbatteva forte la disciplina su le magrissime spalle.

E quel giorno, a quella vista, il marchese si confermò nel sospetto che don Silvio avesse suggerito al prevosto le parole: «Vi dava noia in casa Gesù Crocifisso?». Non intendeva di ripetergliele in quel momento col prender par-

146

te, lui solo della parrocchia di Sant'Isidoro, alla processione promossa da padre Anastasio?

Il marchese aggrottò le sopracciglia e si ritrasse indietro.

Quando la via tornò deserta e silenziosa, traversata soltanto da qualche povera donna che infilava frettolosamente un vicolo per arrivare in tempo alla chiesa di Sant'Antonio e ricevere la benedizione dal Crocifisso *nuovo*, come dicevano, quantunque fosse vecchissimo di qualche centinaio di anni, il marchese era già tranquillo, col gran sollievo della liberazione finalmente ottenuta, che gli traspariva dagli sguardi e da tutto l'aspetto.

Visto che Zòsima stava per seguire nel salone la sorella Cristina, le accennò di fermarsi.

«Zòsima, ora tutto dipende da voi.»

«La baronessa sa...» ella rispose un po' meravigliata di quelle parole.

«Che cosa?»

«Il mio voto...»

«Che voto? È una novità!»

«... Di sposare dopo che il Signore ci avrà concesso la pioggia!»

«E se non piovesse?»

«Pioverà presto... Bisogna sperarlo!»

«Come mai vi è venuto in testa...?»

«C'è tanta povera gente che muore di fame. Non sembrerebbe malaugurio anche a voi?»

«Avete ragione.»

Egli era stato ad osservarla attentamente durante le due ore che si trovavano insieme. Sì, c'era una soave finezza di espressione nei tratti di quel viso, specialmente negli occhi e nella bocca; ma il sangue non più scorreva rapido e caldo sotto la bianca epidermide; ma il cuore non più batteva agitato da baldo impulso di passione! Le disgrazie, le sofferenze avevano ammortito ogni rigoglio nel non giovane corpo; e per ciò sembrava che anche quell'anima vivesse quasi in preda a continuo sbalordimento.

Ma, forse, egli s'ingannava.

C'era voluto e una straordinaria forza di volontà e un gran coraggio e un nobilissimo orgoglio per rassegnarsi a vivere dignitosamente nella miseria dopo aver gustato la soddisfazione e i piaceri della ricchezza e spesso pure quelli del fasto, come lo aveva amato e praticato, a intervalli, suo padre!

E nei momenti in cui, suo malgrado, il marchese si sentiva spinto a fare confronti che gli sembravano profanazioni, scoteva la testa per scacciarli via, ripetendo mentalmente:

«Questa, questa è la donna che ci vuole per me!»

Glielo dicevano anche gli altri in *Casino*, fin il dottor Meccio che pareva volesse entrargli in grazia dopo la sfuriata di mesi addietro.

«Bravo, marchese!... Un angiolo!... Avete scelto un angiolo!... Tutte le virtù!... Debbo confessarvelo? Io ce l'ho avuta un po' con voi, vedendovi vivere come un romito, lassù! Questo è il primo passo; poi verrà l'altro. Siamo qua, tutti, per portarvi in palma di mano. Il paese ha bisogno di uomini energici e onesti, onesti specialmente! Voi mi capite. Stiamo passando un brutto quarto d'ora. Povero Comune!»

«Niente, dottore! Riguardo ad affari comunali...»

«Ma se gli uomini come voi si tirano indietro!»

«Ho troppi grattacapi in casa mia.»

«È casa vostra, è casa nostra il Comune!»

«Niente! Da quest'orecchio non ci sento.»

E lo lasciava a spasseggiare su e giù pel salone del *Casino*, con la gran canna d'India infilata sotto braccio, come una spada, lungo, diritto, impettito.

Nell'attesa che l'intonaco delle stanze si asciugasse, che arrivassero da Catania il pittore pei soffitti e gli operai per tappezzarle, il marchese, ora, andava quasi tutti i giorni in *Casino*, prima di assistere alla distribuzione delle minestre e del pane insieme con gli altri colleghi della Commissione.

Aveva preso gusto alla partita di tarocchi che don Gregorio, cappellano del monastero di Santa Colomba, il notaio Mazza, don Stefano Spadafora e don Pietro Salvo facevano colà, in un angolo appartato, due volte al giorno, inchiodati per lunghe ore col *Giove*, l'*Impiccato*, il *Matto* e coi *Trionfi* tra le mani, accalorandosi, bisticciandosi, insultandosi con parolacce e tornando, poco dopo, più amici di prima.

Spesso, don Pietro Salvo gli cedeva il posto, appena vinto qualche soldo:

«Volete divertirvi, marchese?»

Don Stefano sbuffava. In presenza del marchese, gli toccava di contenersi, ed era una gran sofferenza per lui.

Il marchese, che lo sapeva, sedendosi gli faceva il patto:

«Senza bestemmie, don Stefano!»

«Ma il giocatore deve sfogarsi! Voi parlate bene! Debbo crepare?»

E un giorno, a ogni svista del compagno, a ogni giocata andatagli a male, don Stefano, invece di dirne qualcuna di quelle da schiodare dal Paradiso mezza corte celeste, fu visto togliersi rabbiosamente di capo la tuba, sputarvi dentro e rimettersela subito.

«Che fate, don Stefano?»

«Lo so io! Debbo crepare?... Questa vale per Giove...»

E buttò la carta picchiando forte con le nocche delle dita, quasi volesse sfondare il tavolino.

Sembrava che quella volta i tarocchi lo facessero a posta, e il compagno pure. E don Stefano, a cavarsi rabbiosamente di capo la tuba, e sputarvi dentro e rimettersela subito.

«Che fate, don Stefano?»

«Lo so io!... Volete che crepi?»

Soltanto all'ultimo, quando egli, fuori dei gangheri, scaraventava la tuba per terra, gli astanti si avvidero della figurina del Cristo alla Colonna ficcata là in fondo, contro la quale egli aveva inteso di bestemmiare, silenziosamente, a quella maniera!... Doveva proprio crepare?

E non gli importò che gli appiccicassero per questo il nomignolo di *Maometto*. Almeno, da quel giorno in poi, egli poté bestemmiare in pace, a libito suo, anche in faccia al marchese.

Intanto il dottor Meccio e parecchi altri tornavano spesso alla carica:

«Un signore come voi! Vi porteremmo in trionfo al Municipio!»

E siccome il marchese da questo orecchio non voleva sentirci, così cominciò a riprendere le passeggiate serali su per la spianata del Castello, dove quasi nessuno più osava di andare, tanto era desolante lo spettacolo di quelle campagne brulle, riarse che si stendevano, di qua, fino a piè delle colline, e, di là, fino a piè dell'Etna sempre pennacchiato di fumo, con appena un piccolo orlo di neve in cima al cratere, coi boschi di castagni e di lecci attorno ai fianchi, scabroso in alto e rigato da nere strisce di lava che l'aria senza vapori permetteva di distinguere nettamente.

Ma, dopo tre o quattro volte, avea dovuto smettere.

Trovandosi solo lassù, in faccia a quell'immenso orizzonte e col gran silenzio che lo circondava, egli sentiva venirsi addosso un'inesplicabile tristezza. Le miserie udite raccontare o viste durante la giornata gli tornavano in mente. Da Margitello, da Casalicchio, da Poggiogrande gli erano arrivate, una dietro a l'altra, cattive notizie. «Ieri sono morti quattro animali! Oggi, tre altri!» Il tifo bovino continuava la sua strage. Come non impensierirsi?...

Ma non era questo, no!

Tristi presentimenti gli scurivano l'animo: si addensavano, passavano via, come nuvoloni spazzati dal vento, tornavano di quando in quando, senza ragione alcuna e senza significato preciso.

Si distraeva ruminando grandi progetti agrari da attuare, appena sposato: un'Associazione di proprietari di vigneti e di uliveti, sotto la sua direzione; e macchine di ogni sorta, le più recenti; e produzione da spedire nei mercati della penisola e fuori, in Francia, in Inghilterra, in Germania!

Altro che le misere brighe municipali con cui non si cavava un ragno da un buco e che significavano soltanto: levati di lì, che mi ci metto io!

E rizzava, con l'immaginazione, vasti edifici, laggiù, a Margitello... Sentiva rinascere in sé il mal del calcinaccio del nonno... Da una parte gli strettoi per le ulive, e la dispensa coi coppi panciuti per gli olii; dall'altra, i pigiatoi delle uve e la cantina, fresca, ariosa, per le botti e i bottaccini... E vedeva olii dorati, limpidissimi, in belle bottiglie, da vincere al paragone quelli di Lucca e di Nizza; e vini rossi, e moscati da contrastare coi Bordeaux, coi Reno, con tutti i migliori vini del mondo!

XVI

Il povero don Silvio attendeva da più di mezz'ora nell'anticamera, e mamma Grazia veniva di tanto in tanto a tenergli compagnia.

«Abbiate pazienza! C'è l'ingegnere.»

«Non ho fretta, mamma Grazia.»

«Siamo con la casa sossopra.»

«Pel matrimonio, l'ho sentito dire.»

«Che tosse!... Riguardatevi, don Silvio!»

«Sia fatta... la volontà... di Dio!»

Con la tosse che gli soffocava le parole in gola, il petto di quel magro corpicciuolo, scosso rudemente a ogni assalto, pareva dovesse schiantarsi.

«Mettetevi a letto; fate una buona sudata!»

«E i poveretti che muoiono di fame? Per questo sono qui.»

«Ah, don Silvio! Non si finisce mai! Il marchese ha vuotato il magazzino del grano... Fave, ceci, cicerchia... Che non ha dato?»

«Lo so, lo so! Chi più ha più deve dare.»

«Famiglie intere su le spalle!»

«Lo so. Ma ci sarà qualche cosa anche pei miei poveretti, mamma Grazia.»

«Figuratevi! Non se lo lascerà nemmeno dire.»

Il marchese, che accompagnava l'ingegnere fino all'anticamera, si fermò, turbato, alla inattesa vista di don Silvio.

«E andate attorno con questa tosse?» gli disse l'ingegnere dopo averlo salutato.

Don Silvio si levò a stento da sedere, inchinandosi al marchese e all'ingegnere, senza poter pronunziare una sola parola, scusandosi con umile gesto di rassegnazione.

«Che abbiamo?» gli domandò il marchese, ostentando disinvoltura. «Qua, su questa poltrona; è più comoda.»

Lo aveva fatto entrare nella stanza accanto, e gli si era fermato davanti, in piedi, con le braccia dietro la schiena, guardandolo fisso, per indovinare il motivo di quella visita prima che quegli parlasse.

«Mi manda Gesù Cristo!» disse don Silvio.

«Quale Gesù Cristo? Perché?... Andate a raccontare queste storie alle femminucce!»

Il marchese quasi balbettava, pallido, da la improvvisa concitazione.

«Mi perdoni... *voscenza*!... Me ne vado...»

E don Silvio non poté proseguire, sopraffatto dalla tosse.

Vedendolo avviare verso l'uscio, il marchese lo fermò pel braccio:

«Perché siete venuto?... Che volevate da me?... Perché siete venuto?»

«Pei poveretti, marchese! Non ho saputo esprimermi.»

«Ci sono soltanto io a Ràbbato? Ho dato assai. Troppo! Troppo!... Sono già dissanguato.»

«Si calmi!... Non ha obbligo...»

«Eh?... Siete stato voi che avete detto al prevosto Montoro...?»

Gli si era piantato davanti, ringhiando le parole, fissandolo negli occhi.

«Che cosa?» domandò timidamente don Silvio.

«Che cosa? *Gli dava noia in casa quel Crocifisso al marchese!*»

«E ha potuto supporlo? Oh, *voscenza*! Io, anzi, ho lodato il bell'atto che toglieva quella sacra immagine da un posto non degno.»

«Non degno?»

«Certamente; il suo degno posto era l'altare.»

«Perché dunque or ora dicevate: mi manda Gesù Cristo?... Mi avete scambiato per una donnicciuola, mi avete scambiato?»

«Ha ragione! Sono parole piene di superbia quelle!... Me ne accorgo; ha ragione!... Credevo che quando uno va a chiedere pei poveri fosse quasi mandato da Gesù Cristo... Se la prenda con me. I poveretti che hanno fame non debbono scontare il mio peccato. Gliene chiedo perdono... anche in ginocchio...»

Il marchese lo trattenne. Si vergognava di esser trascorso; ma non voleva lasciarsi intimidire da quel pretucolo. Gli pareva che colui intendesse di abusare della circostanza di essere stato messo a parte, in confessione, di un terribile segreto... Doveva farglielo capire, perché non ricominciasse più e la finisse una volta per sempre! Non osò.

«Che vi immaginate?» riprese con tono meno alterato. «Mi è rimasto appena tanto grano da bastare per me.»

«Oh, penserà il Signore a ricoprirle di nuovo i canicci!»

«Infatti!... Infatti!»

«Non disperi della misericordia di Dio, marchese!»

«E intanto la gente muore come le mosche. Dovrei avere la zecca in casa, o stampare carte false... Ma non vedete che non vi reggete in piedi?»

Don Silvio assalito da un nuovo e più forte accesso di tosse, aveva dovuto rimettersi a sedere, mezzo tramortito.

«Ecco!... Soltanto per mostrarvi la buona intenzione,» aggiunse il marchese.

«Lo sapevo che non sarei venuto invano!» rispose don Silvio ringraziandolo. Aveva le lagrime agli occhi.

Il marchese rimase, tutta la giornata, con un senso di sorda irritazione nell'animo, quasi il sentimento di pietà che all'ultimo lo aveva commosso fosse stato una specie di soverchieria, una prepotenza usatagli, con fine arte, da quel prete.

Si sfogò con mamma Grazia:

«Ci mancava lui per venire a smungermi!»

«È un santo, figlio mio!»

«I santi... stiano appiccicati al muro, o in Paradiso,» rispose duramente il marchese.

E due giorni dopo, don Silvio era davvero in via di andarsene in Paradiso, dove il marchese lo voleva.

Davanti la porta della sua abitazione, gruppi di gente costernata, con gli occhi al balconcino della cameretta del malato.

Il dottore aveva dovuto ordinare di tener chiusa la porta perché la cameretta non fosse invasa. Di tratto in tratto, qualcuno dei pochi ammessi in casa veniva fuori asciugandosi le lagrime, ed era subito circondato. Lo interrogavano con gli sguardi, con una lieve mossa del capo, quasi il suono delle parole potesse disturbare l'agonizzante. «Si è confessato!» «Udite? Gli portano il viatico e l'estrema unzione!»

La campanella di Sant'Isidoro dava il segnale con pochi squilli affrettati; e, subito dopo, la campana grande un tocco, due, tre, che ondulavano lenti tristamente. Tutti in orecchie a contarli: «Quattro! Cinque!». Dappertutto; in *Casino*, nelle farmacie, nelle botteghe, in ogni casa, davanti le porte. «Sei! Sette!» Come se quei rintocchi cupi e lenti stessero per annunziare una pubblica sciagura.

Si sapeva: otto tocchi per le donne; nove per gli uomini; dieci pei sacerdoti!

E il decimo rintocco, più cupo, più lento, ondulò a lungo per l'aria.

Altra gente accorreva: popolane, contadini, tutti i poverelli da lui beneficati, magri, squallidi, che dimenticavano in quel momento la mal'annata e la fame, con occhi gonfi di lagrime, con visi sbalorditi. Ah, il Signore avrebbe dovuto prendersi, invece, qualcuno di loro!

Ed ecco il viatico! Si udiva il campanello che precedeva il prete con la pisside e l'olio santo.

Il canonico Cipolla, sotto il baldacchino, circondato dai fedeli che portavano le lanterne di scorta e seguito da un centinaio di persone recitanti il rosario, passava a stento tra la folla inginocchiata che ingombrava il vicolo da un capo all'altro. La porta fu spalancata; il campanello cessò di suonare.

Anche il marchese aveva contato: «Uno!... Due!... Cinque!... Dieci!» i rintocchi della campana grande di Sant'Isidoro. Da parecchi giorni, tre, quattro volte il giorno, egli mandava Titta, il cocchiere, a prendere notizie. Lo atterriva l'idea che la febbre facesse delirare don Silvio, e che nel delirio gli sfuggisse una parola, un accenno!... Poteva darsi!

Smaniava attendendo il ritorno del messo.

«Sei entrato proprio in camera? Lo hai visto?»

«Già sembra un cadavere. Non c'è più speranza!»

Il marchese socchiudeva gli occhi, un po' deluso, crudele. Aveva la pelle dura quel prete! E il giorno appresso:

«Come va? Perché hai tardato tanto?»

«Non volevano farmi entrare. Mi ha riconosciuto. Mi ha detto: "Ringraziate il marchese!" parlava con un fil di voce. "Ditegli che preghi per me!"»

«Ah!... Poveretto!»

Ma, nel suo interno, egli dava un significato ironico alle parole riferitegli da Titta; e così giustificava il rancore che gli faceva desiderare più pronta la sparizione di colui che possedeva il suo segreto, e che era per lui, non solamente un rimprovero continuo, ma un pericolo; o, se non un pericolo, una ossessione che gli dava fastidio.

E quando udì in *Casino* (vi era andato a posta per sentire quel che si diceva), quando udì raccontare dal notaio Mazza che don Silvio aveva detto a sua sorella: «Abbi pazienza, fino a venerdì a ventun'ora!» i tre giorni e mezzo che ancora mancavano gli parvero una eternità. Sarebbe stato vero?

Il venerdì non poté restare ad attendere che la campana grande di Sant'Isidoro suonasse a morte a ventun'ora, com'è di rito. Il cameriere del *Casino* era stato mandato a informarsi, anche per la curiosità di sapere se la predizione – e tutti lo credevano – si sarebbe avverata.

Vedendo che don Pietro Salvo cavava a ogni cinque minuti l'orologio di tasca, il dottor Meccio esclamò:

«Stiamo qui a tirargli il fiato di corpo. È sconveniente!»

«Andatevene. Chi vi trattiene?»

Erano sul punto di bisticciarsi; ma dalla cantonata spuntava *don Marmotta* come il cameriere era soprannominato. Veniva col suo comodo, dando la notizia a quanti lo fermavano, riprendendo a camminare a passi lenti, con la testa ciondoloni che secondava il movimento dei passi, senza curarsi che fosse impazientemente aspettato.

Il marchese gli andò incontro:

«Ebbene?»

«È spirato proprio allo scocco di ventun'ora.»

Si era immaginato di dover respirare più liberamente a quella notizia. Invece, rimase là, dubbioso. Non credeva ai suoi orecchi, quasi don Silvio avesse potuto fargli il cattivo scherzo di fingere di morire.

A casa, trovò mamma Grazia che recitava il rosario in suffragio dell'anima del sant'omo.

«È morto! Che disgrazia! A trentanove anni! Gli uomini come lui non dovrebbero morire mai!»

«Muoiono tanti padri di famiglia!» la rimbrottò. «La morte non porta rispetto a nessuno.»

Quel lutto di tutto il paese lo irritava. Lo irritava anche il pensiero della morte, che ora gli ronzava alla mente con insolita vivacità e strana insistenza. Gli sembrava che qualcuno gli sussurrasse dentro il cervello: «Oggi a me, domani a te!». E quel qualcuno, a poco a poco, prendeva le sembianze di don Silvio.

Avrebbe voluto esser sordo per non udire le campane di tutte le chiese che suonavano a mortorio, tacevano un po', riprendevano a suonare! Sarebbe scappato per Margitello, se non avesse riflettuto che le avrebbe udite egualmente e più incupite dalla distanza.

Eppure non si sentiva ancora rassicurato! Volle vedere il trasporto dalla terrazza davanti al *Casino*.

In *Piazza dell'Orologio* gran calca. Il mortorio che andava attorno da un'ora, secondo la costumanza, per le vie principali del paese, doveva passare di là per deporre il cadavere nella chiesa di Sant'Isidoro dove gli avrebbero cantato la messa funebre. E già affluiva in piazza la gente che si riversava dalle traverse precedendo il convoglio.

La processione s'inoltrava lentamente: confraternite con gli stendardi avvolti all'asta, frati Cappuccini, frati di Sant'Antonio, frati Minori conventuali, preti in cotta e stola nera, canonici con mozzetta di lutto, tutti coi torcetti accesi in mano, salmodianti; e dietro, sul cataletto, il cadavere, scoperto, con le mani in croce, in cotta e stola, e col berretto a tre spicchi in testa, che spiccava su la coltre nera di broccato orlata con frangia di argento; corto, sparuto, col viso giallo, con gli occhi socchiusi e il naso affilato, sembrava che tentennasse il capo a ogni passo dei portatori.

Giunti vicino al *Casino*, essi deponevano a terra il cataletto, e la gente faceva ressa attorno al cadavere per baciargli le mani. Quattro carabinieri erano pronti, dai lati, a impedire che strappassero in brandelli gli abiti del morto per tenerli come reliquie.

E così il marchese poté osservar bene quella bocca chiusa per sempre, che non avrebbe potuto mai più, mai più, ridire a nessuno il segreto da lui rivelato in confessione! Allora si sentì forte, vittorioso, quasi la fine di quell'uomo fosse stata opera sua. E soltanto per decenza non sorrise, quando il cugino Pergola gli disse all'orecchio:

«Dev'essere rimasto male don Silvio, non trovando di là il Paradiso!»

158

XVII

Una mattina, quando il marchese meno se lo aspettava, don Aquilante era ricomparso non per parlargli, come al solito, di affari, ma per annunciargli con gravità:

«Finalmente si è smaterializzato!»

Il marchese, che non aveva udito bene, guardatolo in viso con stupore, replicò:

«Si è...?»

«Smaterializzato!» sillabò don Aquilante.

Quantunque le idee e le credenze del marchese di Roccaverdina fossero compiutamente cangiate, ed egli avesse anzi, più volte, domandato ironicamente all'avvocato: «Che dicono gli Spiriti? Si divertono ancora a tormentarvi?» – don Aquilante gli aveva raccontato, tempo addietro, che Spiriti cattivi, di tanto in tanto, gli riducevano catalettico il braccio destro per impedirgli di scrivere – lo strano annunzio lo aveva rimescolato, quasi si fosse trattato di un fatto di cui non si potesse dubitare.

«E ora?» domandò, nell'improvviso turbamento.

«Ora sarà più facile interrogarlo con certezza di ottenere precise risposte. Ieri Rocco Criscione mi è apparso, spontaneamente, un minuto secondo. Ha voluto forse dirmi: eccomi a vostra disposizione.»

«Eh, via!» fece il marchese che già riprendeva padronanza di sé.

«La vostra incredulità è irragionevole.»

«Ma, innanzi tutto, dovreste convincermi che l'anima umana è immortale.»

Don Aquilante rizzò il capo, maravigliato di questo inatteso linguaggio.

«La scienza...» continuò il marchese.

«Non mi parlate della scienza officiale,» lo interruppe l'avvocato. «È la più massiccia ignoranza!»

«... la scienza positiva richiede fatti accertati, che si possano provare e riprovare. La scienza...»

Il marchese gli ripeteva, con enfasi, frasi, periodi interi dei libri prestatigli dal cugino, e credeva di chiudergli la bocca.

«Fatti, sissignore!» riprese don Aquilante. «Accertati, sissignore! Solamente, poiché certi fatti non fanno comodo ai materialisti, essi fingono di non vederli. Ma i fatti non per questo non sono veri, non per questo rimangono annullati!»

«Quando non si può vedere né toccare con mano...»

«Vedreste, tocchereste con mano, se aveste l'animo di tentare l'esperimento.»

«Ah!... Credete, forse, che scaldandomi la fantasia e mettendomi paura, giungerete a farmi vedere quel che non è? Infine, sarebbe un'allucinazione, niente altro!»

«E se Rocco ci rivelasse: "Mi ha ucciso il tal dei tali"?»

«È impossibile!»

«E ci desse le prove?»

«È impossibile!»

«Dovreste fare da *medium*. Egli vi era persona affezionata e fedele. Nessuno meglio di voi potrebbe servire ad evocarlo.»

«Ma io non mi metto a fare certe sciocchezze!»

«I vostri famosi scienziati rispondono appunto così.»

«Ed hanno ragione.»

«Che ci rimettereste, a coadiuvarmi?»

«Siete venuto a posta per questo?»

«Sì, marchese. Da qualche tempo in qua, un rimorso

160

mi tortura. Ho lungamente riflettuto intorno al processo e alla condanna di Neli Casaccio. Temo che i giurati siano incorsi in uno di quegli inevitabili errori giudiziari che fanno scontare a un innocente il delitto di un reo rimasto ignoto.»

«Perché?... E che vorreste fare?»

«Quel che fareste voi, che farebbe qualunque onesta persona in questo caso: rimettere la giustizia su la giusta via.»

«In che modo?... Su quali indizi?»

«Ce lo dovrebbe dire *lui*!»

«Pensate di farmi impazzire con le vostre stregonerie?... Domandate piuttosto agli Spiriti se avremo presto la pioggia. Non possono far piovere cotesti signori?... Mi stupisco che un uomo intelligente e dotto come voi si perda dietro a tali fandonie. Volete una spiegazione?» soggiunse. «Ve la darò io, che sono un ignorante a petto vostro. Ora che siete stato preso dagli scrupoli intorno a quel processo, pensa e ripensa, vi si è esaltata la fantasia... Ed ecco in che modo vi è parso di vedervi apparire dinanzi...»

Non volle neppure nominare Rocco Criscione.

Come mai don Aquilante si era messo a riflettere, per l'appunto, intorno al processo di Neli Casaccio?... Che sospetti aveva dunque? E contro di chi? Era venuto per tastar terreno?... L'apparizione poteva essere una storiella inventata a bella posta per notare che impressione gli avrebbe prodotto su l'animo. Fortunatamente, egli era rimasto tranquillo... Perché mostrargli di aver paura delle pretese possibili rivelazioni? Chi doveva poi farle, in realtà? Quando si è morti, è per sempre!

Aveva anche pensato a tutto questo parlando.

E quantunque gli titubasse in fondo al cuore lo sgomento delle cose misteriose che invade, in certi momenti, fin gli uomini più intrepidi, non aspettò che don Aquilante gli rispondesse.

«Intanto,» riprese subito, «per farvi vedere che non sono, come dite, irragionevole, mi dichiaro pronto a contentarvi. Vedere e toccare con mano, s'intende! E così non ne riparleremo più... Purché non ci siano pratiche difficili e troppo lunghe; non ho tempo da perdere. E spero di rendervi il gran servizio di togliervi di testa queste corbellerie.»

«Lo fate per curiosità, o con animo ostile?»

«Mettete le mani avanti? Agisco in buona fede, ve lo assicuro; più per voi che per me. Vedrete. Vi passeranno pure gli scrupoli, i rimorsi.»

«Eccolo!» esclamò don Aquilante. «Non ha atteso la chiamata.»

Istintivamente, il marchese girò gli occhi attorno. Il cuore gli batteva forte, la lingua gli si era tutt'a un tratto inaridita.

«State in orecchio!» La voce di don Aquilante era diventata cavernosa. «Darà un segnale della sua presenza.»

Il pallore, il lieve tremito che gli agitava la testa e le mani, la voce alterata mostravano che don Aquilante non era davvero nello stato ordinario.

E il marchese tendeva l'orecchio, trattenendo il respiro.

«Avete sentito?» domandò don Aquilante.

«No.»

«Eppure ha picchiato forte sul tavolino!»

«Non abbastanza forte, pare.»

Dopo questo primo insuccesso, il marchese cominciava a rassicurarsi; continuava però a trattenere il respiro, a stare in orecchio.

«Avete sentito ora?»

«No.»

«Udite? Picchia più forte.»

«Non credo di esser sordo!»

«Vi prende una mano,» disse don Aquilante dopo qualche istante di pausa, «per assorbire altro fluido vostro e poter produrre il fenomeno in modo che possiate percepirlo anche voi... Prestatevi, cedete.»

Il marchese ebbe un brivido ghiaccio per tutta la persona. Don Aquilante lo guardava negli occhi con ansiosa intensità.

«Niente!» esclamò il marchese.

L'avvocato corrugò la fronte e stette un pezzetto a capo chino, agitando le labbra quasi parlasse da sé.

«Insomma?...» domandò il marchese impaziente.

«Non vuol dirmelo!»

«Ah!»

«Vuol dirlo soltanto a voi. Promette che verrà a dirvelo in sogno.»

«Lo sapevo!» esclamò il marchese emettendo un gran respiro di soddisfazione. «Lo sapevo che la cosa doveva terminare in burletta!»

«Verrà, certamente. Ecco, va via!... È sparito!»

«E questo lo chiamate vedere e toccare con mano?»

Il marchese rideva, si muoveva per la stanza, stirando le braccia, tendendo le gambe, quasi per sgranchirsi e scuotersi d'addosso quel senso di faticosa aspettativa che lo aveva fatto stare immobile più di tre quarti d'ora.

«E questo lo chiamate vedere e toccare con mano?»

Voleva prendersi la rivincita su don Aquilante che gli aveva messo una bella paura, non ostante ch'egli non avesse mai creduto, e molto meno ora, a quelle *magherie*.

In sogno?... Va bene! E sorrideva internamente.

Raccontò la scena al cugino Pergola e ne risero insieme; la raccontò anche alla zia baronessa, a cui nessuno poteva levar di testa che nella brutta faccenda non ci fosse entrato lo zampino di quella donnaccia! E così facendo, gli sembrava di acquistare maggior coscienza della sua sicurezza.

Pure, per più notti di seguito, andò a letto con l'indefinito terrore di rivedere in sogno la sua vittima. Se Rocco avesse mantenuto la parola, sarebbe significato che davvero... Ma non la mantenne né allora, né dopo!

Il marchese però non sapeva spiegarsi quella smania di

attività che da qualche tempo in qua lo urgeva, spingendolo troppo fuori dalle sue vecchie abitudini.

Il cugino, il dottor Meccio e parecchi altri, picchia e ripicchia, avevano un po' scosso la sua risoluzione di mantenersi assolutamente estraneo alle fiere lotte municipali. Resisteva ancora, ma con visibile fiacchezza:

«Dove volete condurmi? A che pro? Tanto, non mi persuaderete che vi sia da fare un po' di bene nell'arruffata amministrazione comunale che si regge appena a furia di tasse!»

«Il Comune ha tesori, marchese! Ma bisogna strapparli di mano a coloro che se li posseggono tranquillamente perché non si è mai ardito di disturbarli. Affari del Comune, affari di nessuno! È la bella massima che prevale.»

«E pretendereste che mi metta all'opera io, dottore?»

«Lei non ha interessi particolari. Cioè, ne ha: è debitore del Comune anche lei, per Margitello, dopo lo scioglimento dei diritti promiscui. Dovrebbe dare l'esempio con un'onesta transazione.»

«E i sequestri dei creditori? Non me li levate di addosso voi.»

«Si convochino, tutti: s'invitino a transigere anche loro. Sarebbe come invitarli a nozze. Non vedono, da mezzo secolo, il becco d'un quattrino! Se lei potesse dire agli altri debitori: "Fate come ho fatto io...".»

«Penserebbero: "Il marchese di Roccaverdina è proprio ammattito!". E dovrei stuzzicare il vespaio io? Perché tutti mi diano addosso? Perché io perda quel po' di pace che i miei affari mi lasciano?»

«Non dobbiamo essere egoisti, cugino!»

«E voialtri? Ve ne state con le mani in mano voialtri.»

«Io predico al deserto, da anni ed anni! Sono un povero medico, non ho autorità...»

«Eppure ho sentito dire che una volta, per tapparvi la bocca, non so qual sindaco vi disse: "Fate. Avete carta bianca".»

164

«A parole!... Non mi costringete a vuotare il sacco, marchese!»

Lo attiravano in un angolo del salone del *Casino*, insistenti, parlando sottovoce come se stessero a macchinare una tenebrosa congiura, dando occhiate di traverso a coloro che passeggiavano in su e in giù, e che, fingendo di discorrere insieme, tendevano l'orecchio, spie del sindaco e degli assessori.

«Vedete quel don Pietro Salvo? Non si muove mai di qui. Si direbbe tutt'assorto nella lettura dei giornali. Invece, non perde una sillaba di quel che qui dentro si dice; e la sera va da suo compare l'assessore, *ad referendum*!»

Il marchese non si decideva a rispondere sì o no:

«Vedremo. Sono cose da pensarci bene. Quando uno prende un impegno, si trova poi legato mani e piedi. Non voglio impegnarmi alla cieca.»

«S'intende! S'intende!»

Ma se imprendeva a parlare dei suoi progetti agrari, subito si accalorava. Allora tutti facevano circolo attorno a lui, spalancavano tanto di orecchi, sgranavano gli occhi, quasi stessero per afferrare, là, con avide mani, la loro parte delle immense ricchezze che il marchese faceva rigurgitare, con un colpo di bacchetta fatata, davanti alle immaginazioni che la miseria di quelle tristi annate lasciava sovreccitare facilmente.

E ogni vite si trasmutava in un ceppo di oro! E ogni chicco d'uva in un brillante! Filari interminabili! La vasta pianura, laggiù, doveva diventare, in poco tempo, un unico meraviglioso vigneto! E le colline con quei boschi di ulivi! Bisognava costringerli a produrre annualmente, potandoli bene, non diramandoli troppo, non mortificandoli con la barbarica bacchiatura che ne troncava i nuovi polloni ancora teneri e disperdeva il futuro raccolto!

Soltanto una forte Società poteva produrre questo miracolo!

Nemmeno un sol grappolo di uva di tutto il territorio

di Ràbbato doveva essere pigiato nei *palmenti* privati! Nemmeno una stilla di vino doveva entrar in botti che non fossero quelle del loro stabilimento!

E le ulive, colte a mano a una a una, fresche fresche, di filato alla macina, senza che vedessero neppur da lontano quei fetidi *camini*, quelle stufe che le concocevano e le facevano rancidire!

E nemmeno una goccia d'olio fuori dei coppi della Società!

«E i quattrini, marchese?»

«Si trovano, si debbono trovare. Si va a una banca: "Ecco qua l'intera nostra produzione; noi vogliamo attendere, per la vendita, che i prezzi si rialzino; intanto, dateci il denaro che ci occorre". E subito: "Tanto a te! Tanto a me! Tanto per la coltivazione; tanto per fondo di riserva...". Si fa così dappertutto. Soltanto noi dormiamo come ghiri; e svegliandoci, vorremmo trovare la tavola apparecchiata e metterci a mangiare e a scialare!»

Gli ascoltanti avevano l'acquolina in bocca, assaporavano la imbandigione, storditi anche dalla voce del marchese che si era elevata a poco a poco, ai toni più acuti.

«Ma io mi sfiato inutilmente,» egli aveva conchiuso una volta (e infatti si era arrochito). «Basterebbe, per cominciare, che fossimo soltanto una diecina. Gli altri accorrerebbero dopo, dovrebbero pregarci in ginocchio per essere ammessi nella nostra Società... Fatti però, non parole. Contratto in piena regola con firma e bollo notarile; se no, lo so bene come si andrebbe a finire. Si dice: "*Tric-trac* di Ràbbato". È proprio vangelo. Prendiamo fuoco, facciamo un po' di rumore, un po' di fumo... e festa! Chi si è visto si è visto.»

«Io sono pronto a redigere gratis il contratto,» disse il notaio Mazza. «Chi vuol dare l'assenso sa dove trovarmi.»

E il *tric-trac*, quel giorno, prese fuoco; e la *Società Agricola* fu fondata, con otto soci appena, pur di cominciare!

«E voi, don Pietro? Con le vostre vigne della Torretta, coi vostri ulivi di Rossignolo?»

Don Pietro Salvo che entrava in quel momento e aveva capito di che si trattava, rispose con una spallucciata, e soggiunse:

«Volete sapere una notizia? Neli Casaccio è morto nel carcere; me l'ha detto il Sindaco or ora.»

Il marchese trasalì.

«Belle notizie ci apportate!» esclamò per nascondere il turbamento.

Per alcuni minuti non si parlò di altro.

E quando il notaio Mazza, tratto in disparte don Pietro, cercò d'indurre anche lui ad entrare assieme con gli altri nella Società, don Pietro rispose:

«I Roccaverdina sono stati sempre uno più matto dell'altro; e il marchese non dirazza. Ha scelto bene il momento! Si muore di fame; e, se non piove, chi sa dove andremo a finire tutti quanti!»

XVIII

Erano anni che il marchese e suo zio il cavalier don Tindaro non si guardavano in faccia. Dal giorno che il marchese non aveva voluto permettergli di metter sossopra i terreni di Casalicchio per scavarvi le antichità che, secondo lui, vi si trovavano sepolte, don Tindaro, soprannominato sprezzosamente *marchese contadino*, gli avea fin tolto il saluto.

Ora si erano trovati inattesamente faccia a faccia nello stesso albergo, in Catania; il marchese, per un prestito di settantamila lire presso il Banco di Sicilia, il cavalier don Tindaro per la vendita della sua collezione di vasi antichi, di statuette e di monete, a un lord inglese che, egli diceva, buttava via le sterline quasi fossero soldi.

E la gioia per quella vendita era stata tale, che il cavaliere, dimenticata la grave offesa della non permessa esplorazione di Casalicchio, gli aveva steso la mano:

«Infine, sei figlio di mio fratello!... Vieni a vedere.»

La collezione si trovava ancora nella sua stanza esposta sui commò e sui tavolini; doveva consegnarla il giorno dopo. Egli non usciva dall'albergo un istante, per farle la guardia, e anche per riempirsene gli occhi l'ultima volta. Non li avrebbe più riveduti quei preziosissimi oggetti che formavano, da trent'anni, la sua consolazione e il suo orgoglio! Si sentiva stringere il cuore ripensandoci. Lo confortava però l'idea che il suo nome si leggerebbe su una targa del Museo di Londra; questo era il patto. Quel lord comprava per conto del Museo di Londra.

«Trentamila lire, nepote mio!»

«Vi sembrano molte? Ne avete speso per lo meno il doppio.»

«Fandonie! Dieci lire oggi, venti un altro giorno... E tornano a casa tutte a una volta... A questi chiari di luna!»

«Me ne rallegro. Ma non dovreste ricominciare; scapperebbero di nuovo.»

«Ah, se tu volessi permettermi!... La indicazione è precisa: Casalicchio! Ora là non c'è casale né grande né piccolo. Ma in antico doveva esservi; i nomi non si danno a caso. Nè a caso si dice: a Casalicchio c'è il tesoro!»

«Se vi facessi una proposta?» lo interruppe il marchese.

«Quale?»

«Vi leverei certamente la tentazione di sciupare queste povere trentamila lire. Impiegatene due terzi soltanto nelle costruzioni della *Società Agricola* fondata da me. Io sono qui per conchiudere un prestito di settantamila lire a tale scopo.»

«Ne riparleremo... Intanto osserva: questo solo vaso, sei mila lire! Della più bell'epoca greca! Sisifo che spinge in alto un masso... Mitologia!... Prima della venuta di Gesù Cristo!»

«Quando penso che avete spianato le vigne a Porrazzo per scavarvi sepolcreti! Dovreste ripiantarle. Quelli di Porrazzo sono i migliori terreni per vigneto.»

«Ne riparleremo, nepote. Tu hai la testa alle vigne, ai vini. Io non bevo vino, lo sai.»

«Lo bevono gli altri, e debbono comprarlo per forza.»

«Non pianterai vigne anche a Casalicchio! Lasciami, prima, fare almeno qualche saggio. Quando di un posto si dice: "C'è il tesoro" significa...»

«Ebbene, scaverete a Casalicchio!»

Il cavaliere don Tindaro gli saltò al collo per abbracciarlo.

«Allora... tutto quel che vuoi... Due terzi, no; metà, quindici mila lire... Non si trovassero là che due soli vasi del valore di questo col Sisifo...!»

«E se non si trovano?»

«Li veggo da qui; mi pare di averli tra le mani... Ma, un momento!... C'entra pure *quell'empio* nella tua Società?»

«Oh, zio! Bisogna finirla; oramai è vostro genero.»

«Niente! Finché non avrà sposato in chiesa...»

«Sposerà, ve lo assicuro, un giorno o l'altro. Legalmente intanto...»

Don Tindaro si trasse indietro, imbronciato.

«Mi è stato detto,» riprese, quasi masticando le parole, «che vi siete riconciliati, come se la offesa fosse stata fatta a me solo e non alla parentela tutta. Una Roccaverdina... concubina! È una concubina,» incalzò, «non moglie mia figlia! Per la Chiesa, il matrimonio... come lo chiamate?»

«Civile.»

«Incivile dovrebbe esser detto!... Matrimonio da bestie!... Per la Chiesa, non ha nessun valore...»

«Coi pregiudizi che avete in testa!»

«Pregiudizi? Pregiudizio uno dei sette Sacramenti? Sei dunque diventato *protestante* come lui? E tu pure, giacché sposi – so che sposi, dagli altri l'ho saputo, per caso. Non vuol dire! – tu pure non sposerai in chiesa?»

«Io... io farò come fanno tutti.»

Il marchese arrossì. Aveva dovuto arrossire e sentirsi imbarazzato parecchie altre volte, con la zia baronessa e con Zòsima specialmente, per la mancanza di sincerità riguardo ai mutati suoi sentimenti religiosi. Ma in quel punto, aveva anche arrossito per l'improvvisa coscienza che, da più di un anno, la sua vita era una continua ipocrisia, una continua menzogna fin con se stesso. Un attimo era bastato per fargli comprendere che la smania di distrarsi, di stordirsi da cui si sentiva travolgere era un inconsapevole mezzo di addormentare, di far tacere l'intima voce che minacciava di elevarsi tanto più forte, quanto più egli cercava di soffocarla.

«Come fanno tutti?» riprese don Tindaro. «Com'è dovere, ti faccio osservare io. Sei cristiano cattolico apostolico romano?»

«Non mi son fatto sbattezzare!»

«Neppure *quell'empio* si è fatto sbattezzare!»

«Pensate che il Vangelo comanda di perdonare le offese. E poi certe persone bisogna prenderle pel loro verso. Con le buone si ottengono tante cose che non si riesce a ottenere con le cattive.»

«Perdoneresti tu nel caso mio? Ah, tu non sei padre; tu non puoi intendere che cosa voglia dire vedersi strappare di casa una figlia unica! Era maggiorenne? Che importa? Il padre è sempre padre; la sua autorità dura fino alla morte, oltre la morte! E mia figlia (una Roccaverdina!) si è ribellata, si è avvilita fino al punto...! Avrei voluto vederti, se qualcuno fosse venuto a portarti via Agrippina Solmo quando era con te!... E si sarebbe trattato di un'amante. Lo avresti ammazzato, per semplice gelosia, se le volevi bene davvero!... Ma una figlia è ben altro. Carne della nostra carne, sangue del nostro sangue!... Non so come mai, allora, io non abbia commesso un eccidio!»

«Avete ragione, zio. Quando però il male è fatto, dobbiamo cercarvi il rimedio.»

«Sono un Roccaverdina schietto, io; non mi piego, mi spezzo! Se tu, invece di sangue, hai siero nelle vene... Quanti anni sono che non ti ho più guardato in viso per l'affare di Casalicchio? Oggi il caso ci ha fatto incontrare in terreno neutrale, in un albergo. Ricorda però che io sono di acciaio; non mi piego, mi spezzo. *Frangar non flectar*! Nel secolo scorso i Roccaverdina erano soprannominati i *Maluomini*... Coi nostri antenati non si scherzava. Ora siamo una razza incarognita; tu, agricoltore; io... almeno!... Non c'intendiamo. Facciamo conto di non esserci visti.»

«Non ritiro la mia parola, no. Scavate pure quanto volete a Casalicchio. Darò ordini che vi lascino fare.»

«A qual patto?»

«Con nessun patto.»

«No, grazie! Non voglio restarti obbligato.»

Il marchese stette un po' a guardare con gratitudine il vecchio parente rimessosi a riempirsi gli occhi di quei suoi preziosi oggetti che non avrebbe riveduti più. Lo vedeva andare da un vaso all'altro, soffiare diligentemente sopra uno per mandar via qualche granellino di polvere che gli pareva lo deturpasse; rivoltare un altro per ammirarne ancora, mentr'era in tempo, le bellissime figure disegnate con contorni neri su fondo rossiccio; e palpare una statuetta, una patera con dolce carezza di amatore.

E intanto che lo guardava, si sentiva rinascere in cuore tutto l'orgoglio della razza dei *Maluomini*, e la compiacenza di non riconoscersi degenere, come il vecchio lo giudicava.

Il rincrescimento della continua ipocrisia, della continua menzogna, da cui poco prima era stato turbato, già gli pareva debolezza indegna di un Roccaverdina.

«Avrei voluto vederti!... Lo avresti ammazzato!»

Non erano parole di approvazione, di giustificazione? Non si scherzava neppure con lui, come coi suoi antenati, che certamente avevano ricevuto quel soprannome perché forti e potenti!... I tempi però erano cangiati, e la razza si adattava ai tempi. La *Società Agricola* gli sembrava un atto di potenza e di forza; oggi non era possibile mostrarsi *Maluomini* altrimenti.

A Margitello, dopo tanti mesi di trista inerzia, cagionata dalla insistente siccità, e interrotta soltanto dall'occupazione di curare i pochi bovi rimasti, e di bruciare e seppellire i cadaveri di quelli che il tifo continuava ancora ad ammazzare, il massaio e i garzoni avevano visto arrivare il marchese, l'ingegnere e parecchi azionisti della *Società Agricola*; i quali erano rimasti colà una settimana per assistere agli studi e alle prime operazioni di sbarazzamento del terreno su cui l'edificio ideato dal marchese doveva sorgere.

Più di una cinquantina di contadini, tra uomini e ragazzi, scavavano le fondamenta, trasportavano il terriccio, felici di guadagnare pochi soldi al giorno che almeno servivano a non farli morire di fame, loro e le loro famiglie.

Qualche socio aveva, timidamente, fatto osservare al marchese che la spesa sarebbe stata, forse, eccessiva per un tentativo...

«Dovremo poi rifarci da capo? Tra due anni ci troveremo ristretti; vedrete!... E se sopraggiunge la pioggia, addio! Occorrerà di scappellarci alla gente, perché ci faccia la grazia di venire a lavorare qui.»

Nessuno aveva più osato di fiatare dopo questa strillata.

Si sarebbe detto che i denari presi in prestito dal Banco di Sicilia, gli scottassero le mani, ed egli avesse fretta di buttarli tutti via, in legname, in mattoni, in tegole, in calce, in gesso, in ferramenta di ogni sorta.

L'atrio era già ridotto un arsenale con un brulichio, simile a quello di un formicaio affaccendato, di uomini che in certi momenti perdevano la testa, storditi dalle sfuriate del marchese, dagli ordini e dai contr'ordini, quand'egli mutava tutt'a un tratto di parere intorno alla costruzione di un muro, all'impostatura di una porta o d'una finestra che non gli garbavano più, quantunque stabilite da lui stesso e segnate nella pianta eseguita, col suo consenso, dall'ingegnere.

Allorché questi, ogni due o tre giorni, arrivava a Margitello, trovava sempre qualche novità.

«Ma, signor marchese!...»

«Mi meraviglio anzi che non ci abbiate pensato prima voi!»

E spiegava la ragione del mutamento; e il torto doveva essere sempre dell'ingegnere, non di lui.

Era preso interamente da quelle costruzioni; avrebbe voluto vederle già in piedi, col tetto, con le imposte e tutto il resto; e gli sembrava che venissero su lentamente, quasi per ostile esitanza.

Appena le domeniche si rammentava di fare una visita in casa della zia, dove sapeva di trovare Zòsima con la madre e la sorella. Alla signora Mugnos non era parso conveniente che il marchese andasse a casa loro.

«Per evitare pettegolezzi,» ella aveva detto alla baronessa.

Ma, in realtà, perché voleva evitare a sé e alle figlie l'umiliazione dello spettacolo di quelle squallide stanze dove esse nascondevano la loro misera condizione, e dove le figlie passavano le giornate, e spesso le nottate, lavorando di cucito o di ricamo; e lei, che non s'era mai sporcate le mani quando la famiglia era in auge, vi s'incalliva le signorili dita tirando il pennecchio della rocca e girando il fuso per conto di altri.

«Ah zia!... Dovreste venire a vedere, tutte e quattro. Una scarrozzata di poche ore.»

«Il mal del calcinaccio è ereditario in casa nostra!»

«Ma di che si tratta? Non ho capito bene. D'un palmento? D'un fattoio?» domandava la signora Mugnos.

E al marchese non sembrava vero di riparlarne, di dare ampie spiegazioni, di fare descrizioni particolareggiate; di condurre, quasi, le quattro signore per mano a traverso i tini, i tinelli, le botti e i bottaccini che ancora non erano al lor posto, ma che si sarebbero trovati là tra non molto; a traverso i frantoi, gli strettoi, i coppi pieni di olio, che non c'erano neppure vuoti, ma che erano stati ordinati, tutti di una misura e di unico modello, uguali a quello in uso nel Lucchese e a Nizza, verniciati dentro e fuori, e non di semplice terracotta che comunicava agli oli il rancido e ne alterava il colore!

Zòsima stava ad ascoltarlo con soave aria di rassegnazione, sorridendogli ogni volta che egli si rivolgeva specialmente a lei per dimostrarle che la stimava di maggiore intelligenza delle altre, e che la sua approvazione gli riusciva gradita assai più di quella di ogni altra persona.

Ma le sole parole di tenerezza che il marchese le rivolgeva accomiatandosi erano sempre queste:

«Non piove! Vedete?... Non piove!»

«C'è forse fretta?» rispose Zòsima una volta. «Margitello intanto non vi lascia tempo di pensare ad altro.»

«Lo dite per rimproverarmi?»

«Non saprei rimproverarvi neppure se avessi ragione di farlo... Quando sarò davvero marchesa di Roccaverdina...»

«Siete già tale, Zòsima, almeno per me.»

«Quando sarò davvero marchesa di Roccaverdina,» lo ripeteva con accento scherzoso, «avrò certamente più agio di vedervi e di darvi qualche preghiera.»

«Perché dite così?»

«Perché dovrei parlarvi di una poveretta venuta l'altro giorno da noi...»

«È vero,» disse la signora Mugnos. «Voleva la signora marchesa. "Ma qui non c'è nessuna marchesa, figlia mia!" "Eccellenza sì, la marchesa di Roccaverdina!" "Non ancora, figlia mia." "Eccellenza sì, la marchesa di Roccaverdina; debbo gettarmele ai piedi, per questa creatura qui, per quest'orfanello... Il signor marchese ha fatto tanto! Gli dobbiamo la vita. Senza di lui, saremmo morti tutti di fame anche prima della disgrazia di mio marito..." E bisognò farla parlare,» la signora Mugnos sorrideva, «con la marchesa di Roccaverdina!»

«Per quel figliuolo di dieci anni,» riprese Zòsima.

«Che cosa voleva?... Chi era costei?»

«La povera vedova di Neli Casaccio.»

«Ma...» fece il marchese.

«E insisteva: "Per niente; pel solo pane e i vestiti; con quattro cenci lo ricopre.... O pure, se lo prenda *voscenza*, per ragazzo da mandare qua e là. È svelto di mente e lesto di gamba". Che potevo risponderle? Non ha voluto persuadersi che non sono marchesa di Roccaverdina!»

«E su questo punto ha fatto bene,» egli rispose. «In quanto al ragazzo, no, non è possibile che lo prendiamo in casa nostra. La sua presenza mi rammenterebbe continuamente troppe cose tristi; no, no!»

«Povera donna!» esclamò la baronessa.

«Zia mia, se si dovesse beneficare tutte le persone nel modo che esse richiedono!... Ognuno fa quel che può.»

«Osserva solamente,» riprese la baronessa, «che gli uomini di una volta erano più cortesi di quelli del giorno d'oggi. Alla prima preghiera di una signorina,» e calcò su le parole prima e signorina, «non avrebbero mai risposto con una negativa. Per lo meno, avrebbero promesso; e poi... Si sa, le circostanze...»

«Zòsima,» disse il marchese, «scommetto che voi preferite la mia... scortesia.»

«Sì,» ella rispose.

XIX

E una mattina, dietro i colli di Barrese, si erano affacciate le nuvole, lentamente, quasi non avessero viso di mostrarsi dopo di essersi fatte desiderare diciotto mesi, o quasi non riconoscessero più la strada da percorrere per andare verso Ràbbato.

Si erano affacciate lungo un gran tratto, addensandosi una dietro all'altra, spingendosi una su l'altra; poi, si erano fermate.

Dalle finestre, dai balconi che guardavano verso Barrese, uomini, donne, ragazzi protendevano le mani, invocandole, chiamandole come persone vive capaci di udire e d'intendere. E dalle casupole rasente il ciglione, dai vicoli, dalle vie la gente sbucava, affluiva nei punti da dove avrebbe potuto accertarsi coi propri occhi che la voce corsa rapidamente attorno: «Le nuvole! Le nuvole!» non fosse stato un perfido scherzo di qualche cattivo burlone.

La spianata del Castello formicolava di persone d'ogni classe accorse ad osservarle come spettacolo nuovo e inatteso. Sarebbero rimaste ferme là? Si sarebbero disperse? Che attendevano ormai per farsi avanti e dirompersi in pioggia?

Dense, nerastre, bianchicce agli orli, esse si distendevano, si avvolgevano, si allungavano, si confondevano insieme, formando un cupo velario sul fil dei colli di Barrese.

«Non si muovono; hanno paura di noi che stiamo a guardarle,» disse un vecchio contadino; e rise.

Ma nessuno rise con lui. Tutti erano intenti a seguire con occhi ansiosi le instabili forme che, lente lente, si andavano mutando, agglomerandosi qua, assottigliandosi là; e le labbra mormoravano preghiere, voti, esortazioni a le capricciose che non si decidevano a prendere il volo per venire a spargere il lor fecondo tesoro di pioggia su quelle terre laggiù, languenti di sete, invocanti dalle mille fenditure, simili a bocche riarse, il refrigerio di qualche stilla d'acqua e da lunghi mesi, incessantemente.

Poi, una delle nuvole più lievi si staccò, si avviò come nave di avanguardia, subito seguita da un'altra e da una terza; e le palpebre di quegli occhi che stavano a spiarne ogni movimento cominciarono a battere frequenti dalla profonda commozione; e quei cuori, tremanti per la dubbiosa aspettativa, palpitarono di gioia vedendole venire avanti, non più una dietro all'altra, ma insieme, silenziosamente, e invadere il cielo azzurro e oscurarlo, abbassandosi verso terra quasi appesantite dal carico che portavano in seno.

E, dietro i colli di Barrese, altre già ne spuntavano più cupe, più scure che salivano su spinte dal vento di levante messosi a spirare tutt'a un tratto, impregnato di umidore; e non appena queste si eran librate nell'aria uscite fuori dalla linea curva dei colli, altre si affacciavano, sormontavano lo spazio, incalzando le precedenti che affrettavano la corsa verso Ràbbato, coprendo con la loro ombra le campagne, le vallate illuminate dal sole, quasi ne divorassero lo splendore dorato di mano in mano che s'inoltravano verso le braccia tese incontro a loro, benedicenti quelle di esse già arrivate su Ràbbato e che passavano avanti frettolose.

E alle prime gocce di pioggia rare e stentate: «Viva! Viva la divina Provvidenza!». Non lo gridava soltanto quel centinaio di persone che parevano impazzite dalla gioia su la spianata del Castello, ma tutte le campane delle chiese squillanti a distesa, ma Ràbbato intera dai balconi, dalle finestre, dalle vie, dalle piazze dove la gente si era riversata per inebriarsi dello spettacolo della pioggia fina, fitta, e che ancora sembrava incredibile.

Nessuno pensava a scansarsi, tutti volevano sentirsela sbattere su le teste scoperte, su le facce sporte indietro, su le mani levate in alto con le palme riunite a mo' di coppa per raccogliere quella grazia di Dio, che irrompeva con impeto, rumoreggiando su le tegole, riversandosi dai canali, formando rigagnoli e gore dove si gonfiavano e scoppiavano mille bollicine, quasi l'acqua ribollisse.

E, sotto la pioggia, parecchi erano tornati prima di sera lassù, a osservare dalla spianata del Castello le campagne sottostanti che bevevano, bevevano, bevevano e non riuscivano a saziarsi. Le viottole però, i sentieri, le carraie luccicavano, segnando una gran rete argentata su i terreni scuriti; e luccicava il fiume ingrossato, che serpeggiava lambendo il pie' delle colline; e luccicavano i rigagnoli rovesciantisi su la pianura dai dossi rocciosi delle colline che non sapevano che farsi dell'acqua e la rimandavano a chi più ne aveva bisogno.

E la pioggia continuava, fitta, uguale, senza tregua, stendendo un immenso velo che nascondeva le linee, i contorni, i colori, sfumando le masse delle colline e delle montagne, facendo quasi scomparire l'Etna, da farlo supporre una nuvola scioglientesi in pioggia anch'essa, laggiù, lontano.

Il cavaliere Pergola, riparato dall'ombrello, cercava con gli occhi i suoi piccoli fondi che si distinguevano appena, uno a diritta, uno a sinistra, un terzo più giù: e guardava anche verso Margitello, dove l'edificio della *Società Agricola* biancheggiava tra il bruno dei terreni inzuppati di acqua, e con le buche nere delle finestre senza imposte e con le mura senza tetto sembrava lo scheletro di un grande animale buttato a marcire colà.

«Anche voi qui, compare Santi? Ora non avete più niente da venire a vedere da questo lato.»

«Vengo a guardare quel che non ho più, dice bene *voscenza*. La roba mia se la gode il marchese di Roccaverdina!»

«Ve l'ha pagata.»

«Chi lo nega? Ma se l'è presa quasi di prepotenza; ed io ho dovuto appollaiarmi su le rampe delle Pietrenere, che sono rampe maledette!»

«Con questa pioggia però...»

«Là, a Margitello, era la pupilla dei miei occhi! Lo sa *voscenza* com'è stato? Volevano impigliarmi nel processo... perché era corsa qualche parola di rabbia tra Rocco *del marchese* e me, pel limite di ponente. Rocco (il Signore gliel'avrà perdonato) faceva gli interessi del padrone a diritto e a torto; a torto per quel che mi riguardava.»

«Ne parlate ancora?»

«Ne riparlerò sempre, finché avrò fiato!»

«Vedrete; con questa pioggia anche le rampe delle Pietrenere produrranno. Non le avete scelte male quelle rampe; vi lagnate d'una gamba sana, per non perdere il mal vezzo.»

«Eh, già! Noi poveretti abbiamo sempre torto!»

«Tempo chiuso, cavaliere! Ogni goccia è un pezzo di oro che casca dal cielo!»

«Proprio così, don Stefano!»

«Sant'Isidoro finalmente ci ha fatto la grazia!»

«Voi, don Giuseppe, s'intende, tirate l'acqua al vostro mulino; non siete sagrestano per nulla!»

Si aggruppavano imperterriti, senza curarsi che gli ombrelli li riparassero male; e, per uno che andava via, due, tre ne sopraggiungevano, quasi non potessero contentarsi di sentir scrosciare i canali e veder gonfiare i rigagnoli per le vie; volevano godersi la vista delle campagne che bevevano, bevevano, bevevano e non arrivavano a saziarsi! Ah, quella pioggia avrebbe dovuto durante una settimana, senza smettere un solo momento! Ci volevano pei terreni almeno tre palmi di *tempera*!

Da una finestra di Margitello l'ingegnere additava al

marchese la gente che stava a guardare su la spianata del Castello. Non ostante il velo steso dalla pioggia, si distinguevano le macchiette nere che apparivano, cangiavano posto, si diradavano, tornavano a radunarsi.

Era giunto fin laggiù lo scampanio di tutte le chiese alle prime goccie di pioggia. E colà, contadini e lavoranti si erano abbandonati a una frenesia di grida, di salti di gioia nel cortile, mentre i ragazzi si divertivano a pestare coi piedi nelle pozze e a sbruffarsi in faccia, l'uno a l'altro, l'acqua raccolta nelle palme.

Ora, affacciati alle porte delle stanze a pianterreno, si davano spintoni per buttarsi fuori a vicenda e prendere un'insaccata di quella che veniva giù fitta quasi la rovesciassero con gli orci.

«Ehi, ragazzi!... Finitela!» gridò il marchese sporgendosi dal davanzale.

Eppure tutta quell'allegria avrebbe dovuto fargli piacere!

La pioggia tanto desiderata e tanto invocata, gli aveva messo addosso, al contrario, un senso di tristezza; gli scherzi dei ragazzi lo irritavano.

Aveva ripetuto anche ultimamente a Zòsima: «Non piove! Vedete? Non piove,» e la risposta di lei: «Non c'è fretta!» gli aveva fatto una cattiva impressione, che però si era subito dileguata appena ella aveva soggiunto: «Margitello non vi lascia pensare ad altro!». Ed ora che la pioggia era venuta, e che pioggia! ora che il solo lieve ostacolo frapposto fra loro due era già rimosso, egli non solamente non ne sentiva gioia, ma stava là, davanti a quella finestra, con gli occhi fissi su gli eucaliti grondanti acqua dai rami curvi e dalle lunghe vecchie foglie lavate dello strato di polvere che le aveva fatte ingiallire e inaridire; stava là, con gli occhi fissi, quasi il sogno che avrebbe dovuto presto avverarsi si allontanasse rapidamente, ed egli non potesse far nulla per arrestarlo o richiamarlo.

E quel senso di tristezza che gl'invadeva il cuore era

tanto più penoso e vivo, quanto meno egli scorgesse occasioni e circostanze da doverlo indurre a pensare così.

La casa, rinnovata, era pronta; il voto di Zòsima esaudito. Che altro gli occorreva di fare, all'infuori di andare a prendere lei per mano, condurla davanti al sindaco e poi davanti al parroco; in riprova del proverbio citato spesso dalla zia baronessa: Matrimoni e vescovati dal cielo son destinati? In quel momento però gli sembrava che la riprova, sì, sarebbe avvenuta, ma nel modo opposto a quel che egli credeva e si aspettavano tutti.

E, appunto, quasi gli avesse letto nel pensiero, l'ingegnere gli diceva:

«La signorina Mugnos dev'essere lietissima oggi. Per dire la verità, essa si merita la fortuna di diventare marchesa di Roccaverdina; ma credo che se qualcuno, mesi addietro, glielo avesse predetto, la signorina si sarebbe fatto il segno della santa croce, come suol dirsi, quasi per scacciare una tentazione.»

«Forse... anch'io!» disse il marchese.

«Il mondo va così, per salti. Non c'è mai niente di sicuro per nessuno. Agrippina Solmo... per esempio... chi sa che cosa si era immaginato di dover raggiungere!... Ed è finita, prima in un modo, poi moglie di un pecoraio di Modica, che forse le farà desiderare fin il pane...»

«No; anzi la tratta come una signora.»

«Gliel'ha fatto scrivere lei? Brava ragazza!» continuò l'ingegnere. «Non è facile trovarne, nella sua condizione, una uguale. Qualunque altra, padrona, com'era qui lei, di ogni cosa, avrebbe pensato ai casi suoi, si sarebbe fatto il gruzzoletto. Essa, niente! Ammirevole anche per la modestia. Avea voluto rimanere quella che era, fin nell'apparenza. Non smise mai la mantellina, e avrebbe potuto portare, meglio di tant'altre, lo scialle che ora portano tutte le popolane, anche se più miserabili. E poi, bocca serrata!... Anche dopo, anche quando non poteva più lusingarsi con nessuna speranza, mai, mai una parola di dispetto o di sdegno. Dinanzi a lei, il marchese di Roccaverdina era Dio! E se qualcuno, per commiserarla o per stuzzicarla e provocarla, le diceva: "Il marchese avrebbe dovuto comportarsi meglio con voi!... E qua!... E là!" sa come sono certe persone! essa non lo lasciava finir di parlare: "Il marchese ha fatto bene! Ha fatto più di quel che doveva! Dio solo glielo può rendere!". Me l'ha raccontato mia moglie, che l'ha sentito proprio con i suoi orecchi, senza esser vista... Insomma, lei, marchese, è fortunato con le donne... L'una meglio dell'altra!... Se lo faccia dire dal notaio Mazza che cosa significhi incappar male!»

Il marchese avrebbe voluto interromperlo subito, appena pronunciato il nome di Agrippina Solmo; ma, nella gran tristezza che gl'infondeva la pioggia, quello spiraglio sul passato aperto dalle parole dell'ingegnere, quell'evocazione inaspettata lo avevano un po' commosso, spingendolo a ricordare tante e tant'altre cose con lieve senso di rimpianto. Perché, infine, la colpa era stata tutta sua. Per vanità di casta, per premunirsi contro se stesso, egli aveva dato marito alla Solmo, con quel tirannico patto, senza punto riflettere alle sue possibili conseguenze.

L'ingegnere, vedendo che il marchese taceva, e supponendo che gli accenni al passato gli fossero dispiaciuti, tratto di tasca un sigaro e accesolo, si era messo a fumare e a passeggiare per la stanza, stirandosi le fedine.

Il marchese intanto, tenendo ancora fissi gli occhi su gli eucalitti grondanti d'acqua, rincorreva col pensiero una figura bianca, con le trecce nere sotto la mantellina di panno blu cupo; e rincorrendola per luoghi da lui visti anni addietro, tra casupole arrampicate a la roccia quasi ad accovacciarsi al riparo dal vento, sentiva un sordo impeto di gelosia diversa assai di quella sentita una volta... Poteva forse dubitare ora? Poteva forse indignarsi?... Non era egli stato contento che colei fosse andata ad abitare in quella lontana città mezza rannicchiata nell'insenatura di una roccia, in una di quelle casupole arrampicate su pei fianchi di essa quasi per accovacciarvisi al riparo dal vento?

E si voltò bruscamente verso l'ingegnere, che passeggiava su e giù col sigaro in bocca stirandosi le fedine, in atto di dirgli: «Ma perché mi avete rimestato nel petto queste ceneri ancora calde?». Come se la tristezza che lo aveva invaso gliel'avesse soffiata addosso colui, come se gli avesse messo lui sotto gli occhi la visione di Zòsima malinconicamente rassegnata e che diceva con voce dolente: «Non c'è fretta. Margitello non vi lascia pensare ad altro!».

Ed era vero!

XX

Nelle ore, nei giorni in cui l'affaccendamento per la fabbrica e le cure della campagna non lo assorbivano interamente – era bisognato provvedere alla rinnovazione del-
l'armento più che decimato dal tifo bovino, al dissoda-
mento dei terreni, ad acquistare il grano della sementa
per rifarsi dei danni delle due terribili mal'annate – egli
provava la strana sensazione di camminare su un terreno
poco solido, che avrebbe potuto da un momento all'altro
sprofondarglisi sotto i piedi.

In quelle ore, in quei giorni, ogni sua sicurezza di coscienza svaniva, quasi si fosse potuto trovare daccapo col
processo riaperto, con la imminente minaccia che qualche indizio sfuggito alle prime indagini del giudice istruttore dovesse rimetterlo su le peste di lui; quasi le parole
rivelatrici, nella confessione, avessero potuto imprimersi
con misterioso processo su le pareti imbiancate a calce
della cameretta di don Silvio e apparire, tutt'a un tratto,
come le bibliche parole di fuoco nel convito di Balthas-
sar, per perderlo irremissibilmente; quasi le *magherie* di
don Aquilante, andate a vuoto l'altra volta, potessero,
per ignote condizioni, da un momento all'altro riuscire;
quasi tutte le cose apprese nei libri datigli a leggere dal
cugino Pergola fossero dottrine inconsistenti, fallaci, ed
egli si fosse vanamente rassicurato intorno a questa e al-
l'altra vita!

Una mattina aveva dovuto scendere, con Titta e un falegname, nei mezzanini per vedere se certe vecchie tavole ammonticchiate nella prima stanza fossero ancora adoperabili.

Vi era sceso calmo, senza nessun timore che il ricordo del Crocifisso regalato alla chiesa del convento di Sant'Antonio potesse turbarlo.

Ed era risalito su più sconvolto che se gli fosse accaduto di ritrovare di nuovo al suo posto la sanguinante figura inchiodata su la gran croce nera e avvolta nel lenzuolo sbrandellato.

Su la parete ingiallita dal tempo, lo spazio coperto dalla croce e dal Cristo avvolto nel lenzuolo aveva conservato intatto il colore primitivo, e la impronta dei tre bracci della croce e del corpo del Cristo era rimasta così netta, così precisa, da sembrare segnata a contorni sul giallo della parete da l'abile mano di un pittore che non aveva potuto svilupparla e dipingerla.

Il marchese si era poi dato piena spiegazione del fatto; ma l'impressione improvvisa era stata così forte che egli aveva potuto vincerla a stento durante la giornata.

Un altro giorno, entrato nella cameretta dove si era rinchiuso per tirarsi una revolverata alla tempia, gli era tornata in mente la scena avvenuta là fuori tra lui e la Solmo corsa a cercarlo colà. E gli era parso di rivedersela davanti, con quegli occhi accesi che lo scrutavano, mentr'ella gli diceva: «Non sono più niente per *voscenza*! Mi scaccia come una cagna arrabbiata. Che ho fatto? Che ho fatto?». Se non che ora gli sembrava di non aver notato allora la terribile espressione di quegli occhi che forse volevano dirgli: «Io so! Ma taccio! E *voscenza* lascia credere che ho fatto ammazzare io Rocco Criscione?... Io so! Ma taccio!».

Sospetto che non gli era passato mai per la testa. Perché gli spuntava in mente ora?

Le brevi lettere che di tanto in tanto ella gli faceva scrivere quasi per rammentargli che era viva, non significavano forse: «Io so! Ho taciuto finora; ma potrei parlare.

Non mi disse, ricorda *voscenza*? meglio per te e per me se lo avessi fatto ammazzare tu? Che intendeva?». Gli era parso di sentirla parlare così.

Anche quel giorno avea dovuto stentare per vincere l'ossessione dell'orribile sospetto. E per ciò e per altro ancora egli aveva talvolta la turbatrice sensazione di camminare su un terreno poco solido che avrebbe potuto, da un momento all'altro, sprofondarglisi sotto i piedi.

Si aggrappava a tutto per sostenersi; e, appena sentitosi di nuovo rassicurato, sorrideva di quei terrori, se la prendeva coi suoi nervi.

Che il marchese avesse i nervi irritati lo vedevano tutti. Guai a fare una piccola cosa che non gli andasse a verso! Lo sapevano, pur troppo! mamma Grazia, Titta, il massaio e i garzoni, l'ingegnere, i muratori e i falegnami che lavoravano a Margitello, e quei poveri contadini mal pratici nell'adoprare gli aratri di nuovo modello, non ostante le lezioni e i consigli da lui prodigati.

Erano due settimane che egli non tornava a Ràbbato, anche per evitare l'impaccio di una visita alla zia baronessa e di un abboccamento con Zòsima. Non poteva più dirle: «Non piove!». Acqua n'era cascata tanta, per due giorni e due notti di seguito! E le terre già *schiumavano*, inverdivano, frettolose di far germogliare i semi delle erbe d'ogni sorta rimasti addormentati e inoperosi tra le zolle indurite.

Ma come pensare al matrimonio con quella fabbrica dello Stabilimento a cui egli doveva badare da mattina a sera, perché si fosse potuto trovare pronto prima che arrivassero le macchine e i coppi e le botti da collocare a posto?

Come pensare al matrimonio con tante faccende campestri per le quali era costretto a scarrozzarsi da Margitello a Casalicchio, da Casalicchio a Poggiogrande, volendo osservare ogni cosa lui, sorvegliare tutto lui! Poteva fidarsi di quei stupidi contadini che non capivano nulla o fingevano di non capire ed eseguivano gli ordini a rovescio per farlo disperare e sgolare?

Quando però, dopo la colazione con l'ingegnere o con qualcuno dei soci, andato a Margitello a osservare lo stato dei lavori, si affacciava alla finestra e vedeva là, a un centinaio di passi di distanza, le mura già coperte dal tetto, le finestre con le solide inferriate e le imposte, e il via vai dei muratori che lavoravano nell'interno, e udiva il rumore delle seghe, delle pialle, dei martelli dei falegnami che allestivano le porte, egli si sentiva gonfiare il petto di orgogliosa soddisfazione.

«Ve lo sareste immaginato mesi fa?»

«Portenti vostri, marchese!»

Quei soci erano un po' imbalorditi pensando anche ai gran quattrini già spesi. Li aveva anticipati il marchese, è vero, ma alla fine essi dovevano venir fuori dalle loro vigne, dai loro oliveti, quantunque a poco a poco; intanto avrebbero assorbito altro che i primi guadagni! E questi erano poi certi, sicuri?

«Ci siamo imbarcati in una grossa impresa!»

«Chi non risica non rosica. Ecco come siete!»

S'indispettiva di vederli dubitare davanti a quel fabbricato sorto da sottoterra per incanto e che, tra non molto, sarebbe avviato dall'attività delle macchine e colmato, negli spazi ora vuoti, dai coppi e dalle botti contenenti tesori!

E per rincorare gli spericolati, li conduceva là dentro, tra l'ingombro dei materiali, facendoli montare su le impalcature non disfatte, saltare qua e là a traverso sbarre di ferro, legname, arnesi da muratori; fermandoli a ogni quattro passi per ridare spiegazioni cento volte date, per eccitare le loro immaginazioni perché vedessero le cose come apparivano agli occhi di lui, in pieno assetto, coi torchi spiccanti le ulive infrante e colanti olio a rivoli; coi mosti che fermentavano nei tini e davano alla testa. Per poco egli non spillava limpidi vini dalle botti e non glieli porgeva nei bicchieri ad assaggiarli!

«Ma dunque, nepote mio?»

Finalmente avea dovuto andare dalla zia, preparato ai rimproveri che ella gli avrebbe fatto.

«Cara zia!... Appena mi sarò sbarazzato di questi impicci. Faremo presto, in poche settimane.»

«Tutto alla buona, modestamente, senza lusso, desidera Zòsima.»

«Questo non deve dirlo lei. Il marchese di Roccaverdina non può sposare come un *galantomuccio* qualunque.»

«Lo credo anch'io. Ma quella povera figliola non rinviene ancora dallo stupore di veder avverare il suo sogno. Ha paura di rallegrarsi troppo presto della sua buona sorte. E io debbo trovare ogni volta un nuovo sotterfugio per far accettare a lei e alla sua mamma quel po' con cui tu ed io vogliamo farle accorgere della loro mutata fortuna. "Abbiamo quel che c'è sufficiente. Ormai, ci siamo abituate!..." Quel suo famoso "ormai!". Mi fa pena intanto l'altra ragazza. Si farà monaca, dice.»

«Ora che stanno per abolire i monasteri?»

«Dio non lo permetterà!»

«Penseremo anche a lei. Ci penserà Zòsima. La marchesa di Roccaverdina riceverà una dote, e potrà disporre di qualunque somma, a suo piacere.»

«La conosci poco. Le parrebbe di abusare del suo stato. Ha tutte le delicatezze quella figliuola. Giorni fa, mi diceva: "Deve trovarsi male con mamma Grazia. È persona fidata, affezionata, proprio una mamma. Una casa come quella però ha bisogno di una donna che sappia...".»

«Infatti ha ragione. Da qualche tempo in qua, mamma Grazia va giù, va giù; è mezza istupidita. Ma posso mandarla via? Chiuderà gli occhi in casa Roccaverdina, poveretta!»

«Mi diceva anche... Debbo riferirtelo, perché tu la disinganni; il tuo modo di comportarti non è tale, in verità, da tranquillarla. Mi diceva anche: "Se lo fa unicamente per contentare sua zia (giacché io so quanto interesse ha preso lei perché questo matrimonio avvenga), se il suo cuore non sente per me quel che il mio sente per lui", e le tremava la voce, "lasciamo andare! Non vorrei che egli si sacrificasse. Ormai!". Sempre quell'"ormai!". La ho sgridata; ho risposto per te.»

«Avete fatto bene, zia.»

«Sarebbe assai meglio che cercassi di convincerla altrimenti tu stesso. Non pretendo che, alla tua età, tu ti metta a fare lo spasimante. Ma c'è modo e modo, nepote mio. "È un po' orso" le ho detto. Lo addomesticherai tu, lo renderai un altro in poco tempo.»

Il marchese non sapeva che rispondere. Sentiva di trovarsi dalla parte del torto. Il suo cuore non era preso, e quando egli pensava a Zòsima gli si agitava poco o niente. Provava un piacevole sentimento, una dolce soddisfazione; non altro. I suoi sensi non vibravano, come gli accadeva se una folata di ricordi, investendolo improvvisamente, gli avvampava il sangue e lo lasciava turbato e sconvolto, con un indefinito senso, che egli non distingueva bene se di rancore o di rimpianto.

Appena la vide entrare però, assieme con la sorella e con la mamma, le andò incontro e le strinse fortemente la mano che ella gli porgeva commossa.

«La campagna dev'essere un paradiso,» disse la signora Mugnos.

«Germoglia a vista d'occhio; sembra che scoppi!» rispose il marchese.

«Era tempo!» esclamò la baronessa.

Cristina non diceva niente. Si era seduta vicino ai seggioloni dove i due superstiti canini della baronessa stavano accovacciati coi musi appoggiati sul piano imbottito e con gli occhi socchiusi, e ne accarezzava con una mano le teste che mostravano di gradire assai la carezza, tremando leggermente ed abbassandosi sotto la mano.

Intanto il marchese, tratta un po' in disparte Zòsima, le diceva quasi sottovoce:

«Voglio giustificarmi.»

«Di che cosa?»

«Di quel che voi sospettate.»

«Non sospetto niente; temo. È naturale.»

«Non dovete temere nulla.»

Guardandola e sentendola parlare, egli riconosceva più chiaramente il suo torto; e le parole di una volta: «Questa è la donna che ci vuole per me!» gli ronzavano nel cervello come un rimprovero.

«Un po' di pazienza,» riprese. «Qualche altro mese ancora. Voglio liberarmi dall'ingombro di parecchi affari. In certi giorni, ho una specie di stordimento, tante sono le cose a cui mi tocca di badare. Dovrebbe farvi piacere questa febbre di attività, dopo il mio balordo isolamento.»

«Non me ne sono mai lagnata.»

«Lo credo; siete immensamente buona. Voglio farvi ridere. Ho pensato di dare il vostro nome alla botte grande dello Stabilimento; porterà fortuna all'impresa.»

«Grazie!» disse Zòsima sorridendo.

«È una sciocca idea, forse...»

«Niente è sciocco se fatto seriamente.»

Lieto della risposta, egli tacque un istante; poi riprese:

«È vero che vostra sorella pensi di farsi monaca?...»

«Non lo so; può darsi.»

«Dissuadetela.»

«Assumerei una grande responsabilità.»

«Non vi ho mai palesato una mia idea. Non voglio separarvi dalla mamma e dalla sorella. La mia casa è abbastanza vasta da poter accogliere anche loro.»

«Ve ne sono gratissima da parte mia. La mamma però ha una particolar maniera di vedere le cose.»

«La sua delicatezza non potrà offendersi dell'invito ad abitare in casa di sua figlia.»

«La nostra condizione c'impone molti riguardi di dignità. Quante volte non ho io pensato: "Che diranno di me?". È vero che non bisogna occuparsi della malignità della gente. Basta la propria coscienza.»

«Io non mi sono mai occupato dell'opinione degli altri. Non mi chiamo Antonio Schiraldi marchese di Roccaverdina per nulla!»

«A voi sarà lecito; ma una famiglia come la nostra...»

«I Mugnos non sono da meno dei Roccaverdina.»

«Erano!»

«Il sangue non muta; il nome è qualche cosa.»

«C'è un orgoglio che non può essere scompagnato dai mezzi di farlo valere. Io la penso come la mamma. E per ciò ho detto alla baronessa quel che deve avervi riferito, se ho ben compreso il significato delle vostre prime parole. Siate sincero, per vostro bene e mio! Tutto è rimediabile ora.»

«Quando il marchese di Roccaverdina ha impegnato la sua parola...»

«Potete esservi ingannato. Qui non si tratta della vanità di mantenere o no la propria parola. Io vorrei detto da voi...»

Ella parlava con gentile timidità, quantunque non timide fossero le parole. La voce era alquanto affiochita dalla commozione, e anche dalla circostanza di dover ragionare alla presenza della baronessa, della mamma e della sorella.

Il marchese, ammirando l'assennatezza delle parole di Zòsima, cominciava a scoprire che sotto quel contegno nobile e riserbato covava un fuoco intenso, a cui soltanto la fortezza della volontà di lei non permetteva di divampare.

Ebbe uno slancio; e prendendole le mani con rapido gesto, senza ch'ella avesse tempo d'impedire quell'atto, disse:

«Non ho altro da dirvi, Zòsima, che sono dispiacentissimo di avervi dato occasione di dovermi parlare così!»

Una leggera pressione delle belle mani di lei fu la risposta.

Zòsima abbassò gli occhi, col volto colorito da una sfumatura di roseo.

XXI

Ma non si decideva.

Sentiva qualche cosa dentro di sé, che sopravveniva sempre ad arrestarlo nei momenti in cui egli avrebbe voluto prendere finalmente una risoluzione; qualche cosa che somigliava a una superstiziosa paura, a una vaga apprensione di pericoli appiattati nell'ombra e pronti a slanciarsi sopra di lui appena si fosse deliberato ad attuare quel progetto iniziatore della nuova fase della sua vita.

E cavava fuori oggi un pretesto, domani un altro, con una specie di inconsapevolezza feconda che gli dava un senso di soddisfazione e di sollievo, quasi la scusa, il pretesto non fossero stati cercati, ma offertisi spontaneamente col naturale andamento delle cose.

Per questo il cugino Pergola, il dottor Meccio e gli altri erano riusciti a far breccia nell'animo di lui, a vincerne la repugnanza di prender parte alle lotte municipali, quantunque, secondo la sua espressione, non si arrivasse per mezzo di esse a cavare un ragno da un buco.

Scadeva di carica il Sindaco. Menato pel naso da due o tre consiglieri furbi e prepotenti che non avevano voluto essere della Giunta per levare le castagne dal fuoco con la zampa altrui, egli non osava di muovere un dito senza aver preso prima l'imbeccata da loro. Appunto i nomi di essi erano stati sorteggiati per la rinnovazione del quinto dei consiglieri. Bisognava impedire che venissero rieletti, o almeno far entrare nel Consiglio, invece di qualcuno di loro, il marchese che sarebbe poi stato il personaggio più importante tra quei pecoroni, capaci soltanto di dire sì o no come veniva loro imposto.

Nome, censo, onestà, che altro poteva chieder di meglio il governo per nominare sindaco il marchese? E la cuccagna di quei signori sarebbe finita di botto.

«Il marchese di Roccaverdina,» esclamava il dottor Meccio, «non è un burattino da muoversi secondo che quei signori tireranno i fili da dietro la scena.»

«Avrete un plebiscito, cugino!» soggiungeva il cavalier Pergola.

E a quattr'occhi, quando il dottor Meccio non era più là, con le sue fisime clericali, a trattenerlo di parlare, si sfogava:

«Siamo in mano di una serqua di sagrestani! Bisogna spazzarli via. Sagrestani e borbonici! Attendono da un momento all'altro il ritorno di *Franceschiello*...»

In fondo in fondo il marchese era un po' borbonico anche lui.

L'Italia una, sì, gli sarebbe parsa forse una bella cosa, se non avesse portato con sé tante tasse che non lasciavano rifiatare; ma a lui, che di politica non si era mai occupato, poco importava che il re si chiamasse Franceschiello o Vittorio Emanuele. La libertà egli la capiva fino a un certo punto. Chi gli aveva dato noie in passato? Aveva sempre fatto quel che gli era parso e piaciuto in casa sua; non cercava altro.

Suo nonno e suo padre si erano procurati parecchi fastidi per essersi mescolati in certi affari; il nonno specialmente, *carbonaro* arrabbiato nel venti! Che n'avea ottenuto? Aveva dovuto acquattarsi per vivere in pace. E suo padre nel quarantotto? Capitano della guardia nazionale, per poco Satriano non lo aveva fatto fucilare. Ecco i bei guadagni dell'occuparsi di politica! Almeno con Ferdinando II e Franceschiello, si stava tranquilli. Niente lotte municipali. I Decurioni, come allora si chiamavano i consiglieri, li eleggeva il Sottintendente e nessuno osava di rifiutare.

Il cugino Pergola si arrabbiava sentendogli ripetere queste cose:

«E la dignità umana la contate per nulla? Ora ci amministriamo da noi con deputati e consiglieri eletti da noi. Se scegliamo male, la colpa è nostra...»

«Precisamente; ed è impossibile scegliere bene. Le persone oneste non sono sfacciate, non amano di mettersi avanti, come coloro che niente hanno da perdere e tutto da guadagnare.»

«Le persone oneste hanno torto. Lasciarsi sopraffare è da minchioni.»

«Certe volte i minchioni la indovinano, cugino!»

Intanto si lasciava travolgere dalle incitazioni e dall'esempio. Il cugino e gli altri digrossavano gli elettori, lasciando al marchese la cura di fare soltanto l'operazione dell'ultima mano, con un saluto, con un sorriso, con un bel grazie, con un'accorta promessa che diceva e non diceva per non trovarsi poi troppo impegnato.

Così nelle prime settimane il marchese si era tenuto un po' in disparte. A poco a poco però, il fervore della lotta aveva eccitato anche lui, spingendolo fino ad andare personalmente in casa di alcuni elettori influenti.

«Oh, signor marchese! Troppo onore!... Si figuri! Il suo nome...»

«Non è il mio solamente. Capite; sarei una noce nel sacco. Bisogna votare la lista intera.»

«Ha ragione; ma... come si fa?»

«Transigiamo. Due, tre nomi: questi.»

«Si può dire di no al marchese di Roccaverdina?»

Gli altri, contadini, operai, qualche *galantuomo* di quelli col *don* ma scarsi di quattrini, li mandava a chiamare con diverse scuse, o semplicemente con un: «Il marchese vuol dirvi una parola».

«Come *voscenza* comanda.»

«Segnata, badate!»

«A mio compare, eccellenza, non posso fare un torto; ho promesso.»

«Vada per vostro compare.»

Qualcuno si grattava la testa, impacciato.

«Che c'è?... Ti pagano?»

«Che vuole, *voscenza*! Ho moglie e figli... Le male annate... Con lo stomaco non si scherza!»

«Ti do il doppio; ma, il giorno avanti, in casa mia, per evitare le tentazioni; non sarai solo.»

E se incontrava qualche resistenza, il *maluomo* veniva fuori in lui. Si trovava nel ballo, e doveva ballare, in tutti i modi, con tutti i mezzi, e non rifuggiva dalle minacce:

«Me la legherò al dito! Arriva un momento che in questo mondo si ha bisogno di qualcuno. Non vi lagnate se allora...»

Addestratosi subito nelle manovre elettorali, già prendeva gusto alla lotta e vi si accaniva come non aveva mai immaginato che potesse accadergli. Era proprio vero che certe cose bisognava provarle per darne equo giudizio.

Pensava egli forse agli interessi del Comune, alle piaghe da guarire, alle quistioni da risolvere, al bene da fare? No. Lo attraeva unicamente la lotta; e questa non tanto per la smania di vincere a ogni costo le forze avversarie, quanto per quell'affaccendamento con questo e con quello che lo distoglieva dal riflettere ad altro, che gli porgeva occasione di mostrarsene occupato e preoccupato assai più che non fosse in realtà.

Giacché, di tratto in tratto, una parola, un accenno, un avvenimento, qualche cosa che insorgeva dentro di lui ciò non ostante, bastava a fargli scorgere la inanità di tutti quei suoi sforzi. Tra poco bisognava ricominciare a combattere l'aspra intima lotta che non voleva lasciarlo tranquillo, quasi niente avesse egli fatto sin allora per soffocarla, per nientarla!

Giusto in quei giorni gli si era presentata la vedova di Neli Casaccio coi suoi quattro bambini.

«*Voscenza*, ch'è stata la nostra divina Provvidenza!...

Ha fatto cento, faccia, per carità, cento e uno! Prenda al suo servizio il grandicello. Io m'ingegnerò di sfamare gli altri, finché avrò braccia e salute. Lo mandi in campagna col bovaro. Non chiedo salario. È buono anche per mandarlo qua e là, dove occorre. Ora che *voscenza* prende moglie... Ho pregato anche la signora marchesa. Mi avevano consigliato: "Andate da lei!". Che ne so io come vanno queste cose? E la buona signora mi ha risposto...»

«Niente! È impossibile! Ho fatto quel che ho potuto!»

Aveva rabbia di tremare, come dinanzi a un giudice, davanti a quella povera donna coperta di miserabili stracci neri, sfiorita pel dolore e per la miseria, mal lavata e mal pettinata, e che conservava un lampo della vantata bellezza soltanto negli occhi grandi e neri, gonfi di lagrime.

«È vero! Glielo renderà in paradiso la Bella Madre Santissima! Io non ho parole per ringraziare *voscenza*! E il Signore deve darle, in compenso, cento anni di salute e di prosperità! Come dovrà dare fuoco in questa e nell'altra vita alle male persone che hanno fatto morire in carcere l'innocente mio marito!... Era innocente, eccellenza! Innocente come Gesù Cristo messo in croce!»

«Non l'ho condannato io,» biascicò il marchese.

«Che c'entra *voscenza*? Dicevo: le male persone.»

Ogni parola di lei gli aveva trapassato il cuore come una punta di stile.

Fortunatamente era sopravvenuto il cavalier Pergola, affannato, sudato, con gli occhi scintillanti per le buone notizie che recava.

La povera donna si rivolse anche a lui:

«Ah, signor cavaliere! Metta una buona parola, *voscenza*!»

«Sì, sì; intanto andatevene. Se credete che il marchese non abbia altro da fare!»

E la nottata precedente alla domenica in cui doveva avvenire la votazione, il marchese era andato attorno, accompagnato dal cugino e da parecchie persone fidate, a bussare alle porte degli elettori che dormivano tranquilli, per incoraggiare gli esitanti, per tentare gli ultimi assalti su coloro che resistevano, per condurre, come prigionieri, in casa sua quelli di dubbia fedeltà, o che non avrebbero saputo resistere alle pressioni degli avversari. E per le vie, pei vicoli, le squadre dei due partiti s'incontravano guardandosi in cagnesco, scambiandosi motti ironici, prendendo allegramente la cosa, secondo gli umori delle persone.

Il marchese non si era mai sognato di dover arrivare fino a questo punto. In certi momenti, sentiva nausea, stanchezza di quei piccoli intrighi. Intanto, si trovava nel ballo; doveva ballare! Un bel giorno, quando si sarebbe seccato, avrebbe mandato tutti – Municipio, Consiglio, elettori – tutti a farsi benedire! Non voleva ridursi il servitore di nessuno.

Era tornato a casa all'alba, e si era messo a letto, che non ne poteva più. Di là, intanto, nella sala da pranzo, quei mascalzoni vuotavano bottiglie di vino dietro bottiglie e mangiavano a due ganasce uova sode, formaggio, salame, ulive nere salate, noci, fichi secchi, con montagne di pani freschi che sparivano su la tavola quasi fossero pilloline; mangiavano e bevevano, in attesa di essere condotti nella chiesetta di San Luigi, dove la votazione aveva luogo per mancanza di locali più adatti.

Venivano a prenderli a due, a tre, a quattro per volta, secondo la prima lettera dei nomi; e il cavalier Pergola e il dottor Meccio facevano da carabinieri, non lasciandoli avvicinare da nessuno per timore che non accadesse qualche rapido scambio di scheda, scortandoli fino al tavolino del seggio tra le risate, le parole sarcastiche, le velate minacce degli avversarii, che però non protestavano, facendo la stessa cosa per conto loro.

Poi il marchese avea dovuto uscire di casa in fretta per andare a deporre la sua scheda, al secondo appello; ed era passato in mezzo a due ale di elettori, quasi vergognoso di quel suo primo atto di vita pubblica che lo espo-

neva alla vista di tanta gente non meno di lui maravigliata di vederlo apparire colà.

E la sera, fino a tardi, la sua casa era stata invasa da
persone di ogni sorta, venute a rallegrarsi della vittoria.
Raccontavano episodi, magnificavano i loro sforzi, e gli
si affollavano attorno per rammentargli tacitamente:
«Dovrà ricordarsi di noi quando occorrerà!». «Non abbiamo lavorato pei suoi begli occhi!» « Non ci siamo
messi allo sbaraglio unicamente per farle piacere!»

«Così è il mondo!» pensava il marchese. «Tutto apparenza. Mi credono onesto, irreprensibile perché ignora-
no. Così è il mondo! Forse parecchi di questi qui hanno
fatto peggio di me, e, ignorando, anche io li stimo e li rispetto. Forse, non hanno avuto coraggio, ardire, astuzia,
onesti loro malgrado; forse, loro è mancata l'occasione,
onesti per caso!»

Sentiva rinascere proprio in quei momenti la solita superstiziosa paura, la solita apprensione di pericoli appiattati nell'ombra. Gli pareva che il contatto con tanta gente
lo costringesse a vivere in un'atmosfera insidiosa, dove
non poteva respirare liberamente. Non vedeva l'ora di
sottrarsi ai loro sguardi, di tornare a Margitello. Colà i
lavori erano stati sospesi; voleva sorvegliarli lui, non si fi-
dando molto dell'ingegnere. Stavano per arrivare i pigiatoi, i frantoi, le botti, i bottaccini, i coppi; e i locali erano
ancora ingombri di materiali, e certe opere di muratura
appena iniziate!

Inoltre, aveva fretta di assestare la sua casa, la sua vita;
di riprendere un po' la vecchia abitudine d'isolamento; di
riposarsi dopo tante agitazioni che, infine, non erano ser-
vite a difenderlo, come aveva creduto, dagli intimi turbamenti dai quali era reso scioccamente irrequieto.

La baronessa di Lagomorto non aveva visto di buon
occhio l'intromissione del marchese negli affari municipali.

«Che t'immagini? Si servono di te pei loro fini. Ti hanno mai ricercato prima?»

«Ho sempre rifiutato.»

«Avresti fatto meglio a lasciarli cantare anche ora. Zòsima, ieri mi diceva: "Ha tanto da fare a casa sua!". Quasi, poveretta, temesse... Insomma, quando ti risolverai? Io non voglio morire prima di assistere alle tue nozze.»

«Tra qualche mese, zia.»

«Li so, per prova, i tuoi mesi! Hai la felicità sotto mano, e non ti scomodi a stendere il braccio! Perché? Non ti capisco; Zòsima ha ragione di sospettare...»

«Mi dispiace.»

«Lo dici in certa maniera! Comincio ad impensierirmi anch'io.»

«Non credevo che la fabbrica laggiù, a Margitello, dovesse tenermi tanto occupato. Ora poi queste elezioni...»

«Domani che sa che cos'altro!»

«Niente, zia! Mi sento stanco; ho bisogno di pace, di tranquillità. Ecco! Voi lo sapete, se una cosa mi afferra...»

«Appunto.»

«Uno di questi giorni, domenica prossima anzi, con voi, con la signora Mugnos, con Zòsima, parleremo dei preparativi; e in due o tre settimane... Ho riflettuto; l'idea di Zòsima mi persuade: tutto alla buona, senza sfarzo, senza chiasso. Non potranno dire che faccia così per avarizia o perché mi manchino i quattrini. Un matrimonio è festa di famiglia.»

«Zòsima ne sarà molto contenta.»

Ed era partito per Margitello assieme con l'ingegnere e il cavalier Pergola, il quale gli stava alle costole più che mai. Bisognava battere il ferro mentre era caldo; non perdere i beneficii della grande vittoria ottenuta.

«Gli *amici* sono rimasti scombussolati, ma lavorano con le mani e coi piedi presso il sottoprefetto, presso il deputato, perché la scelta del sindaco caschi sopra uno di loro.»

«Non posso farmi sindaco da me!» rispondeva il marchese un po' seccato.

«Se li lasciamo mestare, se non ci facciamo vivi!... Una visita al sottoprefetto...»

«E chi lo conosce codesto signore?»

«Non importa; è un funzionario del governo, e si terrà onorato di ricevere l'ossequio del marchese di Roccaverdina.»

«Lasciamo, per ora, questo discorso. Guardate. Le campagne sembrano un giardino!»

Un'immensa stesa di verde, di mille toni di verde, dal tenero al cupo che sembrava quasi nero; un trionfo, una follia di vegetazione fin nei terreni più ingrati, che non avevano mai prodotto un fil d'erba!

I ciglioni dello stradone sembravano due interminabili siepi folte di meravigliosi fiori gialli, rossi, bianchi, azzurri, che si rizzavano su giganteschi steli tra foglie di smeraldo, come se un'esperta mano di giardiniere avesse pensato a mescolare i colori e le loro sfumature per produrre effetti di sorprendente decorazione. Ed erano erbe selvatiche senza nome, che s'intrecciavano, si pigiavano, non lasciando il minimo spazio tra loro, sorridenti, smaglianti al sole che le vivificava dall'alto.

E i seminati! Un tappeto di velluto verde che non finiva più, cosparso di macchie rosse dai papaveri, punteggiato di ricami cilestrini e violetti dalle iridi. E qua i papaveri dilagavano in larghe chiazze sanguigne; là, i fiori del lino coprivano liste e quadrati col lor tenero azzurro argentato; e dappertutto, miriadi di farfalle che s'inseguivano con ali tremolanti, piccole, grandi, di ogni forma e colore, quali non se n'erano mai viste, quante non se n'erano mai dischiuse dalle crisalidi e dai bozzoli a memoria di uomo!

Le mule della carrozza trottavano allegramente, e gli stormi dei piccioni di Margitello, incontrati alla svolta della carraia, tornavano addietro, verso il casamento con rapido fruscio d'ale, quasi ad annunziare colà la visita del padrone.

XXII

Erano già arrivate le macchine e gli operai che dovevano montarle e metterle a posto. L'atrio di Margitello sembrava di nuovo un arsenale, peggio dell'altra volta, coi bottai che dogavano botti, bottaccini e tini pel mosto; coi carretti che sopravvenivano carichi ciascuno di un coppo da olio, e coi manovali e i contadini che, imbracatili, li portavano nella *dispensa* già pronta, col suolo di cemento, liscio e un po' avvallato verso il centro, dove la *morta*, cioè un coppo sotterrato fino all'orlo, apriva la nera bocca per ricevervi l'olio nel caso che uno dei coppi si fendesse.

E grida, e bestemmie da ogni parte; e su tante diverse voci, stentorea e dominatrice, quella del marchese che dava ordini, rimbrottava, scavava, e faceva perdere la testa a tutti. Non c'erano voluti meno di otto giorni prima che ogni cosa fosse in assetto.

Ma, finalmente, gli strettoi con le grasse viti e le madreviti di acciaio luccicavano, quasi fossero d'argento, di faccia alle màcine piccole e svelte; i coppi protendevano, torno torno, la pancia verniciata; le botti, insediate sui sostegni di pietra intagliata, si allineavano in ordine digradante, dalla botte grande ai bottacci e ai bottaccini con le cannelle e gli zaffi sporgenti.

«La chioccia coi pulcini!» aveva esclamato il massaio, ammirando.

E l'immagine era piaciuta al marchese che l'aveva ripetuto all'ingegnere.

Quando tutto fu in ordine e gli stanzoni sgombrati, spazzati, parevano più larghi, più luminosi, quasi una chiesa da farvi le sacre funzioni, secondo un'altra immagine del massaio (l'altar maggiore era la botte grande ed egli avrebbe voluto celebrarvi la messa cantata allorché essa sarebbe stata piena del vero sangue di Cristo!); i soci dell'*Agricola* vennero invitati a un pranzo di inaugurazione dei locali, e alla tavola, rizzata fra gli strettoi e le macine, mancò soltanto il cugino Pergola, a cui gli strapazzi per le elezioni avevano fatto gonfiare le tonsille come spesso gli accadeva.

Giornata di grandissima soddisfazione pel marchese, che in quell'occasione battezzava la botte grande col nome di Zòsima tra i brindisi di auguri e gli applausi dei commensali.

«A questa accanto,» disse il notaio Mazza, «metteremo nome San Giurranni che è il patrono del vino, perché ripeta il miracolo di far rimanere le botti sempre piene, come quella sotto cui lo avevano sepolto i suoi assassini per nascondere il loro delitto. Più ne spillavano da essa e più ne veniva fuori. E di che qualità! Come mai? Un giorno la mamma di San Giurranni, cerca e guarda, si accorge che un tralcio verde e pampinoso, spuntato dal terreno dietro la botte, era montato su fino al cocchiume e vi si era immerso. Fece scavare là sotto e rinvenne il corpo del figlio ancora intatto... Ma la botte non diede più vino!... Bisogna ammazzare qualche santo, caro marchese,» concluse il notaio ridendo, «e seppellirlo qui!»

Il marchese non rise con gli altri; si fece anzi scuro in viso, quasi il notaio non avesse parlato di San Giurranni ma di Rocco Criscione. E al ritorno a Ràbbato, passando con la carrozza tra le siepi di fichi d'India dietro cui egli aveva tirato quella notte il colpo fatale, gli parve di vedere steso per terra il cadavere di Rocco con la fronte fracassata dalla palla e il volto insanguinato.

Non lo rivedeva così da un pezzo. Gli era accaduto di passare da quel punto anche senza che un rapido ricordo del fatto gli si destasse nella memoria; quella volta però, non ostante la vista degli alti seminati che ondeggiavano come il mare, e delle prode della carraia tutte in fiore sotto il sole che tramontava maestosamente dorando la campagna attorno, egli ebbe, lungo la strada, sempre davanti agli occhi la visione della cupa notte in cui la gelosia lo aveva spinto ad appostarsi dietro la siepe; e col bagliore della fiammata e con la sensazione del rimbombo del colpo sparato, il grido acuto del colpito che cascava da cavallo e quella dello scalpito della mula fuggente spaventata.

E intanto, rispondendo al notaio Mazza che gli stava a fianco nella carrozza, parlava a voce alta quasi per stornarlo dal leggergli su la fonte il pensiero che gli sembrava dovesse essere visibile, tanto insistentemente lo tormentava.

Quell'imbecille di notaio gli aveva mutato in veleno tutto il piacere della lieta giornata! E così il marchese era arrivato a casa di gran cattivo umore.

Mamma Grazia gli annunciava dolente:

«Tuo cugino sta male, figlio mio! Ha mandato tre volte da questa mattina, vuole vederti prima di morire.»

«Prima di morire?» esclamò il marchese stupito.

«Così ha detto la serva. Piangeva. Il Signore lo ha chiamato; si mette in grazia di Dio!»

«Sì, va bene,» rispose il marchese. «Andrò domattina.»

Aveva crollato la testa sorridendo delle ultime parole di mamma Grazia.

Ed ecco don Aquilante, per parlargli delle pratiche di un altro prestito di cui il marchese lo aveva incaricato settimane addietro, di una ventina di mila lire con ipoteca su Casalicchio, giacché le settanta mila del Banco di Sicilia erano state ingoiate dalla fabbrica di Margitello, dalle macchine, dalle botti e dai coppi.

«Marchese, andiamo adagio!» gli disse don Aquilante.

«Non tocca a me darvi consigli. Ma io conosco i miei polli. Facciamo! Facciamo! da noi significa: Fate! Fate!»

«C'è un atto di Società, bollato e registrato... »

«Lo so... Alle strette, poi, se doveste mettervi a far liti... vedreste, marchese, che cosa vi rimarrebbe in mano: un pugno di mosche.»

«Lo stabile, le macchine, ogni cosa...»

«Che ne farete?»

«Ciò che ne faremo ora. Le ventimila lire, dunque?»

«Sono pronte, al sette per cento; impossibile per meno. Quel canonico è un gran strozzino, quantunque servo di Dio!»

«Allora sarà meglio ricorrere di nuovo al Banco di Sicilia. Pago a rate, in vent'anni.»

«Forse.»

Don Aquilante si voltò tutt'a un tratto indietro come se qualcuno lo avesse chiamato.

«Che c'è?» domandò il marchese.

«Nulla... Al solito... È qui. Da un pezzo mi viene davanti senza che io lo èvochi.»

Don Aquilante non aveva più osato di riparlargliene dopo quell'esperimento mal riuscito, né il marchese gli aveva più domandato, per canzonarlo: «E gli Spiriti?» distratto da tante occupazioni. Ma in quel momento, colto alla sprovvista egli si lasciò sfuggire:

«Lasciatemi in pace!...»

Si corresse subito però:

«Ricominciamo la farsa?» disse. «Mandatelo al diavolo, se è vero!... Parliamo di affari.»

«È un grande affare anche questo,» rispose don Aquilante con gravità. «Se si potesse almeno rivendicare la reputazione del poveretto morto in carcere!..»

«Non avete altra gatta da pelare, voi?»

E tagliò corto al discorso.

«In quanto al canonico,» soggiunse dopo alcuni istanti di silenzio, «scrivetegli pure che strozzi un altro.»

Mentre mamma Grazia preparava la cena, il marchese,

con un lume in mano, andava da una stanza all'altra per distrarsi, osservando l'effetto delle novità operate, fantasticando intorno a quel che ancora mancava nell'ammobiliamento; tentando d'immaginarsi Zòsima da padrona di casa colà dove quell'altra era stata quasi tale dieci anni; riflettendo su l'avvenire che doveva arrecare straordinari mutamenti alla sua vita. Ma quella solitudine, quel silenzio, quelle ombre che si raccoglievano negli angoli per la scarsa luce del lume gli davano una paurosa sensazione che gli faceva girare timidamente gli occhi attorno e della quale si garriva nell'intimo come di fanciullesca viltà.

La paura dell'ignoto! Oh! Lo sapeva benissimo; aveva creato tutte le chimere delle religioni, tutte le leggende del mondo di là; gliel'avevano insegnato i libri prestatigli dal cugino Pergola! Li rileggeva di tanto in tanto, per fortificarsi, quando i suoi convincimenti vacillavano, quando le influenze ataviche rialzavano la testa per ridurlo simile ai selvaggi, agli uomini primitivi che tremavano pei fantasmi creati dalla loro fantasia e poi stimati realtà. Quei libri avevano ragione.

Ciò non ostante, le impressioni della giornata agivano ancora sui suoi nervi. Bisognava rassegnarsi a sopportarle finché non si fossero affievolite e dileguate, proprio come le allucinazioni prodotte dalla febbre, che svaniscono appena l'accesso diminuisce di grado. Così talvolta, durante il delirio, si capisce il delirare, ma non si subiscono meno le allucinazioni morbose.

Si sentiva in uno di questi momenti. Infatti ragionava, derideva i terrori suscitatigli dalle parole del notaio Mazza, dalle sciocchezze di don Aquilante che pretendeva di vedere gli Spriti e di parlare con loro; e intanto trasaliva allo scricchiolio di un mobile, guardava sospettosamente verso i punti che rimanevano meno illuminati, quasi nascondessero qualcuno che poteva venirgli innanzi all'improvviso... A fare che cosa?... Stupidaggini! E intanto si affrettava a tornare nella sala da pranzo, sentendosi venir meno il coraggio di rimanere più a lungo solo solo.

Si era affacciato al balcone. Nel vicolo, neppure un lampione davanti alle porte delle casupole; le vicine recitavano in comune il rosario. La fiammata dei focolari, le misere lucerne dall'interno gettavano rossicce strisce di luce su la via mal selciata, su un gruppo di persone, su quella vecchia accoccolata sul sedile di pietra, con la testa china e le mani in grembo. Ombre passavano e ripassavano di tratto in tratto a traverso le strisce di luce. E le avemmarie si rispondevano da un punto all'altro del breve vicolo, monotonamente, interrotte da una chiamata, dal pianto di un bambino che faceva accorrere la mamma, dall'arrivo di un contadino che scaricava dall'asino due fasci di legna. Poi il rosario riprendeva monotono, un po' frettoloso; e il marchese pensava che un anno addietro egli non era dissimile da quella povera gente. Essa si figurava che le sue preghiere prendevano la via del cielo, arrivavano fino all'orecchio di Dio e della Madonna per interessarli dei suoi bisogni, delle sue disgrazie, e andava a letto consolata da un luccicore di speranza. La qual cosa poi non impediva che quella gente in certi momenti non agisse, quasi Dio e la Madonna non esistessero punto.

E pensava che il mondo era un inesplicabile enimma. Perché si nasceva? Perché si moriva? Perché tanta smania di affaticarsi, di arricchirsi, di affrettarsi a godere, e di soffrire con l'intento di arrivare un giorno a godere? Qualche istante la vita gli appariva come una folle fantasmagoria. E stupiva di quelle riflessioni così insolite per lui, di quella tristezza che gli pesava su l'anima, di quella sorda agitazione che gli serpeggiava per tutta la persona, presagio di sinistri avvenimenti.

Il rosario era finito; tutte le porte delle casupole si erano chiuse; pel vicolo rimasto buio non passava anima viva.

E sotto il cielo senza luna, chiazzato di nuvole cineree,

risuonò improvvisamente la serale imprecazione della zia Mariangela.

«Centomila diavoli alla casa dei Crisanti! Oh! Oh! – Centomila diavoli alla casa dei Pignataro! Oh! Oh! – Centomila diavoli al palazzo dei Roccaverdina! Oh! Oh!»

Il marchese si ritrasse dal balcone. Quella volta la voce della povera pazza gli era riuscita insopportabile.

La mattina dopo egli andava dal cugino.

Cecilia, figlia dello zio don Tindaro, gli venne incontro nell'anticamera, tenendo i suoi due bambini per mano.

«Grazie, marchese!» singhiozzava. «Fategli coraggio.»

«Ma è dunque vero? Io credevo che si trattasse di un'esagerazione di mamma Grazia.»

«Questa volta è grave assai; può rimanere soffocato da un istante all'altro... Per fortuna il Signore gli ha toccato il cuore... C'è di là il prevosto Montoro... Lo ha voluto lui, per confessarsi.»

«Per confessarsi?» domandò il marchese, sospettando di aver capito male.

Cecilia non badò a rispondergli vedendo uscire il prevosto dalla camera del malato.

«Vado e torno subito,» disse questi, avvicinandosi senza salutare il marchese a cui teneva ancora broncio pel crocifisso regalato alla chiesa di Sant'Antonio. «Precauzione e nient'altro signora. Il cavaliere può essere fuori di pericolo in un baleno; è caso ovvio in questo genere di malattie. Non bisogna disperare.»

La signora Pergola si asciugò le lagrime, si ricompose e disse al marchese:

«Venite, venite!»

Ma egli si era arrestato su la soglia della camera; non credeva ai suoi occhi.

Sul cassettone, parato con tovaglia da altare, tra candelabri di legno dorato con candele di cera accese e già consumate a metà, aveva subito riconosciuto le teche d'argento delle reliquie vedute esposte nella sacrestia di Sant'Isidoro nell'occasione dell'ultima visita diocesana del vescovo. La piccola, con le falangi di un dito di san Biagio, protettore contro il mal di gola; l'altra, con un avambraccio in cera che serviva da astuccio a un osso dell'avambraccio di sant'Anastasia.

Di rimpetto al cassettone, sul tavolino parato egualmente con tovaglia da altare, tra due candelabri con candele accese e sgocciolanti, in un vassoio di cristallo stava il cordone di argento del Cristo alla Colonna, della chiesa di San Paolo, che si concedeva soltanto in casi estremi e a fedeli di riguardo.

Poteva mai aspettarselo? E guardò, sbalordito, il cugino che, con cenni del capo e mugolando stentate e quasi incomprensibili parole, lo invitava ad accostarsi.

Seduto sul letto, appoggiato a un mucchio di guanciali, con in testa un berretto bianco di cotone, a maglia, che gli nascondeva anche le orecchie, coi sacchetti degli empiastri applicati alla gola e tenutivi aderenti da una larga fascia di lana grigia, col viso congestionato, con gli occhi rigonfi, coperto da un mantello di panno verde-bottiglia dai cui lembi uscivano le mani che stringevano un piccolo Cristo di ottone su croce di ebano, il cavalier Pergola, così infagottato era quasi irriconoscibile. E soltanto la presenza dell'afflitta signora e dei bambini poté trattenere il marchese dal prorompere in una lunga e sonora risata. La risata però gli fremeva dentro ed era anche qualche cosa di amaro, di profondamente triste, convulsione nervosa e sgomento prodotti dall'immensa delusione che lo inchiodava là, imbalordendolo, su la soglia.

«Ma... dunque?... Ma... dunque?» pensava ansiosamente, accostandosi al letto del malato.

«Perdonatemi!... Vi ho... dato... scandalo!»

«Zitto! Non vi sforzate!» egli lo interruppe.

Quelle parole, che uscivano strascicanti dalla gola quasi senza aiuto della lingua, facevano soffrire anche lui.

«Vi ho dato... scandalo... con quei libri...! Bruciateli!»

Il marchese si sentiva già preso da vertigini, come su l'orlo di un abisso senza fondo.

«Ma... dunque?... Ma... dunque?»

Faccia a faccia con la morte l'ateo, il baldo bestemmiatore, il feroce odiatore d'ogni religione e dei preti, rinnegava tutt'a un tratto i suoi convincimenti, diventava una femminuccia, si circondava di reliquie, chiamava il confessore, voleva benedetto il suo matrimonio! Ed era stato il suo iniziatore, il suo maestro quasi! Oh!... A chi doveva egli credere ormai? All'uomo sano, nel pieno possesso di tutte le sue facoltà intellettuali, o a questo qui, infiacchito dal male, atterrito dalle rinascenti paure del mondo di là, ma che forse intravvedeva con lucido sguardo verità nascoste alle menti troppo annebbiate dai sensi, o sviate dagli interessi e dalle passioni mondane?...

E la risata che tornava a fremergli dentro, amara, profondamente triste e sarcastica, gli dava un'acuta sensazione di dolor fisico all'epigastro, mentre il cavalier Pergola riprendeva a strascicare le parole, stralunando gli occhi nei momenti che fin il respirare gli riusciva difficile.

«Perdonatemi!... Pregate... che Dio mi conceda... almeno la salute dell'anima... se non quella del corpo!»

«Eh, via! Non mi sembrate neppur voi!» gli disse il marchese, simulando tranquillità.

E guardava attorno, non riuscendo ancora a convincersi che lo spettacolo che gli stava sotto gli occhi fosse cosa reale. Un senso di smarrimento e di gran vuoto gli faceva correre rapidi brividi di freddo per la schiena, quasi tutto stesse per crollare e miseramente inabissarsi attorno a lui. E, questa volta, senza nessuna speranza di prossimo aiuto, senza nessuna lusinga di lontana salvezza!

Così egli assisté, da quarto testimone, alla celebrazione del matrimonio religioso, che il prevosto Montoro venne a sbrigare alla lesta, accompagnato da don Giuseppe e da due conoscenti, raccolti per strada, giacché non era il caso di perdere tempo nella scelta.

Indossate la cotta, la mozzetta e la stola, prima di aprire il rituale che don Giuseppe gli porgeva, il prevosto, cavata dalla tasca della sottana una carta, la presentava, spiegata, al cavaliere.

«È indispensabile!... Anche per mia giustificazione. Bisogna firmarla.»

Fu portato il calamaio; e, mentre il malato firmava, il prevosto invitava gli astanti a ringraziare Dio per quella spontanea ritrattazione di tutte le eresie, di tutti gli errori, di tutte le empie dottrine professate con scandalo di tante anime, con corruzione di tanti cuori.

La commovente cerimonia in *articulo mortis* durava pochi minuti; e il sole, che inondava la camera dalla vetrata del balcone di faccia al letto, la rendeva più triste con la sua luminosa letizia.

Tra i ceri ardenti sui candelabri davanti alle sacre reliquie, nel raccolto silenzio dei pochi astanti inginocchiati attorno alla povera signora che non poteva frenare le lagrime, i due *sì* parvero singhiozzati, e le due mani stese, una per porgere, l'altra a ricevere in dito l'anello benedetto, furono viste tremare.

«*Ego conjungo vos in matrimonio!*» pronunciò il prevosto con voce robusta e solenne, benedicendo gli sposi.

Al marchese tornarono in mente in quel punto le parole del cugino, di un anno addietro, quando si lagnava che i parenti di sua moglie fossero indignati contro di lui *perché non aveva voluto farsi buttare addosso da un prete sudicio due gocce di acqua salata!* E si levò in piedi, senza avere la forza di dire una sola parola di rallegramento e di augurio, con quella convulsione di riso amaro e sarcastico che la compiuta delusione tornava a fargli fremere internamente.

XXIII

Uscendo dal vicoletto, dov'era rintanata la casa del cavalier Pergola, il marchese di Roccaverdina aveva incontrato don Aquilante con un fascio di carte sotto braccio e la grossa canna d'India impugnata, quasi dovesse servirgli di sostegno, quantunque egli andasse ben diritto, scotendo di tratto in tratto la testa sul collo circondato dall'ampio fazzoletto nero da lui usato per cravatta. Tornava dalla Pretura.

«Oh! Buon giorno, marchese! Da queste parti? Capisco! Il cavaliere sta dunque proprio male?»

«Malissimo!... Non lo crederete: si è confessato!»

Il marchese, che non rinveniva ancora dallo stupore e dal turbamento prodottigli dalla scena a cui aveva assistito, fu meravigliato di sentirsi rispondere:

«È naturale; doveva accadere così.»

«Perché?»

«Perché tutte le convinzioni superficiali vengono spazzate facilmente via dal primo vento che vi soffia su. Il povero cavaliere aveva letto qualche mezza dozzina di pretesi libri scientifici – me l'ha buttati in viso parecchie volte, disputando – e materialista ed ateo in pelle, in faccia al mistero della morte è subito ridiventato quel che era una volta: credente, cattolico; bestia prima e più bestia ora!... Vi accompagno...»

«Spiegatevi.»

«In due parole. Voi siete tranquillo, avete fede nella

212

Chiesa, credete alla Trinità, all'inferno, al paradiso, al purgatorio, alla madonna, agli angeli, ai santi... È comodo. Non sospettate neppure che ci possa essere verità più vera di quella che insegnano i preti...»

Il marchese, abbassando la testa, vergognoso di non avere mai avuto il coraggio di manifestare sinceramente le sue convizioni mutate, domandò:

«Quale?»

«Quella che è stata rivelata al mondo dallo Swedenborg, dall'apostolo della Nuova Gerusalemme...»

«Ah! Intendo,» esclamò amaramente il marchese. «Ma dunque non abbiamo certezza di nulla! Ci è da perdere la testa!»

«Assoluta certezza, marchese.»

«Insomma, secondo voi, esiste Dio? Sì o no?»

«Esiste; non quello però di cui ci parlano i preti.»

«E il paradiso? l'inferno? il purgatorio?»

«Certamente, ma non nel modo che spacciano la Chiesa e i suoi teologi, con le loro fantasie pagane, con le loro leggende da donnicciuole! Fuoco materiale, supplizio eterno, visione beatifica... Vi paiono cose serie?»

«C'è da perdere la testa!» replicò il marchese.

«Al contrario. Niente è più consolante della nuova dottrina. Noi siamo arbitri della propria sorte. Il bene e il male che facciamo influiscono su le nostre esistenze future. Passiamo di prova in prova, purificandoci, elevandoci... se siamo stati capaci di emendarci, di spiritualizzarci...»

«Intendo... me lo avete già detto tant'altre volte... ma la certezza? La certezza, domando io?»

«Picchiate e vi sarà aperto, ha detto Gesù. La verità vuol esser ricercata insistentemente, con animo puro e disinteressato. Voi e tutti coloro che sono nella vostra condizione non ve ne date pensiero. Siete immersi nella materia. Fate il bene con l'unico intento di guadagnarvi un posticino in paradiso; non fate il male, quando non lo fate, per paura dell'inferno e del purgatorio... La certezza?

Primieramente sta nella logica. Voi credete all'assurdo. Che certezza avete? Perché vi hanno affermato: È così? E noi proviamo che non è così. Proviamo, badate bene!... Quel povero cavaliere...»

«C'è da perdere la testa!»

Il marchese non sapeva dir altro. A chi doveva dar retta? Avrebbe voluto, con una gran scrollata di spalle, tornare almeno allo stato di una volta, quando pensava soltanto ai suoi affari e viveva a modo suo, da bruto, sia pure, ma in pace e affidandosi al caso che lo aveva servito bene fin allora. Ah! Il cugino Pergola gli aveva fatto un gran tradimento con quella conversione. Ma don Aquilante poi che cosa conchiudeva con le sue *nuove* dottrine? Parole! Parole! Parole!... Eppure i libri prestatigli dal cugino gli erano sembrati così convincenti! Perché non doveva fidarsi della propria ragione?

E passò la intera nottata a rileggerli nei punti che più lo interessavano. Ahimè! L'effetto era assai diverso da quello ottenuto altra volta. Ora gli sembrava che quei libri affermassero troppo sbrigativamente, che gli sgusciassero di mano quando egli avrebbe voluto meglio stringerli in pugno. Interrompeva la lettura, rifletteva, ragionava a voce alta, quasi avesse là davanti una persona con cui discutesse, passeggiando su e giù per la camera, tentando invano di combattere i terrori che gli insorgevano attorno da ogni parte, e non soltanto a spaventarlo ma a irriderlo. Un'inesorabile lucidità di coscienza lo faceva irrompere contro se stesso:

«Eh? Ti sarebbe piaciuto che Dio non esistesse! Ti sarebbe piaciuto che l'anima non fosse immortale! Hai tolto la vita a una creatura umana, hai fatto morire in carcere un innocente, e volevi goderti in pace la vita quasi non avessi operato niente di male! Ma lo hai visto: c'è stato sempre qualcuno che ha tenuto sveglio in fondo al tuo cuore il rimorso, non ostante tutto quel che tu hai fatto per turarti gli orecchi e non sentirne la voce. E questo qualcuno non si arresterà, non si stancherà, finché tu non abbia pagato il tuo debito, finché tu non abbia espiato anche quaggiù...»

Parlava e aveva paura della sua voce, che gli sembrava la voce di un altro; parlava e abbassava la testa, quasi quel *qualcuno* gli giganteggiasse di fronte, senza forma, senza nome, simile a un terribile misterioso fantasma, facendogli sentire la stessa prepotente forza da cui, la notte che il vento urlava per le vie, era stato trascinato in casa di don Silvio per confessarsi e sgravarsi la coscienza dell'orrido incubo che l'opprimeva. Ed ora, che doveva egli fare? Accusarsi, come gli aveva imposto don Silvio? Gli sembrava inutile ormai. Neli Casaccio era morto in carcere. Nessuno, all'infuori di lui, pensava più a Rocco Criscione! Che doveva egli fare? Andare a buttarsi ai piè del papa per ottenere l'assoluzione, per farsi imporre una penitenza? Oh! Non poteva più vivere così...

E tornava ad irrompere contro se stesso:

«L'orgoglio ti acceca!... Non vuoi macchiare il nome dei Roccaverdina!... Dei *Maluomini*! Ah! Ah! E vorresti continuare ad ingannare il mondo, come hai ingannato la giustizia umana!... Hai scacciato di casa tua il Cristo, che t'importunava col rimprovero della sua presenza!... Ed ecco dove ora ti trovi! Egli, sì, egli ti è stato addosso, non ti ha dato tregua... E ti perseguiterà, fino all'estremo, e smaschererà la tua ipocrisia, inesorabilmente!... Che potrai tu contro di lui?»

Con un manrovescio fece volar via dal tavolino quei libri che più non riuscivano a convincerlo, e già gli sembravano balorda mistificazione; e stette a lungo, con la testa tra le mani, con gli occhi sbarrati, guardando verso il letto, dov'egli aveva dormito, facendo brutti sogni, la notte avanti e dove non avrebbe più potuto trovar sonno fino a che non avesse ottenuto, espiando, la divina grazia del perdono! Si stupiva di vedersi ridotto in questo stato, come travolto da un turbine improvviso. Gli sembrava che il tempo fosse trascorso con incredibile celerità, e ch'egli fosse, in poche ore, invecchiato di vent'anni. Eppure niente era mutato attorno a lui. Ogni oggetto della sua stanza era al posto di prima, li scorreva con gli occhi, li numerava... No, niente era mutato. Egli soltanto era diventato un altro. Perché? Perché suo cugino, sentendosi in pericolo di morte, aveva rinnegato le sue convinzioni? Che doveva importargli di lui? E non poteva essere stata una debolezza piuttosto fisica che intellettuale?

Raccolto da terra uno dei volumi, sfogliò parecchie pagine, si rimise a leggere, irritandosi di non ritrovare in quei ragionamenti l'evidenza persuasiva e convincente che lo aveva prima turbato un po' e poi consolato e confortato, facendogli vedere il mondo e la vita sotto un aspetto positivo, affatto nuovo per lui. Forza e materia, nient'altro... E le cose che scaturivano per propria virtù dal seno della materia cosmica, dall'atomo all'uomo, via via con lunga serie di lente evoluzioni... E gli organismi che si perfezionavano per continuo e interminabile movimento, dalla coesione minerale alla germinazione vegetativa, dalla sensazione all'istinto e alla ragione umana... E tutto senza soprannaturale, senza miracoli, senza Dio!... La materia che si disgregava assumeva nuove forme, sviluppava nuove forze...

Ah! Si era lasciato convincere facilmente, perché gli accomodava di credere che le cose andassero così! E non era mai rimasto proprio convinto. No! No! Come espiare? Era inutile illudersi; doveva espiare! Gli sembrava impossibile che quella parola fosse potuta uscire dalla sua bocca. Ma si sentiva vinto; non ne poteva più! La sua volontà, il suo orgoglio, la sua fierezza erano cascati giù tutt'a un tratto, come vele abbattute da un tremendo colpo di vento. C'era, da un pezzo, dentro di lui qualcosa che lavorava a logorarlo, se n'era già accorto... Aveva tentato di opporvisi, di contrastarlo... Non era riuscito!... Bisognava espiare! Bisognava espiare!

Il silenzio gli faceva paura. Un gatto cominciò a lamentarsi nella via con voce quasi umana ora di bambino piangente, ora di uomo ferito a morte; e il lamento si allontanava, si avvicinava, elevandosi, abbassandosi di tono, prolungatamente; grido di malaugurio, sembrava al marchese, quantunque lo sapesse richiamo di amore.

Non poté fare a meno di stare in ascolto, distraendosi, o piuttosto confondendo con quel grido l'intima voce che gli si lamentava nel cuore, mentre gli sfilàvano quasi davanti agli occhi a intervalli o confusamente Rocco Criscione, Agrippina Solmo, don Silvio La Ciura, Zòsima, Neli Casaccio, dolorose figure di vittime sacrificate alla sua gelosia, al suo orgoglio, alla sua impenitenza. Rocco, bruno, con neri capelli folti, con occhi nerissimi, penetranti, con impeto di virilità che scattava nella parola e nei gesti, eppure devoto a lui, altero di sentirsi chiamare *Rocco del marchese*, e in atto di ripetergli le parole di quel giorno: «Come vuole *voscenza*!». Agrippina Solmo, chiusa nella mantellina di panno scuro, che andava via singhiozzando, ma con un cupo rimprovero, quasi minaccia, nello sguardo. Don Silvio La Ciura, steso sul cataletto, col naso affilato, con gli occhi affondati nelle occhiaie illividite dalla morte, la bocca sigillata per sempre, come egli si era rallegrato di vederlo, davanti a la cancellata del *Casino*, tra la folla. Zòsima, con quella bianchezza smorta, con quel sorriso di tristezza rassegnata, che non osava ancora credere alla sua prossima felicità, con quel diffidente «Ormai!» su le labbra, che in quel punto gli sembrava profetico: «Ormai! Ormai!...».

Come avrebbe potuto aver il coraggio di associarla alla sua vita, ora che egli si sentiva alla mercé di una vindice forza, avverso alla quale non poteva nulla?... No! no! Doveva espiare, solo solo, non procurarsi un nuovo rimorso travolgendo quella buona creatura nella inevitabile ruina!

Inevitabile!... Non sapeva da che parte, né da parte di chi, né come, né quando; ma non poteva più dubitare che una parola rivelatrice sarebbe pronunciata, che un castigo gli sarebbe piombato addosso presto o tardi, se non si fosse volontariamente imposta una penitenza, un'espiazione, fino a che non si sentisse purificato e perdonato. Don Silvio gli aveva detto: «Badate! Dio è giusto, ma inesorabile! Egli saprà vendicare l'innocente. Le sue vie sono infinite!». E con l'accento di queste parole gli risuonava nell'orecchio anche il ricordo del vento che scoteva le imposte della cameretta, e passava e ripassava via pel vicolo, urlando e fischiando.

Non osava più alzarsi dalla seggiola, con la strana sensazione che la sua camera fosse diventata una prigione murata da ogni parte, dove lo avrebbero lasciato morire di terrore e di sfinimento, com'era morto Neli Casaccio, immeritatamente, in scambio di lui. Si era lusingato di sfuggire alla giustizia umana e alla divina, dopo che i giurati avevano emesso il loro verdetto; dopo che don Silvio era stato reso muto prima dal suo dovere di confessore, poi dalla morte; dopo ch'egli si era illuso di essersi sbarazzato di Dio, della vita futura e di avere acquistato la pace con le dottrine e con l'esempio del cugino Pergola... E, tutt'a un tratto!... O aveva sognato?... O continuava a sognare a occhi aperti?

Sentì il primo cinguettio dei passeri sui tetti, vide infiltrarsi a traverso gli scuri mal chiusi del balcone il chiarore dell'aurora, e gli parve di destarsi davvero da un orribile sogno. Spalancò l'imposta, respirò a larghi polmoni la frescura mattutina, e sentì invadersi da un dolce senso di benessere di mano in mano che la luce del giorno aumentava. I passeri saltellavano, si inseguivano sui tetti, cinguettando allegramente; le rondini gorgheggiavano su la grondaia, dove avevano appesi i loro nidi; pel vicolo, per le case riprendeva il rumore, l'affaccendamento della vita ordinaria. E il sole, che già dorava la cima dei campanili e delle cupole, scendeva lentamente, gloriosamente sui tetti, faceva venire avanti, quasi le ravvicinasse, le colline lontane, le montagne che formavano una lieta curva di orizzonte attorno alle colline che digradavano e si perdevano nella vasta pianura verde, coi seminati qua e là luccicanti di rugiada, nell'ombra.

Con la crescente luminosità del giorno, i tristi fantasmi che lo avevano contristato durante la nottata si erano già dileguati. E appena gli tornò davanti agli occhi la figura del cugino Pergola, col berretto bianco, di cotone, calcato fin su le orecchie, il collo circondato d'empiastri sorretti dalla grigia fascia di lana, seduto sul letto, appoggiato al mucchio dei guanciali, col viso congestionato e gli occhi rigonfi, quella risata che colà, nella camera, tra le candele ardenti sui candelabri di legno dorato attorno alle teche delle reliquie e al cordone di argento del Cristo alla Colonna, quella risata che gli era stata soffocata in gola, più che dal turbamento, dalla presenza dell'afflitta signora e dei bambini, gli scoppiò ora irrefrenabile in faccia al cielo azzurro, luminoso, in faccia alle cupole, ai campanili, alle case di Ràbbato, alla campagna, alle colline; e senza nessuna amarezza di delusione, quasi finalmente comprendesse di aver ecceduto, di essersi lasciato vigliaccamente impressionare anche lui! E apriva soddisfatto i polmoni a lunghi respiri di soddisfazione!

XXIV

Mamma Grazia, portandogli il caffè, gli diede la buona notizia:

«Figlio mio, sta' tranquillo; tuo cugino è fuori pericolo. Ha mandato a dirtelo la signora. *La gola gli è scoppiata* tutt'a un tratto, verso mezzanotte. Ha potuto mangiare una minestrina. San Biagio e il Cristo alla Colonna gli hanno fatto il miracolo.»

«In due, mamma Grazia? Ci voleva tanto?»

Tentò di ridere, ma il riso gli si ghiacciò su le labbra.

Più tardi, lanciando a tutta corsa le mule della carrozza per la discesa dello stradone, il marchese si sentiva riprendere da una sorda inquietudine, da una inattesa tristezza che gli facevano tornare in mente le terribili ansietà della nottata. Le mule sbuffando, scotendo le teste sotto i frequenti colpi di frusta, infilata la carraia di Margitello, passarono, come un fulmine, tra le siepi di fichi d'India, entrarono rumorosamente nella corte; e il massaio, uscito incontro al padrone dal ripostiglio a pian terreno non poté trattenersi dall'esclamare sotto voce: «Povere bestie!».

Il marchese saltò giù dalla carrozza, fosco, con le sopracciglia corrugate e rispose appena con un cenno della testa al saluto del massaio. Andò difilato allo stabile dell'*Agricola*, fece spalancare tutte le finestre, e si aggirò lentamente per quegli stanzoni, osservando le macchine, i coppi, le botti; provando un senso di malinconia davanti a quegli strettoi, a quei pigiatoi, a quelle macchine, ancora non adoprate e che in quel punto gli pareva non sarebbero mai arrivate ad essere adoprate; davanti a quelle botti, a quei coppi vuoti e che gli pareva egualmente non sarebbero mai arrivati ad essere riempiti.., Perché questo scorato presentimento? Non sapeva spiegarselo.

Uscì fuori, oltre la cinta degli eucalipti, su la linea dei seminati che già incominciavano a ingiallire. Mai egli non aveva visto tale meraviglioso spettacolo di sano rigoglio. Le spighe si piegavano in cima dei pedali del grano così alti da nascondere un uomo a cavallo che si fosse inoltrato in mezzo ad essi; e i seminati si stendevano, a perdita d'occhio, da ogni parte della pianura, ondeggiando dolcemente fino a piè delle colline attorno a Ràbbato. Là i vigneti nereggiavano in grandi scacchi, col fitto fogliame, e gli ulivi arrampicati per l'erta, macchinosi, protendevano i rami in basso quasi volessero toccare il terreno. Ma quelle vigne ch'egli sapeva cariche di piccoli grappoli che tra qualche mese si sarebbero ingrossati e anneriti o ambrati sotto il benefico calore del sole; ma quegli uliveti che, avuta una felicissima fioritura, erano già onusti di frutti inverdicanti lietamente per la maturazione, non gli producevano, quel giorno, nessuna impressione di gioia; quasi vigne ed uliveti non avessero poi dovuto dar lavoro alle macine, agli strettoi, ai pigiatoi, e riempire i coppi e le botti.

Perché questo scorato presentimento? Non sapeva spiegarselo.

Era scontento di sé, de' suoi progetti, di quel che aveva fatto, di quel che avrebbe voluto fare in seguito, di tutto. Gli pareva che ogni sua cosa dovesse risolversi in vanità, in inanità, e che la stessa sua esistenza fosse intanto un'inanità e una vanità maggiore delle altre. E cominciava a ripensare:

«Non v'è certezza di niente!»

E tornava a domandarsi:

«Ma dunque?... Ma dunque?»

221

Sempre daccapo! Quando s'immaginava di aver doma-
to o vinto quel tormentoso nemico interiore, lo vedeva
insorgere, tornare all'assalto più vigoroso e più insistente
di prima. Ogni tregua riusciva illusoria; ogni mezzo messo in opera, un palliativo che lo calmava per qualche tempo ma non guariva radicalmente.

Forse la colpa era sua. Egli non opponeva alle circostanze e alle impressioni sufficiente energia di resistenza.
Non era dunque un Roccaverdina?... Ah! Voleva essere
un *Maluomo* come i suoi d'una volta. Non vi era certezza
di niente? Ebbene... egli doveva agire come se vi fosse
piena certezza!

Con le mani dietro la schiena, le gambe allargate e
piantate solidamente sul ciglione sotto cui i seminati ondeggiavano, con lo sguardo che errava attorno, lontano,
su quella vigorosa esplosione di vita, egli stette un pezzo
quasi senza pensare, radunando con intenso sforzo le ri-
poste energie del suo corpo d'atleta e del suo spirito rude;
e quando sentì corrersi ribollente nei polsi e nelle tempie
il sangue spinto in su dal cuore che palpitava rapidissi-
mo; quando sentì diventar saldi nella mente quei propon-
imenti di ribelle resistenza contro tutto quel che si opponeva alla sua tranquillità, alla sua felicità, alzò le mani
con un secco gesto di affermazione e di sfida... E si sentì
un altro! Quello di anni fa, quando legge e norma di sua
vita era per lui il personale interesse, e anche il capriccio.
Tutti i suoi guai presenti originavano dall'unica debolezza di aver dato marito alla Solmo! E aveva creduto di fare atto di forza quel giorno!

Il passato? Bisognava annullarlo dentro di sé, poiché
non si poteva più fare che quel che era avvenuto non fosse avvenuto. Riparare, fin dove era possibile, sì; ma non
scoraggiarsi, non avvilirsi, non disperare; e, soprattutto,
prendere il mondo qual è, fare come gli altri.

«Dio... se c'è... C'è!... Dev'esservi!...» soggiunse. «Dio
sarà certamente più misericordioso degli uomini. Egli solo può valutare con esattezza le nostre azioni, egli che

può leggerci nell'intimo anche meglio di noi stessi. Sappiamo forse, spesso, perché ci siamo risoluti ad agire in una maniera piuttosto che in un'altra? Siamo fragili steli che il vento fa piegare di qua o di là secondo la parte da cui soffia...»

E guardava attorno, e stendeva le mani ad accarezzare il seminato, che si piegava sotto la lieve pressione e si rialzava subito, quasi egli volesse attingere con quel contatto, e direttamente, dalla operosa natura nuovi e freschi elementi di vigoria fisica e intellettuale. Si sentiva un altro, quello di anni fa. E il massaio, che lo vide tornare con l'aspetto schiarito, gli disse:

«*Voscenza* si è rifatto il cuore con la vista dei seminati!»

«È vero, massaio,» rispose sorridendo.

La baronessa di Lagomorto era andata a letto da un quarto d'ora quando il marchese picchiava al portone.

«Mi hai messo una gran paura, nepote mio!...»

«Se avessi potuto supporre! non è tardi, zia!»

La baronessa, in cuffia, sotto il padiglione che circondava il letto, spariva tra le coperte: e le magre mani sporgenti fuori dalle maniche della camicia da notte, e che tentavano di nascondere i diavolini con cui ella aveva ancora la debolezza di arricciarsi i capelli, sembravano più scheletrite e più scure tra tanto bianco attorno.

«Dunque?» ella riprese vedendo che il nepote rimaneva zitto, in piedi, e accennandogli di sedersi.

«Sono venuto per pregarvi di avvisare la signora Mugnos, per domani...»

«Ah! Finalmente!»

«E per sentire, avanti, quel che voi mi consigliate. Io non so...»

«Zòsima desidererebbe che le si risparmiasse di andare al Municipio. Le due cerimonie, insieme. C'è la cappella in casa tua, privilegio ottenuto dal nonno. Io mi sono sposata là. Allora un prete veniva a dirvi la messa ogni domenica. La nonna non andava in chiesa neppure pel precetto pasquale. Altri tempi!»

«Pel Municipio sarà difficile. Parlerò con l'assessore che funziona da sindaco. Ho sentito dire che non vogliono fare eccezioni.»

«Le dita della mano non sono tutte uguali! Non sei il marchese di Roccaverdina per niente! Vorrei vedere che ti dicessero di no.»

«È probabilissimo. Quei signori della Giunta ce l'hanno un po' con me, per la lotta di mesi fa.»

«Vorrò vederla!»

«In ogni caso, al Municipio andremo di sera, tardi...»

«Festa di famiglia, hai detto l'altra volta. Ora che quel disgraziato ha celebrato anche il matrimonio religioso, Tindaro non vorrà più tener duro con sua figlia.»

«È in rottura anche con me, per gli scavi che non gli ho permesso di fare a Casalicchio.»

«È in rottura con tutti quel matto! Suo figlio già ritorna da Firenze ammalato, pare, di tisi. Povero giovane! Chi sa che stravizi ha fatto!... Basta: non dovremo far ridere la gente. Questo matrimonio sarà una bella occasione per riconciliare tutti.»

«Lo pensavo anch'io, zia. In quanto ai vestiti e al corredo per Zòsima...»

«Lascia fare a me. Mi metterò d'accordo io con la signora Mugnos. Eccellente persona, ma un po' orgogliosa, o meglio, di troppo delicato pensare. So io come prenderla per non offendere il suo amor proprio.»

«Sì, zia. Verrò qui domani; a che ora?»

«Ti manderò a chiamare io.»

Egli non si era accorto dei canini che dormivano sul letto, dappiè, coperti da una piccola coltre imbottita. Svegliati dalla voce del marchese, sollevate le teste fuori dai lembi della coltre, si erano messi a ringhiare.

«Come? Dormono con voi, zia!» egli esclamò.

«Per tenermi caldi i piedi. Hanno freddo anch'essi, poverini!»

Uscendo dal palazzetto della baronessa, il marchese esitò un momento, poi si diresse verso la casa del cugino Pergola. Si sentiva a bastanza forte contro le impressioni che vi avrebbe potuto ricevere. Era risoluto ormai.

«Prenderò il mondo com'è; farò come gli altri!» Non intendeva di voler essere un santo.

Il cavalier Pergola stava ancora a letto, ma senza berretto bianco calcato fin su le orecchie, senza empiastri attorno al collo riparato soltanto con un fazzoletto di seta. Di sul tavolino e di sul cassettone erano spariti i candelabri di legno dorato, le teche delle reliquie, il cordone di argento del Cristo alla Colonna; e la sua parola suonava spedita quantunque la voce fosse un po' rauca. Seduto sul letto, appoggiato al mucchio dei guanciali, egli raccontava in quel momento una fiaba ai suoi bambini, che si mostrarono molto malcontenti dell'interruzione prodotta da quella vista. Infatti, appena il cavaliere ebbe finito di raccontare come le tonsille gonfie erano scoppiate tutt'a un tratto quando egli già si sentiva soffocare – aveva visto proprio la morte con gli occhi! – il maggiore dei bambini, impaziente, disse:

«E allora, babbo, l'Orco che fece?»

«Ve lo dirò domani; ora andate a letto»

«No, vogliamo saperlo ora!» soggiunse la sorellina quasi piagnucolando.

«Che fece?» riprese il cavaliere. «Prima di mangiarsi viva viva la fanciulla, afferrò la capra che era con lei e ne fece un boccone. Ma, nella fretta d'inghiottire, un osso gli si mise per traverso nella gola, e morì soffocato. E la fanciulla tornò libera a casa sua. Stretta la foglia, larga la via, dite la vostra, che ho detto la mia. Siete contenti? Andate a letto.»

La signora Pergola, all'arrivo del marchese, aveva lasciato di cucire accanto al tavolino; alzatasi da sedere e presi per mano i due bambini rimasti delusi dal troppo rapido scioglimento della fiaba, uscì con loro dalla camera. Il cavaliere, impacciato di trovarsi da solo a solo col cugino, disse:

«Questa volta l'ho vista brutta! È difficile immaginare che cosa significhi sentirsi morire nella pienezza della vita e con l'intera lucidità delle facoltà intellettuali. Il pericolo fa perdere la testa, riduce imbecilli. Nelle malattie ordinarie, le forze sono già prostrate, l'intelligenza è annebbiata; si muore allo stesso modo con cui ci si addormenta, senza accorgersi di niente... Ma quando un ostacolo materiale vi stringe la gola, vi toglie il respiro, vi fa provare lentamente tutti gli orrori della morte vicina, oh, credetemi, cugino...! Non si resiste... Io mi sarei squarciato la gola con le mie stesse mani... Voi sorridete, capisco perché... Ho commesso una bestialità... Quel vampiro del prevosto Montoro ne ha approfittato... Mi ha strappato una ritrattazione. Dovrà rendermela. Lo afferrerò pel collo...»

«Lo avete mandato a chiamare voi, mi ha detto la cugina.»

«Chi si rammenta più quel che ho fatto in quei momenti? Mi sarei attaccato ai rasoi... Mia moglie che mi stava davanti con gli occhi rossi dal pianto... I bambini... Non ragionavo più...»

«E così San Biagio, il Cristo alla Colonna...»

«Non me ne parlate, cugino!»

«E voi, ve lo avverto, non mi parlate più dei vostri libri. Ve li rimando domani. Non voglio guastarmi la testa... Ho altro a cui pensare. Tanto, il mondo andrà sempre allo stesso modo... Brancoliamo tastoni, nel buio... È meglio premunirsi, in ogni caso. Che ci rimettiamo? Se di là non c'è nulla... buona notte! Ma se c'è?»

«È un rimprovero?»

«No; ognuno la pensa a modo suo. E per certe cose, la miglior maniera di pensarci, secondo me... è non pensarci affatto. Prendo moglie; ho i miei affari, voglio vivere tranquillo. Che avete guadagnato voi coi vostri famosi libri? Non ci danno da mangiare essi, non ci tolgono un guaio di addosso; e ne abbiamo tanti! Dunque? Dunque stringiamoci nelle spalle, e lasciamo che le cose vadano come debbono andare. E poi, caro cugino, noi non siamo scienziati. Gli scienziati fanno tante belle scoperte; se le tengano per loro. Noi non possiamo rispondere: "È vero! Non è vero!". Che ne sappiamo? Dobbiamo stare in fede loro. Non sono infallibili. Dunque?... Me ne vado; è tardi.»

«I preti non vogliono altro; contano su la nostra ignoranza.»

«Voi ce l'avete coi preti. Per me, sono uomini come noi. Perché hanno la chierica? Perché dicono messa? Fanno il loro mestiere. Io sto a sentirli, e poi... agisco come mi persuado. Anche don Aquilante ce l'ha coi preti. E intanto egli le sballa più grosse di loro. Non voglio dar retta a nessuno da oggi in avanti. Fate come me. Ve ne troverete bene. Che male ci sarebbe stato se aveste celebrato a suo tempo il matrimonio religioso? Avete riparato ora, e vi approvo.»

«Per contentare mia moglie...»

«Dovevate contentarla prima, se le volevate bene. Avete avuto paura. Significa che, in fondo, non siete proprio convinto neppure voi...»

«Vi avrei voluto nei miei panni, con quelle maledette tonsille! Ma le farò strappare. Un'operazione da nulla, senza dolore e senza sangue; le afferrano con uno strumento che taglia e caustica nello stesso tempo, e in un minuto è fatta!»

«Bravo!... Ma intanto avete avuto paura!»

Il marchese rideva, soddisfatto di aver potuto mortificare il cugino, e d'essersi presa la rivincita del turbamento prodottogli quella mattina con la confessione, con lo spettacolo delle reliquie e il resto. In quanto a sé, tornando a casa, era contento di ripetersi mentalmente:

«Non voglio essere un santo io!»

XXV

Due mesi dopo, Zòsima Mugnos, diventata marchesa di Roccaverdina, era ancora quasi incredula della felicità raggiunta non tanto col trovarsi in mezzo alle ricchezze dalla pudica miseria della sua famiglia decaduta, quanto col vedere finalmente avverato quel che era stato per lei il lungo sogno della sua giovinezza. Segreto sogno, lusinga, ricordo piuttosto che lusinga, dopo che il marchese, giovanissimo – fattole nascere in cuore un affetto con atti e parole che l'avevano tratta in inganno lasciandole supporre che egli non osasse di dirle apertamente quel che le pareva di indovinare – si era allontanato da lei, proprio quando avveniva la improvvisa rovina della sua famiglia, e più tardi aveva accettato in casa una donna che tutti credevano destinata ad occupare, un giorno o l'altro, il posto ch'ella s'era immaginato potesse essere suo.

Aveva pianto nella sua cameretta, si era chiusa nell'ombra discreta con nel cuore sempre vivissima l'immagine di colui che l'aveva fatto palpitare la prima volta; e si era votata a quel ricordo nell'isolamento, senza nessuna speranza, non osando neppure lamentarsi della sua cattiva sorte, sopportando con mirabile rassegnazione tutte le umiliazioni della miseria; consolata unicamente dal ricordo di quei lontani giorni, di quei mesi, di quei due anni in cui tanti piccoli fatti, tanti lievi indizi le avevano popolato di gentili chimere la mente, e rallegrato di un continuo sorriso la bella bocca e gli occhi azzurri.

Così era quasi sfiorita, pregando ogni sera per lui; grata di dovergli una consolazione ch'egli certamente ignorava; grata di potere, di quando in quando, pensare e fantasticare quel che sarebbe potuto avvenire e non era avvenuto e che ella credeva non sarebbe più avvenuto. Orgogliosa che mai un suo atto o una sua parola non avessero rivelato a qualcuno la sopravvivenza di un'illusione della sua giovinezza, ella era rimasta turbata il giorno in cui la baronessa di Lagomorto le aveva fatto capire fuggevolmente, con rimpianto, che anche lei si era illusa di vederla entrare in casa Roccaverdina per continuare la tradizione delle sante donne massaie e caritatevoli, delle quali il ricordo durava ancora.

Una santa la nonna, vecchietta grassa e piccola, che negli ultimi anni di sua vita andava a messa col bastone, quasi strascinando le gambe, e intonava il rosario dal banco di famiglia posto sotto il pulpito; banco nel quale non doveva mai sedere nessuno estraneo, e per ciò fatto col piano che si rilevava e veniva chiuso a chiave terminata la messa. Ogni venerdì mattina la buona vecchietta attendeva nel portone i suoi poveri, seduta su un seggiolone coperto di cuoio, con ai lati due cofani ricolmi di grosse fette di pane infornato a posta, che distribuiva ella stessa, facendo sfilare i poveri a uno a uno, dicendo una buona parola a questo, dando doppia razione a quelli che sapeva carichi di famiglia, domandando notizie di qualcuno che non si presentava, se mai fosse malato.

Santa la mamma, nonna del marchese Antonio. Ne aveva visto di tutti i colori con le scapataggini del marito. Era padre della baronessa, ma ella soleva dire: «La verità innanzi tutto!». E poi, chi non sapeva che la povera sua mamma era stata una martire? Tra bracchi, levrieri, segugi, cani di ogni razza e campai armati fino ai denti e con certe facce da metter paura – arrivavano, sparivano, ricercati dai gendarmi, e riapparivano poco dopo, senza barba, con altri nomi, sotto altre spoglie, e dovevano accompagnare il padrone dovunque, come guardie del corpo – la santa donna tremava davanti al marito; e doveva fare la carità di nascosto perché al marchese non piaceva di vedere la casa assediata dalla poveraglia, come avveniva quando la nonna era ancora in vita e non le si poteva impedire di fare a modo suo.

Santa e martire pure essa la cognata, col marito che pensava soltanto ai levrieri da far correre, vestito come un burattino, all'inglese, e che sciupava quattrini per questa sua smania e per le donne di teatro a Palermo, lasciando rodersi di gelosia e di umiliazione la bella e buona creatura che Dio poi aveva inchiodata paralitica nel letto dove era morta di sfinimento.

Oh! Quando la baronessa cominciava a parlare delle persone di casa sua, non la finiva più; ed era così schietta e sincera da far sospettare che sentisse una specie di compiacimento nel mostrare che, infine, i Roccaverdina appartenevano quasi a una razza diversa dall'ordinaria, non importava se nelle cose buone o nelle cattive. Le donne però vi erano state tutte sante; e forse ella attribuiva un po' di santità anche a se stessa, pensando ai guai che le aveva fatto patire il barone suo marito.

Zòsima stava ad ascoltarla con vivissimo piacere ogni volta che la baronessa ragionava della gente di casa Roccaverdina. E quella sera che nell'accomiatarsi si sentì mormorare nell'orecchio: «Ah, figlia mia, forse Dio esaudirà le mie preghiere!» e l'accento e l'espressione degli occhi le fecero intendere di che cosa si trattasse, ebbe una vampa alla faccia e non poté neppure rispondere come voleva: «Perché mi dite così?» vergognandosi di mostrare che aveva subito capito.

Dopo che il marchese aveva fatto chiedere la sua mano, e durante i lunghi mesi scorsi tra la richiesta e il compimento del matrimonio, quanta ansietà, quanti silenziosi pianti nella sua cameretta, pensando a quell'*altra* che forse aveva lasciato qualche profonda impronta nel cuore del marchese, e dubitando di poter riuscire a scancellarne ogni traccia!

Aveva manifestato i suoi timori prima alla mamma per consultarla intorno alla risposta da dare; poi alla baronessa, per scusare il ritardo di quella risposta, che le riusciva strano e inesplicabile.

La signora Mugnos l'aveva sgridata:

«Come? Ti metti a pari di una donnaccia? Ti credi così poca cosa, da non poter fargliela dimenticare? Ma quelle disgraziate, figlia mia, non lasciano segno alcuno. Infatti, egli le ha dato marito anche prima di chiedere te, e forse pensando a te. Che temi dunque?»

E la baronessa:

«Hai avuto torto, figliuola mia! Posso assicurarti che colei gli è andata via tutta intera dal cuore. Mio nepote non vuol sentirne nemmeno ragionare; se qualcuno gliela nomina, gli tronca le parole su le labbra.»

Eppure, che farci? La marchesa di Roccaverdina, dopo due mesi, quando ormai non poteva ragionevolmente più dubitare di appartenere per sempre a colui che era stato il sogno della sua giovinezza, e se lo vedeva attorno premuroso, affettuoso, con evidenti prove di spontanea sottomissione, sentiva rinascere dentro di sé i sordi assalti di gelosia che la avevano tormentata segretamente tanti anni; quasi appunto quelle affettuose premure, quelle prove di sottomissione fossero da parte del marchese, più che altro, sforzi di volontà coi quali egli cercasse di ascondergli il vero stato d'animo di lui.

Mamma Grazia, vedendola arrivare dal Municipio, per ricevere la benedizione nuziale nella cappella di casa, dove dopo la morte della marchesa madre non era più stata celebrata nessuna funzione religiosa, si era buttata ginocchioni, piangendo di contentezza, e aveva baciato il pavimento per ringraziare Iddio della consolazione concessale prima di chiudere gli occhi, esclamando:

«Ora questa casa è ribenedetta! Ora v'è entrata la grazia del Signore!»

E nei giorni appresso la povera vecchia un po' istolidita aveva ripetuto tante volte quelle esclamazioni, da spingere la marchesa a domandarle:

«Perché? Che intendete di dire?»

Mamma Grazia si era sfogata, raccontando tutto quel che aveva dovuto soffrire in silenzio per non dar dispiacere *al figlio marchese*, allorché era stata costretta a servire quell'intrusa venuta a far da padrona là dove non era degna neppure di spazzare le stanze!

«Non posso però dirne male,» aveva soggiunto; «mi ha sempre rispettata. E Dio mi castigherebbe, se affermassi che era cattiva, interessata, vanitosa; no, no!... Ma il suo posto non era qui. E glielo dicevo: "Come hai fatto? Lo hai stregato?". Ed ora ho qui la mia bella padroncina! Ho la mia bella figlia, che mi permette di chiamarla così perché è sposa di colui che è quasi figlio per me... Ora questa casa è ribenedetta. Il peccato mortale è andato via! Ora vi è entrata davvero la grazia del Signore!»

La signora Mugnos, venuta ad abitare dalla marchesa nelle prime settimane, aveva voluto tornare assieme con la figlia minore nella casa dov'era nata, dove era stata parecchi anni moglie e madre felice, e dove poi aveva assistito, col cuore straziato e con gli occhi in pianto, alla rovina venuta subito dietro alla improvvisa morte del marito. Due, tre volte la settimana, ella e Cristina pranzavano in casa Roccaverdina e vi restavano l'intera giornata le domeniche; ma questo non impediva che la testa della marchesa non fosse invasa lentamente dall'ossessione dell'*altra* che si era aggirata, dieci anni, per quelle stanze, e che sembrava vi avesse lasciato l'acuto odore di donna peccaminosa, così repugnante per lei casta di corpo e di pensieri.

Il marchese aveva già ripreso la sua vita di affaccendamento che lo faceva partire quasi ogni giorno per Margitello dove la vendemmia ferveva; e il raccolto delle ulive era vicino. Due volte egli aveva condotto la marchesa laggiù, altiero di mostrarle quelle macchine che luccicavano quasi fossero state di argento, e che tra poco avreb-

bero avuto un bel da fare; altiero di mostrarle la trebbiatrice tolta in prestito dal Comizio Agrario provinciale,
che ingoiava i covoni con la larga bocca, immettendo dagli sbocchi posteriori il grano crivellato nei sacchi pronti
a riceverlo. Ella aveva fatto sembiante d'interessarsi della
trebbiatrice che una lunga correggia metteva in comuni-
cazione col motore fumigante là accanto; di interessarsi
delle macchine che da lì a non molto sarebbero state ros-
seggianti di mosto, unte di olio, sudice di morga, e più
belle che non sembrassero ora con quell'aria di ordigni di
lusso posti là, apparentemente, per delizia degli occhi.

Ma intanto che il marchese le faceva visitare ogni cosa,
dando minuziose spiegazioni, esaltando la sua iniziativa,
la sua aspirazione e descrivendo l'avvenire della *Società
Agricola*, quasi non si potesse menomamente dubitare
che esso dovesse essere quale appariva alla sua immaginazione o quale egli lo desiderava, Zòsima si sentiva sopraffare da un senso di delusione, da un'inattesa tristezza, cominciando ad avvedersi che ella era entrata nella vita di lui con la stessa importanza delle macine, della pi-
giatrice, degli strettoi e di tutti gli altri arnesi che lo tenevano occupato, senza che gli facesse vibrare nel cuore
qualche cosa di più intimo, di più dolce di cui ella stessa
non aveva chiara e precisa idea, ma di cui le era doloroso
notare la evidente mancanza.

Temeva però di ingannarsi; temeva specialmente di
sembrare o di essere incontentabile e quasi ingrata, chiedendo alla sua sorte un compenso più largo di quel che
era stato ora concesso alle sue lunghe sofferenze, alla sua
costanza, a quella segreta dedizione con cui ella si era votata a lui quando egli ne aveva perduto ogni ricordo, tutto preso dall'*altra*, più giovane, più fresca di lei, e che certamente doveva essergli parsa anche molto più bella.

E perciò la gelosia di quel passato tornava a rigermo-
gliarle nel cuore come una volta. Allora si era rassegnata;
oggi ella sentiva che non avrebbe potuto rassegnarsi più.

Che confronti faceva dunque il marchese? Che cosa occorreva per impedirgli che li facesse?

La signora Mugnos, la baronessa, Cristina, tutti coloro che per una ragione o per l'altra l'avvicinavano, le facevano capire chiaramente che la credevano felice. E quando, accorgendosi della lieve ombra di tristezza che le velava gli occhi o traspariva da un caratteristico atteggiarsi delle labbra, o da una cert'aria stanca della persona, le domandavano se per caso non si sentisse leggermente indisposta, sorridevano credendo che si trattasse di indizi da cui potevano trarsi lieti auspici.

Ella negava:

«No, no; sto bene, molto bene anzi. Che mi manca?»

«Che può mancarti, figlia mia?» le diceva la baronessa. «Ma non c'è da arrossire, se hai già la fortuna...»

«No, zia!... Ve l'assicuro!»

«Che ti senti dunque? Sei palliduccia...»

«Niente mi sento, zia. Sono sempre stata un po' pallida.»

«Un mese fa eri diventata rosea; sembravi un'altra. Ora tua madre n'è un po' impensierita. Dovresti smettere questi abiti troppo scuri. Ricordati che sei sposa, che sei la marchesa di Roccaverdina...»

Zòsima aveva voluto conservare le modeste apparenze di quand'era semplicemente la signorina Mugnos, anche per un riguardo alla madre e alla sorella. Il marchese, nel contratto matrimoniale, le aveva costituito in dote la vasta tenuta di Poggiogrande, autorizzandola a voce, anzi volendo che ella disponesse della rendita in favore della madre e della sorella in maniera da non offendere il loro legittimo orgoglio.

La signora Mugnos aveva risposto alla figlia:

«Siamo due mosche; quel che ci rimane ci basta.»

Ed era occorsa una grande insistenza da parte della marchesa per farle accettare tanto grano e vino e legna da impedire che essa e Cristina dovessero continuare a lavorare, come due misere donne, mentre ella viveva nella ricchezza. Parecchi oggetti superflui di casa Roccaverdina erano andati a rendere meno squallide le stanze della famiglia Mugnos.

«Oh mamma! Potrei sentirmi felice pensando al vostro stato e a quello di Cristina? Fatelo per me, giacché non vi è piaciuto di venir a convivere in casa nostra, come il marchese ed io avevamo desiderato.»

Ma quando il suo cuore avea cominciato a turbarsi con l'ossessione dell'immagine di quell'*altra* che aveva desinato faccia a faccia col marchese, nella stessa sala da pranzo e forse seduta, nello stesso posto dove ora sedeva lei; che aveva dormito, se non nello stesso letto e nella stessa camera, certamente sotto lo stesso tetto, e aveva toccato con le sue mani la stessa biancheria, e parecchi oggetti che le stavano sotto gli occhi e che non potevano non ridestare il fantasma di colei nella immaginazione del marchese, la gioia di far partecipare la mamma e la sorella alla mutata condizione della sua esistenza non era più bastata a compensarla dell'angoscia prodotta dal perfido pensiero che le si insinuava a ogni istante nel cervello, appena rimaneva sola, e specialmente ogni volta che mamma Grazia le faceva sentire il suo ritornello di vecchia un po' istupidita:

«Ora questa casa è ribenedetta! Ora v'è entrata davvero la grazia del Signore!»

E fu una gran trafittura per lei il giorno che il marchese, uditole ripetere quel ritornello, sgridò aspramente mamma Grazia:

«Non hai altro da dire? Sta' zitta! Mi hai già rotto le tasche con la tua ribenedizione!»

«Poveretta!» s'interpose la marchesa.

E avrebbe voluto anche domandargli:

«Perché vi dispiace?»

XXVI

Dal canto suo, nelle prime settimane dopo il matrimonio, il marchese aveva avuto la dolcissima sensazione di un compiuto rinnovellamento della sua vita, vedendo animate da tre figure femminili quelle stanze dove egli, da più di un anno, non vedeva altra donna all'infuori della vecchia nutrice che andava attorno curva, mal pettinata, strascicando le ciabatte, larva di donna più che donna.

La signora Mugnos e Cristina avevano aiutato la marchesa nel dare ai mobili, agli oggetti, alle disposizioni del servizio quell'impronta che soltanto l'istinto, l'occhio e la mano della donna sanno imprimervi; e al marchese sembrava che ora tutta la sua tetra casa fosse illuminata da altra luce, sorridesse e quasi cantasse, tanto era insolito quel risonar di voci femminili da stanza a stanza, a cui lo scoppio argentino di certe risate di Cristina dava una gaiezza di freschi gorgheggi che ringiovaniva ogni cosa.

Quando però la signora Mugnos e Cristina erano andate via, il marchese aveva avuta la sgradita sorpresa di riconoscere che quella sensazione di rinnovellamento proveniva principalmente dalle impressioni puramente materiali della presenza di persone quasi estranee a lui, e che niente o poco assai era mutato dentro di lui.

Nell'intimità dei primi colloqui, Zòsima aveva commesso l'imprudenza di parlargli del passato, di quegli anni di tristezza trascorsi nella sua cameretta, senza il minimo luccicore d'una speranza lontana, delle trepidanze e degli scoraggiamenti che l'avevano fatta esitare ad accorrere al richiamo di felicità quando egli aveva chiesto la mano di lei.

«Saprò farvi dimenticare tutto?»

«Ho già dimenticato, poiché voi siete qui.»

«Vorrei darvi ogni felicità... Mi sentivo più sicura, più coraggiosa allora, quando attendevo di giorno in giorno, di momento in momento, una parola che non vi usciva mai da le labbra, e che pure mi sembrava di leggervi chiaramente negli occhi.»

«Non v'ingannate. Ero timido; e poi, allora vivevano mio padre e mia madre; mi sembrava che io non avessi il diritto di manifestare un desiderio, di prendere una risoluzione. Mi avevano educato a una sottomissione assoluta. Dopo, quando acquistai piena libertà... di fare a piacer mio, tante e tante cose erano mutate. Non vi vedevo più da un pezzo. Le nostre famiglie avevano cessato ogni relazione... La zia però dice bene: matrimoni e vescovati dal cielo son destinati. È stato proprio così. Non siete contenta che sia stato così?»

Oh, se era contenta!

Egli però non poteva far a meno di rammentare, di paragonare; e Zòsima gli appariva troppo riservata, troppo fredda in confronto dell'*altra* a cui involontariamente correva il pensiero. Se ne adontava quasi commettesse in quel momento un sacrilegio, ma non poteva distrarsi, non poteva scacciar via il fantasma che gli si ripresentava con tanti particolari da cui a poco a poco gli venivano ridestati nell'animo altri ricordi che egli aveva creduto dovessero essere annientati dal solo fatto che Zòsima era sua legittima moglie.

E quando la marchesa gli ripeteva, affermativamente, con gentile carezza della voce: «Saprò farvi dimenticare tutto!» egli rimaneva male, si sentiva rimescolare, cercando di intendere che mai ella volesse significare con la parola *tutto*.

Pur troppo non riusciva a dimenticare! Tornava anzi a

sentirsi pesare addosso quell'oscura fatalità, quella continua, vaga minaccia di parecchi mesi addietro; e provava rimorso d'aver messo anche lei nella circostanza di partecipare alle conseguenze di quella fatalità, agli effetti di quella minaccia, legandola inconsideratamente alla sua vita.

Così tra la marchesa e lui, sin dalle prime settimane della loro vita in comune, si era interposto qualche cosa, che a lei pareva freddezza e a lui istintiva repulsione; a lei naturale rifiorire di sensazioni e di sentimenti che lo inducevano a confronti nei quali ella immaginava di doversi trovare inferiore a quell'*altra*; a lui, se non rancore, dolente rimprovero di scoprirsi immeritatamente ingannata.

Nessuno dei due osava affrontare una spiegazione; temevano di far peggio, di apprendere cose che avrebbero voluto ignorare e delle quali sarebbe stata peggiore la certezza che il sospetto.

Ella cercava di prevenirne ogni desiderio, fargli scorgere che se nella di lui vita era avvenuto un gran mutamento, era stato in meglio e non in peggio. Egli tentava di mostrarle in ogni occasione un'assoluta fiducia nella bontà e nell'affetto di lei; e metteva in ciò una specie di ostentazione, di cui la marchesa si accorgeva e che non le sembrava buon segno.

Timidamente un giorno ella gli aveva detto:

«La povera mamma Grazia si stanca subito; non può badare a tutto. Io non vorrei darle il dolore di veder in casa nostra un'altra persona di servizio; l'aiuto dove e come posso. Ma non solamente le mancano le forze, perde ogni giorno più la memoria.»

«Siete voi la padrona, marchesa. Fate come vi pare, non avete bisogno di consultarmi; tutto quel che voi disponete e ordinate, io lo approvo anticipatamente. Mostratemi col fatto di sentirvi qui marchesa di Roccaverdina per davvero.»

«No,» ella rispose. «Dovreste prima parlargliene voi. Merita questo riguardo. Non vorrei che ella vedesse in me una nemica. Le donne come lei sono sospettose. Vi ha chiamato sempre con l'affettuoso nome di figlio. Vive qui da tanti anni, quasi da parente. Ed è così buona, così affezionata!»

In quel punto mamma Grazia si era affacciata all'uscio. Da qualche tempo in qua commetteva stranezze. Accorreva immaginandosi di essere stata chiamata, e spesso, pochi minuti dopo, tornava a presentarsi per lo stesso motivo.

«Hai sentito, mamma Grazia, quel che dice la marchesa?»

«No, figlio mio.»

«Vuol mettere una serva a tua disposizione, per aiutarti nelle faccende di casa. Ti strapazzi troppo, le sembra.»

«Non sono una signora io.»

«Sei grandetta; le ossa ti pesano. Eh?»

«Finché mi reggo in piedi, figli miei...»

«Ti tocca il ben servito. Mi farai tante e tante calze; te ne starai seduta nella tua cameretta, o al sole in un balcone, quando è bel tempo.»

«Vi dispiace, mamma Grazia?» soggiunse la marchesa.

«Una serva? Per me?... Vuol dire che non sono più buona a niente, figli miei!... Avete ragione. Non son più buona a niente. La testa non mi regge...»

«C'è bisogno di piangere?» la rimproverò il marchese.

«Avrei voluto servirvi sempre io...»

«E ci servirai sempre tu; l'altra ti aiuterà. La marchesa anzi vorrà essere servita soltanto da te. Intanto quella farà le faccende più grossolane.»

Mamma Grazia si asciugava le lagrime col grembiale, ripetendo:

«Lo so; non sono più buona a niente!»

«Chi vi dice questo, mamma Grazia? Se vi dispiace, lasciamo andare; non ne parliamo più...»

«Hai ragione, figlia mia! Non sono più buona a niente.»

«Zitta! Così mi farai tante belle paia di calze!» le aveva ripetuto il marchese per consolarla.

Non aveva egli detto: «Tutto quel che voi disponete e ordinate io lo approvo anticipatamente»? E la marchesa avea creduto di potersi servire di quest'ampia autorizzazione compiendo un'opera di carità.

Una settimana dopo, era tornata da lei la povera vedova di Neli Casaccio a implorare di nuovo che prendessero il maggiore dei suoi figliuoli a servizio.

«Eccolo: ho voluto condurlo con me perché *voscenza* e il marchese si persuadano che è forte e svelto, quantunque abbia appena dieci anni. Ne facciano quel che vogliono; in città, in campagna, purché io sappia che non gli manca un boccone di pane. Non so più dove dare la testa. Non mi resta che andare attorno a chiedere l'elemosina per me e pei miei poveri figliuolini!... Ma il Signore dovrà farmi morire avanti che io arrivi a quest'estremo, e portarseli tutti in paradiso prima di me.»

La marchesa non avea potuto risponderle in modo evasivo come l'altra volta; e alla vista del bambino scalzo, coperto di stracci, pallido e macilento, ma che dimostrava nella faccia e specialmente negli occhi intelligenza precoce, si era sentita commuovere.

«Vuoi restare qua?» gli domandò.

«Eccellenza, sì.»

«O vuoi andare in campagna?»

«Eccellenza sì!»

La marchesa sorrise. La povera mamma ravviava con le dita i capelli arruffati del bambino, sorridendo anch'essa, e le ciglia le palpitavano lasciandole cascare qualche lagrima su le gote scarnite. Da qualche tempo in qua il marchese non si era più ricordato di lei; mamma Grazia non era più ricomparsa a portarle quel piccolo soccorso che aveva tenuto in vita mamma e figliuoli durante i terribili giorni della mal'annata. Ella, povera donna, non se ne lagnava. Si era ingegnata, come tanti altri, andando a raccogliere cicoria, amarella, tutte le erbe mangiabili che la pioggia aveva fatto ripullulare per le campagne, nutrendo sé e i bambini con esse appena condite con un po' di sale e con qualche stilla di olio, spesso senza neppur questo; benedicendo la divina Provvidenza che con tal mezzo aveva impedito che tanta misera gente perisse di fame.

«Ora m'industrio alla meglio,» soggiungeva la vedova. «Cucio, filo. Andrò anche a raccogliere ulive, raccomandando i bambini alla carità di una vicina. Ma siamo cinque bocche, eccellenza!»

«Prendo il ragazzo,» risolse la marchesa tutto a un tratto. «Bisogna rivestirlo, provvederlo di scarpe. Pel vestito, comprate la roba e portatela da mastro Biagio, il sarto... Lo conoscete? Le scarpe bisognerà ordinarle a posta, credo. Vi do il denaro occorrente per tutto. Quel che rimarrà lo terrete per voi.»

E le lagrime della povera donna le avevano bagnato la mano, voluta baciarle per forza.

Quella sera, il marchese, tornato tardi da Margitello, si era messo a tavola di buon umore.

La marchesa, seduta di faccia a lui, attendeva che egli finisse di parlare delle meraviglie delle pigiatrici e degli strettoi delle uve, che agivano con la precisione di un orologio.

«Se penso,» egli continuava, «che in questo vino qui hanno sguazzato i piedacci di un pestatore, mi vien nausea di berlo! Ai tempi di Noè non si faceva altrimenti! Un mascalzone grosso e tarchiato va su e giù pel palmento affondando nell'uva ammonticchiata le pelose gambacce fino alla caviglia, reggendosi a un bastone per non scivolare, spiacciando i chicchi coi piedi mal ripuliti... E questa incredibile porcheria dovrebbe continuare ancora tra noi!...»

«Non mi sgriderete,» lo interruppe finalmente la marchesa, «se vi dirò che sono contenta anch'io della mia giornata. Ho fatto un'opera di carità... Ho preso un servitorino...»

«Come mai?»

«Mi sono lasciata intenerire... Un bambino di dieci anni... Povera creatura!... Quell'orfanello... ricordate? di cui vi parlai tempo fa... figlio del disgraziato Neli Casaccio... Ho fatto male?»

Ella si era arrestata un istante, meravigliata di vederlo rannuvolare in viso e di vedergli abbassare gli occhi quasi volesse evitare di guardarla o sfuggire di essere osservato; poi aveva ripetuto la domanda:

«Ho fatto male?»

«No. Certamente,» proseguì il marchese con voce turbata, «non potrà riuscirmi piacevole l'avere sempre dinanzi chi mi ricorderà avvenimenti che mi hanno contristato assai...»

«Posso riparare, se ho sbagliato.»

«La marchesa di Roccaverdina, quando ha dato la sua parola, deve mantenerla a ogni costo.»

«Ma, infine, che tristi cose può rammentarvi quel ragazzetto? Se suo padre è morto in carcere, non ci ha colpa lui. Il male, se mai, l'ha fatto quello; dico così perché ha ammazzato, per gelosia. Non era un cattivo soggetto, non rubava; campava facendo il cacciatore. Tutti lo proclamano anzi un brav'uomo. Voleva troppo bene a sua moglie; la gelosia lo ha perduto. In certi momenti, quando la passione ci offusca il cervello, noi non sappiamo più quel che facciamo... Io lo avrei assolto...»

«E... l'ucciso?» disse il marchese...

Ma subito, quasi questa domanda gli fosse sfuggita suo malgrado, si affrettò a soggiungere:

«Che bei discorsi a tavola!...»

«Io non credevo di vedervi accigliare per un mio atto di carità...» rispose Zòsima dolcemente. «Eppure la povera vedova non si stanca di benedirvi, gratissima di tutto quel che voi avete fatto per essa e pei suoi bambini, durante la mal'annata. Volevate esser solo nel beneficarla? Ah, da ora in poi le buone opere dobbiamo farle insieme!»

Sorrideva, tentando di scancellare la cattiva impressione da lei involontariamente prodotta; e si meravigliava che restasse silenzioso, e non riprendesse a mangiare.

«Non avrei mai creduto di farvi tanto dispiacere!» esclamò.

«È una mia ubbia, scusate,» egli rispose. «Forse m'inganno... E poi... Mi abituerò a vedere il ragazzo... Parliamo d'altro.»

Prese dalla fruttiera un bel grappolo di uva e lo porse in un piatto alla marchesa, dicendole:

«È cosa vostra, di Poggiogrande.»

Vedendo che ella, assaggiatone soltanto pochi chicchi, riprendeva a picchiare distrattamente su la tavola con la punta della forchetta, il marchese, un po' impacciato, le domandò:

«Non vi piace?»

«È eccellente... L'ucciso avete detto?...»

Il marchese la guardò negli occhi, stupito di sentirle riprendere il discorso di prima.

«L'ucciso, capisco, era persona di casa vostra,» ella continuò. «Lo chiamavano *Rocco del marchese*! Gli volevate bene perché abile, fedele; non avete ancora trovato chi possa sostituirlo... Ma... giacché, per caso, siamo venuti a parlarne, voglio dirvi schiettamente la mia impressione.»

«Dite.»

«Se fosse vivo, quell'uomo mi farebbe ribrezzo.»

«Ribrezzo?»

«Sì. Uno che può sposare l'amante del padrone... per interesse, non per altro... Oh! La sua condotta lo prova. Se l'avesse sposata per passione, io ora lo compatirei... Ma non l'amava, non si curava nemmeno di salvare le apparenze... Insidiava le mogli degli altri. Voialtri uomini però giudicate a modo vostro... La stessa sua moglie doveva forse disprezzarlo... Vedete? In questo momento vi ricordo persone e fatti che vorrei dimenticati da voi; che voi mi avete detto più volte di ricordare appena, come fantasmi di un sogno lontano...»

«Non mi avete creduto?»

«Se non vi avessi creduto, non ve ne parlerei; quantunque di tanto in tanto... Ecco; ve ne parlo per questo. Avrei dovuto avere la franchezza, il coraggio di domandarvi... E, invece, faccio come coloro che intraprendono un gran giro per arrivare a un punto dove temono di trovare una trista notizia, quasi il ritardare per via fosse un sollievo anticipato...»

«Che avete, Zòsima?» disse il marchese, levandosi da sedere, e avvicinandosi a lei premurosamente. «Che vi hanno detto... Che sospettate? Quella stupida di mamma Grazia, forse...»

«No, poveretta!... Ho il cuore gonfio. Sappiatelo, Antonio. Non mi sento... amata da voi!»

E alcuni singhiozzi soffocarono queste ultime parole.

«Perché? Perché?» balbettò il marchese.

«Dovreste dirmelo voi il perché!»

XXVII

Non aveva saputo dirle niente, cioè soltanto poche parole stentatamente scherzose che dovevano rassicurarla pel tono con cui le aveva pronunciate e che invece la turbarono di più.

Era rimasto turbatissimo anche lui. Gli pareva che la marchesa, accettando in casa loro quel ragazzo, vi introducesse qualche cosa di più che un malaugurio, un germe di fatalità; e pensava al modo con cui impedire che questo avvenisse, senza che ella potesse sospettare l'opera di lui.

Ma, infine, tutto ciò non era puerile?

Fece una scrollata di spalle. E per mostrare alla marchesa che egli non era uomo da lasciarsi dominare da un'ubbia, il giorno dopo, sul punto di partire per Margitello, le diceva:

«Dovreste ordinare una piccola livrea per quel ragazzo; calzoni e giacchettina di panno scuro, filettati di giallo, colore dei Roccaverdina, con berretto gallonato.»

«Oh!»

«Al tempo del nonno, i nostri servitori dovevano vestire così. Mamma Grazia sa dove si trova qualcuna di quelle vecchie livree tarlate e i cappelloni di feltro a soffietto.»

«Altri tempi, altri usi.»

«Volete che me n'occupi io?»

«No; lo manderemo in campagna. Il boaro di Poggiogrande mi diceva appunto la settimana scorsa, che aveva bisogno di un ragazzo.»

«Forse sarà meglio pel ragazzo.»

«E per noi,» soggiunse la marchesa, con lieve accento di tristezza.

Il marchese, in piedi, sorbiva lentamente il caffè, mentre la marchesa, seduta vicino al tavolinetto, agitava, pensosa, col cucchiaino lo zucchero in fondo alla tazza che le fumava davanti.

«Temevo di trovarvi già partito per Margitello,» disse il cavalier Pergola entrando all'improvviso. «Scusate, cugina. Capperi! Mattiniera! Vi credevo ancora a letto. Buon giorno. Una tazza di caffè? Volentieri; non l'ho preso in casa mia per la fretta di venire qui.»

«Che cosa è accaduto?» domandò il marchese.

«L'amico... quello della Sottoprefettura mi ha scritto. Siete il primo nella terna; il colpo è riuscito!...»

«È inutile; io non voglio essere sindaco!»

«Come? Dopo tutto quel che abbiamo fatto?»

«Che me n'importa? Sbrigatevela tra voi. Io ho i miei affari. Ho troppe cose a cui badare.»

«Il marchese ha ragione, cugino.»

«Mah!... Ci siamo compromessi. Si è compromesso anche lui... In ogni caso, basterà dare il nome, circondarsi di assessori di fiducia.»

«Ho appena fiducia in me stesso,» rispose il marchese.

«Questa non se l'aspettava nessuno! Riflettete bene, cugino!»

«Quando ho detto no, è no!... Volete venire a Margitello? Oggi imbottiamo il vino bianco... Poco, ma tutto d'uva sceltissima.»

«Attenderò di assaggiarlo a suo tempo!»

E il marchese era partito lasciando là il cavaliere che bestemmiava internamente, per rispetto della cugina.

«Ci abbandona così, nelle peste! Dovreste persuaderlo voi,» egli disse, rivolgendosi alla marchesa e giungendo le mani in atto di preghiera. «Le donne fanno miracoli, se vogliono.»

«Lo avete sentito: "Quando ho detto di no, è no!". E poi... Lo conoscete meglio di me.»

«Pur troppo, è Roccaverdina... Preso un dirizzone, non c'è verso di stornarnelo. Bisogna lasciarlo stancare. Ora è tutto oli e vini; non gli si può ragionare d'altro. Probabilmente, tra un anno o due, butterà per aria macchine, botti, coppi! Con quella donna – ve ne parlo perché è cosa già passata da un pezzo – ha fatto pure così. Sembrava che, dopo dieci anni, dovesse commettere la corbelleria di sposarla... e un bel giorno la dà in moglie a Rocco Criscione... Gliel'ha data lui, gliel'ha imposta quasi... Rocco non poteva dirgli di no; si sarebbe fatto squartare pel suo padrone... Era sua moglie e non era sua moglie, dicevano le male lingue... E quando Rocco fu ammazzato, tutti credevano: ora la Solmo ritorna al padrone. Che!... Ve l'ho nominata per questo; non potete essere gelosa. Se mai, ora dalle macchine e dalla *Società Agricola*... In quanto a donne, egli è uscito di razza. Tutti i Roccaverdina sono stati famosi donnaioli: il marchese *grande*, il padre del cugino, anche vecchio... È vero che, dopo, aveva la scusa della paralisi della moglie... Povera zia! Bocconi amari ne ha inghiottiti parecchi... Ed era bellissima... L'avete conosciuta? No, non potete averla conosciuta. E per le elezioni comunali? Un altro dirizzone; ma si è stancato subito... Fate il miracolo, cugina! Dobbiamo abbandonare il Comune in mano a certa gentaccia? Che penseranno? Che il marchese di Roccaverdina ha avuto paura! Non è vero; ma così penseranno e lo diranno!... Mi mordo le mani!... Bella figura facciamo col Sottoprefetto! Egli lo ha proposto, sicuro che il marchese avrebbe accettato la nomina. Abbiamo lavorato tanto! Fate il miracolo!...»

Ah, ella avrebbe voluto fare ben altro miracolo! Ma si sentiva impotente. E lo diceva quello stesso giorno alla sua mamma che insisteva presso di lei:

«Che hai dunque? Che ti accade?»

«Forse ho sbagliato, mamma!»

«Perché?»

«Mi sento sola sola, mamma!»

«Che intendi dire?»

«Ci siamo illusi, egli ed io. Il suo cuore è chiuso per me. Ha preso me come avrebbe preso qualunque altra... Può darsi che il torto sia mio... Non avrei dovuto entrare in questa casa... C'è ancora il fantasma dell'*altra*. Lo sento, lo veggo...»

«Ma che cosa senti? Che cosa vedi?»

«Niente! Non so... Eppure sono certa di non ingannarmi.»

«Vergine benedetta! Che gusto tormentarsi così!»

«Ah, mamma! Non avrei voluto parlartene per non angustiarti. Ma il cuore mi si schianterebbe se non potessi sfogarmi. Lasciami sfogare... Mi ero rassegnata, da anni. Tu non hai saputo mai nulla fino a pochi mesi fa. Avevi dolori assai più grandi del mio; perché avrei dovuto confidartelo? E quando, tutt'a un tratto, quel che sembrava stoltezza sperare mi si presentò dinanzi come possibile, te ne rammenti? io esitai, a lungo esitai, temendo quel che, pur troppo, è avvenuto! Sì mamma. Tra me e lui sta sempre quell'*altra* – ricordo vivo...! Non m'inganno. Sono forse una persona, sono un cuore qui?... Sono un mobile.»

«Che aberrazione, figlia mia! C'è un malinteso tra voi; dovreste spiegarvi. Marito e moglie debbono fare così, altrimenti le cose s'ingrandiscono. Ognuno immagina che sotto ci sia qualche cosa di grave... E non c'è nulla!»

«E se c'è peggio di quel che uno sospetta?»

«Non può essere. Dopo sei soli mesi! Il marchese ha cento cose per la testa. Gli affari assorbono, danno tanti pensieri. Tu rimani a fantasticare, a roderti il fegato... Che vuoi che ne sappia lui? Come pretendi che indovini?»

«Gliel'ho detto: "Antonio, non mi sento amata da voi!". Gliel'ho detto singhiozzando... »

«Ebbene?»

«Si è messo a ridere, mi ha risposto scherzando, ma rideva male, scherzava a stento.»

«Ti è sembrato. Ha ragione. Gli uomini non possono intendere certe cose di noi donne, che non hanno importanza per loro. E intanto tu ti logori la salute; tu non ti accorgi che deperisci di giorno in giorno. Sei pallida... Non sei mai stata così. Che credevi, sposando? Di non dover avere nessuna croce? È un carattere strano; sopportalo come è. Ho sopportato peggio io! Ho fatto la volontà del Signore, mi sono rassegnata sempre; lo hai visto! Di che sei gelosa?»

«Del suo silenzio, mamma!»

«Il marchese non è espansivo; è fatto così. Vorresti rifarlo?»

«Che so? Certe volte rimane assorto, col viso scuro scuro; e allora, quando si riscote, mi guarda con occhi smarriti, quasi avesse paura che io indovinassi. E se gli domando: "Che pensate?" risponde, sfuggendomi: "Niente! Niente!".»

«E sarà niente davvero. Vuoi che gliene parli io? Che gliene faccia parlare dalla baronessa?»

«No. Può darsi che io abbia torto.»

«Hai torto certamente.»

«Sì, sì, mamma, ho torto; lo comprendo. Non affliggerti per me!»

Andando via, il marchese le aveva detto: «Tornerò presto questa sera». Ma era già un'ora di notte, e la marchesa, affacciata al terrazzino a pian terreno allato al porticino d'entrata, cominciava a impensierirsi del ritardo.

Si atterrì vedendo arrivare soltanto Titta a cavallo d'una mula.

«Il marchese?»

«Non è niente, eccellenza.»

Titta, saltato giù da cavallo, legata la mula a uno degli anelli di ferro confitti a posta nel muro ai due lati del portoncino, si affrettava ad entrare. Ella gli corse incontro nell'anticamera.

«Stia tranquilla, *voscenza*. È accaduto...»

«Il marchese sta male?»

«No, eccellenza. Devo andare dal pretore e dai carabinieri... Si è impiccato uno a Margitello: compare Santi Dimauro.»

«Oh, Dio!... Perché? Come?»

«È venuto a impiccarsi nel suo fondo venduto al marchese due anni fa. L'aveva detto tante volte: "Verrò a morirvi un giorno o l'altro!". E finalmente il disgraziato ha mantenuto la parola. Si era pentito di aver venduto quel fondo... Di tanto in tanto lo trovavano là, nella carraia, coi gomiti su le ginocchia e la testa tra le mani. "Che fate qui, compare Santi?" "Guardo la mia terra, che non è più mia!" "Avete preso un sacco di quattrini!" "Sì, ma io vorrei la mia terra!"»

«Perché l'ha venduta?»

«Oh! Egli soleva raccontare una storia lunga. Pel processo di Rocco Criscione... L'aveva col marchese, che non c'entrava... Il giudice istruttore... sa, *voscenza*; quando si fa un processo si raccolgono tutte le voci... E siccome il giudice istruttore... Una storia lunga!... Ma era venuto lui stesso a dire al marchese: "*Voscenza* vuole quel pezzo di terra? Se lo prenda". Era proprio nel cuore di Margitello, e di tratto in tratto il vecchio alterava il limite... I contadini quando possono rubare un palmo di terreno, non hanno scrupoli. Compare Rocco, buon'anima, non era omo da lasciarlo fare, nell'interesse del padrone. "E il marchese non ne troverà un altro eguale, eccellenza!" Il vecchio si era dunque presentato dal marchese: "*Voscenza* vuole quel pezzo di terra? E se lo prenda!". Poi il vecchio si era pentito. Veniva a piangere là, quasi ci avesse un morto... Che colpa n'aveva il padrone? E ora, per fargli dispetto, si è impiccato a un albero... Chi se n'era accorto? Spenzolava davanti la casetta... Le mule della carrozza – gli animali hanno il fiuto meglio di noi cristiani – non volevano andare né avanti né indietro. Io guardo attorno per vedere di che cosa s'impaurissero le povere bestie... Ah! Madonna santa! Salto giù di cassetta, scende di carrozza anche il marchese, tutti e due più pallidi del morto. Non lo dimenticherò finché campo!... Pavonazzo, con gli occhi e la lingua di fuori... Lo tocco; era freddo!... Allora siamo tornati a Margitello... Il marchese, sturbato, non poteva parlare... Ha dovuto buttarsi sul letto. Ora sta meglio... E mi ha mandato per avvertire *voscenza*. Devo andare dal pretore e dai carabinieri... Il morto è là, che spenzola ancora... Ha voluto dannarsi!»

La marchesa era stata ad ascoltare senza interromperlo, corsa da brividi per tutta la persona, quasi avesse davanti il corpo del vecchio contadino col viso pavonazzo, con gli occhi e la lingua di fuori, che dondolava dal ramo dell'albero a cui disperatamente era andato a impiccarsi.

«Il Signore lo avrà perdonato!» ella disse commossa. «Ma il marchese perché non è tornato? Ditemi la verità, Titta: sta male?»

«Eccellenza, no! Aspetta la *giustizia* coi carabinieri e i manovali che dovranno portar via il morto... Mi ha mandato a posta... E se *voscenza* permette...»

La marchesa quella notte ebbe paura di dormire sola in camera sua. Disse a mamma Grazia:

«Recitiamo un rosario in suffragio del disgraziato.»

A metà del rosario, mamma Grazia era già addormentata su la poltrona dove la marchesa l'aveva fatta sedere; ed ella si buttò sul letto vestita, certa di non chiudere occhio, con nel cuore un'inesplicabile angoscia, un invincibile presentimento di tristissimi casi che sarebbero sopravvenuti, presto o tardi, per cattiva influenza di quel morto.

XXVIII

Quella notte, neppure il marchese era andato a letto a Margitello. Aveva mandato due uomini a fare la guardia all'impiccato finché non fosse arrivato qualcuno dei nipoti di lui; e riavutosi dal malessere prodottogli dal repugnante spettacolo, era sceso giù nella stanza terrena dove i garzoni, il massaio e gli altri uomini mangiavano la minestra di fave lesse, discorrendo dell'accaduto.

La presenza del marchese li aveva fatti tacere.

Poi uno degli uomini, presentando il piatto vuoto al massaio perché glielo riempisse di nuovo, si permise di dire:

«Mandiamo un piatto di fave anche a compare Santi!»

E rise per quella facezia; parecchi risero con lui.

Il massaio, rivolgendosi al marchese, notò:

«Era un pezzo che a Ràbbato non s'impiccava nessuno. Anni e anni fa, il Rospo, gessaio, poco dopo tornato dalla galera. Poi mastro Paolo il droghiere, perché gli era scappata la moglie col campaio dei Pignataro, portandogli via gli ori e i quattrini; e non se ne seppe più *né nova né novella*!»

«Compare Santi ha fatto il terzo! Ci vuole coraggio a impiccarsi con le proprie mani!» disse uno dei garzoni.

«E ora spargeranno che si è impiccato per me!» esclamò il marchese.

«O che gliel'ha detto *voscenza*: Impiccatevi?» rispose il massaio.

«Quasi io gli avessi rubato quei quattro sassi maledetti! È venuto da me coi suoi piedi. Si è preso settant'onze, in tanti bei pezzi di dodici tarì d'argento, uno sopra l'altro! E dopo andava dicendo, a chi voleva saperlo e a chi non voleva saperlo, che io gli avevo fatto violenza, con le liti, quando il vecchio ladro spostava il limite... Questo però non lo diceva!»

«È il destino,» disse gravemente il massaio. «Il destino ci chiama. Quando il destino ci sta sopra... Dicevamo del Rospo, gessaio. Me lo raccontava mio padre... Quegli, sì, fece bene a impiccarsi!...»

«Perché?» domandò un giovanotto contadino, continuando a mangiare.

«Aveva rubato il pettorale della Madonna... Anelli, orecchini, spille, tutti i voti dei fedeli, e la corona d'argento, anche quella del bambino Gesù nella cappella di Sant'Isidoro, e calici e patene nella sacristia... Erano stati quattro, e vennero scoperti perché il Rospo si era presa doppia parte, e uno dei compagni *cantò*. Li avevano condannati alla galera a vita. Allora non si scherzava, trattandosi di cose sacre. Ma nel quarantotto, la rivoluzione mise in libertà tutti i galeotti... E il gessaio, trovata in casa una figlia di sedici anni, non volle credere che fosse sua, quantunque la moglie giurasse che egli l'avesse lasciata incinta di un mese quando era stato arrestato. Che doveva fare? Ammazzare la moglie pel tradimento e tornarsene in galera? *Voscenza* si annoia con questa storia... Già potrebbe raccontarla meglio di me.»

«Continuate,» rispose il marchese. «L'ho udita accennare una volta, ma non so tutti i particolari.»

«Bisognava sentirla raccontare da mio padre... Il Rospo stava in faccia a casa nostra, dove ora abita don Rosario il farmacista, che vi ha fabbricato su un altro piano, coi balconi, e ha tinto in rosso la facciata. Diceva mio padre che il Rospo era un ometto corto, segaligno, tutto nervi; parlava poco, e dalla galera era tornato con la pelle bianca. Sfido! Era stato all'ombra sedici anni. Chi si aspettava di vederlo tornare? E la moglie e la figlia se lo videro comparire davanti come un morto risuscitato; neppure la moglie lo riconosceva. E quando egli sentì dirsi: "Questa è tua figlia!" guardò la ragazza con tanto d'occhi. "Ringraziamo Iddio!" rispose secco secco. La moglie capì, e si mise a piangere. Il Rospo era diventato verde come l'aglio, raccontava mio padre. Tutti i vicini, che erano accorsi, si posero in mezzo in difesa della moglie. E il Rospo chinava la testa: "Sì, sì; va bene. Che ho detto? Ringraziamo Iddio!". Ma metteva paura, raccontava mio padre... Scusi, *voscenza*,» soggiunse il massaio, rivolgendosi di nuovo al marchese che sembrava ascoltasse distrattamente. «Io non so raccontarla bene questa storia; non c'ero allora, non ero neppur nato; ma la ho udita tante e tante volte da mio padre, che posso ripeterla con le sue stesse parole...»

«E s'impiccò pel tradimento?» domandò un altro contadino.

«Ma che! Tutti credevano: "Ora ammazza la moglie!". Niente. Dal giorno dopo, egli riprese il suo mestiere di gessaio. E con la moglie non una parola, non un gesto; se non che, di tratto in tratto, conduceva via la figlia alla fornace dove cuoceva il gesso. E la moglie tremava: "Che farà? Scannerà quella povera creatura?". Non osava di fiatare però. E i vicini, zitti; avevano paura di lui, tornato dalla galera, con quel viso smorto smorto che inverdiva sempre peggio dell'aglio, come se il sole e l'aria non riuscissero ad abbronzarlo. Per farla breve... Vergine benedetta! Pare impossibile!... Ormai egli era convinto che quella non fosse sua figlia; anche la disgraziata se ne era convinta, indotta da lui; e cominciò a odiare la madre. Ogni giorno, bisticci, parolacce, quando non andava alla fornace col padre... Finalmente, la madre se n'accorse. Piangeva da mattina a sera nei giorni che restava sola. Le vicine: "Che avete, comare?". "Ho la maledizione di Dio in casa!" Non si spiegava. Poi, la cosa diventò palese a tutti... Bisognava esser ciechi per non capire. Quella sfacciata non si conteneva... Insomma la povera madre doveva vedere e tacere. Fosse stata un'altra donna... sia! Ma la propria figlia! Uno scandalo immenso! E i vicini facevano finta di non avvedersi di niente per paura del galeotto.»

«Cristo! Fece bene, giacché non era sua figlia!»

«Non parlate così, compare Colà,» riprese il massaio. «Era proprio figlia sua! Un giorno la moglie cade malata, arriva in punto di morte, e prima di ricevere i sacramenti, glielo giura davanti al sacerdote con l'ostia consacrata in mano, davanti a tutti. "Sto per presentarmi al cospetto di Dio!" Oh! In punto di morte non si mentisce. E due giorni dopo... Mio padre raccontava: "Avevo bisogno di un carico di gesso, e domando alla figlia: 'Dov'è tuo padre?'. Risponde: 'Nella stalla; dà la paglia agli asini'. Aveva sei asini per trasportare il gesso. E vo nella stalla, una porta accanto. Chiamo; nessuno mi risponde. Spingo la porta, entro... – mio padre qui si faceva sempre il segno della santa croce... – Il Rospo s'era impiccato a uno degli anelli della mangiatoia con la cavezza d'un asino... I sei asini mangiavano tranquillamente la paglia... Si era fatto giustizia con le sue proprie mani! E la gente disse che era stato il castigo di Dio perché il Rospo aveva rubato gli ori della Madonna e i calici e le patene!... Fu il primo a Ràbbato. Nessuno si ricordava che un rabbatàno si fosse ammazzato da sé fino a quel giorno".»

«Il Rospo ha aperto la strada e gli altri gli vanno dietro!» disse compare Cola. «Io intanto me ne vado a dormire.»

«Anch'io! Anch'io! È tardi. Santa notte!»

Tre rimasero, col massaio e il marchese.

«Pure *voscenza* ha sonno.»

«No, massaio.»

«E ora, chi passerà più di notte per la carraia?» disse uno dei contadini accendendo la pipa.

«Hai paura dello Spirito! Ah! Ah!»

«Voi ridete, compare. Ma chi ha visto coi suoi occhi, come in questo momento vedo il padrone e voi...»

«Eri ubbriaco quella volta.»

«Eh sì, col vino che danno di Crisanti! Aceto battezzato. Credetemi, per strada pensavo a mia madre che avevo lasciato malata, poveretta. C'era un fil di luna. Il cielo, sereno, con le stelle che ammiccavano; e il cane dei Sidoti uggiolava lassù davanti a la casa con la porta aperta, e gli uomini che discorrevano. Si udivano le voci, non le parole... Questo per dirvi che non era tardi; un'ora di notte, forse poco più...»

«E così?» disse il marchese, vedendo che il contadino si era fermato per riaccendere la pipa.

«Mi sento accapponare la pelle ogni volta che ne parlo. Prima, rispondevo anche io: "Sciocchezze! Fantasia alterata!" quando udivo parlare di queste cose; ma ora mi farei mozzare il collo, eccellenza, perché è la verità, se volessero costringermi a dire che non è vero... Ero arrivato a metà della carraia qui, di Margitello, e davanti a me non c'era nessuno. Ci si vedeva bene... Via, si fosse trattato di uno a piedi, forse non avrei potuto accorgermene... Ma di uno a cavallo! Avrei dovuto almeno sentire il rumore delle zampe della mula... Tutt'a un tratto!... Come se la mula e l'uomo che la cavalcava fossero sbucati di sotto terra! La mula faceva salti, girava a destra, a sinistra... A una ventina di passi, eccellenza, gridai: "Ohè! Badate!". Temevo che non mi venisse addosso... Coi fichi d'India nella siepe non potevo scansarmi, e mi fermai. E la mula saltò e girò, imbizzita, sbruffando dalle narici. Vidi vacillare quell'omo e sentii il suo tonfo per terra... Volevo accorrere... Gesù sacramentato! Omo e mula se li era inghiottiti il terreno dond'erano sbucati!... Se in quel momento mi avessero salassato, non avrei dato una stilla di sangue!... Proprio nel punto dove ammazzarono compare Rocco Criscione, eccellenza... Pensavo a mia madre malata, non pensavo al morto!.. Ho visto con quest'occhi, ho udito con queste orecchie; e non ripasserei di là, a notte avanzata, neppure se mi dicessero: "Ti diamo mille onze!...". Non mi crede, *voscenza*?»

Il marchese si era alzato da sedere, pallido, con la lingua inaridita, e un tremito dai piedi alla testa ch'egli cercava di nascondere mettendosi a passeggiare su e giù per la stanza, voltando le spalle al massaio e ai tre contadini.

«Degli uomini io ho paura, non delle anime dei morti!» esclamò il massaio. «Una volta tornavo dalla campagna verso la mezzanotte. C'era un lume di luna che ci si vedeva come di giorno. E nel piano di Sant'Antonio ecco un fantasma, avvolto in un lenzuolo, e in testa un arcolaio che girava, girava! Mi fermo... e lui si ferma; l'arcolaio però girava sempre. Lì per lì, si capisce, mi sentii gelare il sangue; ma siccome mi pareva che il fantasma volesse impedirmi di passare. "Per la Madonna!" grido... Con la chiave di casa, e un coltelluccio dal manico di ferro, da due soldi, avevo fatto un rumore come quando viene alzato il grilletto d'una pistola... e mi ero slanciato con impeto ad afferrare un lembo del lenzuolo. "Compare Nunzio, che fate!..." Era quel gran boia di Testasecca! "Voi, compare?" "Zitto, non avete visto niente!..." E quel che vidi infatti non l'ho mai detto a nessuno... Una persona che scendeva da un certo balcone con la scala di corda...»

«Un ladro?...»

«Già, di quelli che fanno spuntare qualcosa su la testa dei mariti... Chiunque altro sarebbe tornato indietro, e ora racconterebbe, come voi, la storiella del fantasma col lenzuolo e l'arcolaio in testa.»

«Ma la mula e l'uomo a cavallo, che sparirono in un batter d'occhio, inghiottiti dal terreno?» riprese il contadino che aveva finito di fumare e vuotava la pipa sul palmo della mano.

«Che ne dice, *voscenza*?» domandò il massaio.

Il marchese non rispose, e continuò un bel pezzo ad andare su e giù per lo stanzone, a testa bassa, con le mani dietro la schiena, contraendo a intervalli le labbra, quasi per trattenere le parole che gli si agitavano su la lingua, scrollando spesso le spalle, assorto in un ragionamento interiore che sembrava gli facesse fin dimenticare il luogo in cui si trovava.

«Andiamo a dormire anche noi!» disse uno dei contadini.

Anche gli altri due si alzarono da sedere.

«Buona notte, *voscenza*!»

Il marchese accennò col capo una risposta al saluto, e si fermò in mezzo allo stanzone.

«Destino!» esclamò il massaio. «Che vuol farci, eccellenza? Pietre dell'aria, che ci cascano addosso quando non ce le aspettiamo! Se permette, mi butterò sul letto di Titta, caso *voscenza* avesse bisogno di qualche cosa.»

E prese in mano il lume per accompagnarlo.

«Sì,» rispose il marchese.

Il cortile era inondato dal lume di luna. Nella gran pace notturna si sentiva, in lontananza, una voce che cantava.

XXIX

Aveva trovato la casa piena di gente. La signora Mugnos, Cristina, il cavalier Pergola, don Aquilante erano accorsi alle prime notizie sparsesi per Ràbbato del suicidio del vecchio Dimauro. Correvano stranissime voci

Il vecchio, preparato il cappio, atteso al passaggio il marchese, gli aveva imprecato addosso tutte le maledizioni del cielo e si era impiccato sotto gli occhi di lui. Il marchese, dallo spavento, cascato come morto per terra, trasportato alla Casina, era rinvenuto dopo due ore!...

Il vecchio si era presentato al marchese con la corda in mano:

«Vi restituisco le settant'onze; datemi il mio fondo o, quanto è vero Iddio, m'impicco a un albero là!»

«Impiccatevi, se vi fa piacere. Volete un po' di sapone per la corda?»

E alla dura risposta del marchese, il povero compare Santi era andato davvero a impiccarsi. Il marchese lo aveva guardato dalla finestra, senza commuoversi e senza mandare nessuno ad impedire quella pazzia!...

Il vecchio aveva detto a un nepote:

«Domani il marchese troverà un frutto nuovo a un ramo del mandorlo nel mio fondo di Margitello. Gli farà stranguglioni!»

Il nepote:

«Che frutto novo?»

«Vedrai.»

E la mattina era andato via senza dire altro. Il nepote lo credeva a messa... Invece, povero diavolo, era corso a impiccarsi!...

Titta, ripartito di buon'ora col pretore e coi carabinieri, aveva lasciato la marchesa in grande agitazione.

Alla vista della madre, Zòsima le si era gettata tra le braccia singhiozzando:

«Che disgrazia, mamma, che disgrazia!»

Ma era sopraggiunto quasi subito il cavalier Pergola:

«Eh, via, cugina!... Che colpa ne ha il marchese?»

Don Aquilante l'aveva poi confortata un po', raccontando minutamente com'era andata la cosa; nessuno poteva saperlo meglio di lui che aveva conchiuso l'affare. Il marchese aveva tutt'altro pel capo, in quei giorni, che il terreno di compare Santi!

«Il vecchio venne da me: "Signor avvocato, finiamola!". Io alla prima non avevo capito. "Che dobbiamo finire?" "Questa storia del mio fondo di Margitello." "Vi siete deciso finalmente?... "»

«Ma dunque perché?...» aveva esclamato all'ultimo la marchesa strizzandosi le mani. «Ma dunque perché?»

«Perché il vecchio avaro avrebbe voluto insieme e fondo e danari. Tutti i contadini sono così; uno più ladro dell'altro. Bruti! Anime di animali in corpo umano...»

E pronunziava queste parole con aria misteriosa scrollando la testa, socchiudendo gli occhi, quasi nascondessero un concetto profondo che sarebbe stato inutile spiegare; né la signora né il cavalier Pergola lo avrebbero capito.

All'apparire del marchese su l'uscio del salotto, nessuno aveva osato di dire una parola.

«Che cosa c'è? Fate il lutto?» egli esclamò bruscamente. Gli era parso proprio di entrare in una di quelle stanze dove i parenti di un morto vi ricevono silenziosamente le persone più intime, con costume forse orientale tuttora vivo in Sicilia.

«Come state?» gli domandò la marchesa.

«Io?... Benissimo!...»

Era pallido invece e rivelava una profonda irritazione nel tono della voce.

«Benissimo, vi dico!» egli replicò a un gesto dubitativo della marchesa.

«Non ci mancherebbe altro,» intervenne il cavalier Pergola, «che il cugino dovesse star male perché un imbecille si è impiccato!»

«Mi dispiace soltanto di non aver potuto dormire la notte scorsa,» soggiunse il marchese. «Vado subito a letto, per un paio di ore.»

La marchesa lo seguì in camera.

«Grazie, non ho bisogno di niente,» egli disse.

«Prendete almeno un torlo d'uovo col caffè.»

«Niente. Lasciatemi dormire un paio d'ore.»

«So che vi siete sentito male...»

«Male, perché? Sono un bambino forse?»

«Lo hanno portato via?» domandò la marchesa dopo un istante di pausa.

«Sì, il diavolo se lo è portato via!... Ma non capite che non voglio parlarne?... Che voglio... dormire?»

La marchesa lo guardò stupita e uscì di camera mortificatissima, quasi si fosse sentita scacciata. Chiuso l'uscio, e tenendo una mano sul pomo di rame della serratura, stette là alcuni secondi, per ricomporsi prima di tornare in salotto.

«È già andato a letto?» le domandò lo zio don Tindaro, arrivato in quell'intervallo. «Peccato!... Volevo mostrargli...»

E tolse di mano al cavalier Pergola uno strano idoletto di argento, il suo più bello acquisto di quell'anno, egli diceva.

«Eh, nepote?... Un tesoro!... Cosa egiziana!... Un Anubi, il Dio Cane... Come è venuto qui?... Da quanti secoli? Era a un metro sotterra... Lo ha scavato, per caso, un contadino e me lo ha portato... "Ti do due piastre, sei contento?" E non ne avevo ancora capito l'importanza, lo confesso. Dopo, osservandolo meglio... Argento... non c'è dubbio... Ma quand'anche non fosse?... Il valore non consiste ne la materia, ma nella cosa rappresentata... Pensate, nepote mia, che voi avete tra le dita un oggetto di parecchie migliaia di secoli!... Ero venuto a posta per farglielo vedere... e anche per sapere che c'è di vero in quel che mi è stato detto. Si è impiccato sotto gli occhi del marchese?... Ma nessuno ha pensato a tagliare la corda? Dovevano fare così...»

«Ma vi pare, papà!» lo interruppe il cavaliere Pergola.»

«È quel che ho risposto io: ma vi pare!»

«Potrebbe accadere anche a voi. Figuriamoci che qualche maligno dicesse al contadino che vi ha venduto questo idoletto: "Sciocco! Ti sei lasciato cavar di mano una fortuna. Quel cosettino valeva più di mille onze... ". E che costui dal dispiacere...»

«Ma io gliel'ho già detto prima: "Guarda; ti do due piastre. Se intanto c'è qualcuno che volesse dartene di più... Mostralo a chi ti pare; solamente io vorrei la preferenza. C'è chi te ne dà dieci? Ed io ti darò dieci piastre e mezza". Se costui però venisse a dirmi... (sono così ignoranti i contadini! Si credono sempre rubati dai *galantuomini*!...) Ma io gli risponderei: "Tieni! Restituiscimi le mie due piastre". E mi costerebbe un grande sforzo. Mio nepote il marchese è di altro parere. I negozi sono negozi; non si fanno per disfarli. Ha ragione. Ma quando si combatte con ignoranti che poi sono anche sospettosi e maligni? Il meglio è non avere che spartire con essi. Tanto, possedere o non possedere quella spanna di terreno che dovrebbe importargli? Visto che il vecchio si era pentito della vendita, e che andava là a piangere su le zolle – a un contadino potete prendergli la moglie, la figlia... sta zitto, chiude gli occhi; ma un pizzico di terra no! è come strappargli un brano di cuore – visto che il vecchio si era pentito della vendita, io gli avrei subito proposto: sciogliamo il contratto; ecco il vostro fondo, qua le mie settant'onze... e sputiamoci su, come suol dirsi. Gliel'avevo consigliato, poche settimane fa: "Nepote mio, levatelo di torno questo compare Santi Dimauro!". Tuo marito, scusa, nepote mia... ha una testa!... La testa dei Roccaverdina! Se mi avesse dato retta, quel che è accaduto non sarebbe accaduto, e tu non staresti ora spaventata spaventata, con quegli occhi che guardano e non vedono... Lo hai osservato bene il mio idoletto? Non ti sei neppure accorta che ha la testa di un cane!»

Era proprio spaventata spaventata, come diceva lo zio Tindaro. Le rombava nell'orecchio il tono aspro, quasi villano, della voce del marchese, quale fin'allora non le era accaduto di udirlo in parole rivolte a lei. Per giungere a questo punto, ella rifletteva, il turbamento del marchese doveva essere grandissimo; rimorso più che turbamento, se lo zio gli aveva consigliato: «Levati di torno quel compare Santi!» ed egli non aveva voluto dargli retta perché un affare quando è concluso... è concluso!

In un angolo del salotto, il cavaliere Pergola discuteva ad alta voce con don Aquilante intorno ai primi capitoli della Genesi. Di tratto in tratto si udiva la voce severa di don Aquilante che ripeteva: «Parole il cui senso non è stato ancora compreso!». E la replica del cavaliere: «Bisognava appunto attendere voi per sentirselo spiegare!». Come fossero arrivati fino alla Genesi parlando del suicidio di compare Santi, nessuno dei due avrebbe saputo dirlo; certamente avevano fatto presto. Lo zio don Tindaro che si era avvicinato ad essi, udito di che si trattava, guardato in faccia suo genero e crollata la testa, si era allontanato borbottando:

«E poi si ricorre alle reliquie dei santi!»

Passando davanti a la signora Mugnos e Cristina che cercavano di confortare la marchesa, il cavaliere don Tindaro fece il gesto di chi non vuol disturbare un intimo colloquio; ma la signora Mugnos lo richiamava:

«Diteglielo anche voi, cavaliere; non è un'imprudenza pretendere che il marchese renda quel fondo agli eredi?»

«E senza chiedere la restituzione del prezzo, aggiungerei io! Settant'onze non fanno né ricco né povero il marchese di Roccaverdina; con quella spanna di terreno o senza di esso, Margitello sarà sempre Margitello. Margitello ha fatto come il pesce grande che ingoia il pesce piccolo; si è mangiato Roccaverdina. Roccaverdina, che è il titolo di famiglia, è sparito in Margitello, dopo l'abolizione dei fidecommessi. Un pezzo tu, un pezzo io, un pezzo quegli... come le spoglie di Gesù Cristo, che i crocifissori si giocarono ai dadi. Dico così per modo di esprimermi... Il marchese, d'altra parte, non ha torto. "Perché debbo avere quella soggezione in casa mia? Per questo ho comprato qua, ho comprato là, sbarazzandomi di tutti i vicini." Ora Margitello è un gran rettangolo, chiuso dai quattro lati dallo stradone provinciale e dalle carraie comunali, perfettamente isolato. Ma quel vecchio testardo voleva star conficcato là per far dispetto al marchese...»

«Ah!... Non posso pensarci!... Mi sembra che ci sia la maledizione su quel terreno!...»

«Chi può dirti il contrario, cara nepote?»

«La mamma ha paura che il marchese...»

«In questo momento non vi sembra imprudente prenderlo di fronte?...» la interruppe la signora Mugnos. «Più tardi, forse... Ma sarebbe sempre meglio lasciarlo fare a modo suo.»

«Ed è capace di continuare a fare a modo suo, anche per picca!» concluse ridendo don Tindaro.

«Sì, mamma; vo' vedere se m'ama!» esclamò Zòsima poco dopo, appena rimasta sola con la signora Mugnos e Cristina. «Vo' metterlo a questa prova!»

«E poi?» disse Cristina guardando con profonda espressione di disinganno la sorella.

«E poi?... Almeno avrò la certezza.»

«Io non la cercherei.»

«Perché?»

«Perché... La penso così.»

Ella pensava diversamente.

Era entrata con molta cautela in camera, non volendo

svegliare il marchese, se per caso dormisse ancora. Visto-
lo supino, con gli occhi aperti, immobile, come se non si
fosse accorto della presenza di lei, la marchesa lo chiamò
con un grido:

«Antonio!... Oh Dio!... Mi avete fatto paura! Vi sentite
ancora male?»

Si era accostata, ansiosa, tremante, e lo aveva preso
per una mano.

«Ma che cosa immaginate dunque?» egli disse con voce
che mal nascondeva l'irritazione. «Che vi hanno riferito?
Che vi hanno insinuato nell'animo?...»

«Ah!... Sentite,» ella riprese, giungendo le mani in atto
supplichevole, «ve lo chiedo per grazia!... Se mi volete veramente bene...»

«Avete bisogno di altre prove? Dopo quel che ho fatto?»

«Di altre prove no... Mi sono espressa male. Per la nostra tranquillità, per disperdere qualunque mal augurio –
che volete? Io sono superstiziosa come tutte le donne.
Voialtri uomini forse non potete credere che certi sentimenti sieno spesso previsioni, ammonizioni del cuore –
per la nostra tranquillità, sentite...!»

Esitava, non osava di esprimere con parole più schiette
e più semplici il suo vivo desiderio, di imporglielo anzi
con la tenerezza che in quel momento le vibrava per tutta
la persona e che ella avrebbe voluto almeno indovinata se
non scorta da lui. Esitava, aspettando che le accorresse
spontaneamente in soccorso e che la prevenisse accor-
dandole, quasi in regalo, quel che ella gli richiedeva con
timido gesto di preghiera. Appena però si avvide che il
marchese la guardava diffidente e in atto di difesa e di resistenza, si sentì invadere da un impeto di coraggio e di
forza e con accento risoluto riprese:

«Sentite: dovreste rendere quel fondo agli eredi, come
vi ha consigliato lo zio don Tindaro, e senza volerne re-
stituito il prezzo... Vi prego di fare così, per amor mio!»

«E con ciò confermare che il vecchio si è impiccato per colpa del marchese di Roccaverdina!»

Saltò giù dal letto, buttando da lato le coperte sotto cui si era ficcato vestito.

«Mio zio non capisce niente, con le sue antichità!» soggiunse.

«Ve lo chiedo come dono... come sacrificio; non vorrete rifiutarmelo. Non sarò mai tranquilla finché quel fondo di malaugurio farà parte di Margitello...»

«Che sospettate? Che vi hanno detto? Parlate!»

«Che cosa potrebbero dirmi?... Che potrei sospettare?...» ella domandò lentamente, indietreggiando un po' davanti a quella domanda scoppiata con un urlo di collera.

«Non mi dite più niente, non mi parlate più di questo!» fece il marchese.

C'erano nell'espressione della faccia e nel tono della voce così evidenti segni di terrore e di angoscia, che la marchesa poté significargli soltanto con un dolce gesto delle due mani:

«Farò come volete!»

E uscì di camera.

XXX

Infatti non gliene aveva riparlato più; ma tutti e due capivano che ognuno di essi pensava continuamente a quel silenzio impostosi e ne soffriva in diversa maniera. Egli, stizzito che la marchesa col rassegnato contegno, col muto dolore gli rammentasse che attendeva una risposta, una rivelazione, o un atto, quell'atto richiestogli con supplichevoli parole, come prova di amore; ella, offesa dell'inesplicabile rifiuto, e dei modi chiusi e bruschi con cui si vedeva trattata, e che la sua vivace fantasia contribuiva a ingrandire e a renderle penosissimi.

Durante quei tre ultimi mesi, la povera mamma Grazia se n'era andata all'altro mondo, senza neppure accorgersene, restando immobile con la calza in mano, su la seggiola dov'era seduta nel balcone per godersi il sole di febbraio; e la baronessa di Lagomorto l'aveva seguita venti giorni dopo, estinguendosi tranquillamente sotto il baldacchino bianco del suo letto, coi canini là accucciati che più non valevano a tenerle ben riscaldati i piedi.

«Li raccomando a te,» ella aveva detto alla marchesa. «Come figliuoli!» E aveva soggiunto: «Muoio contenta... Non mi avete dato la consolazione di sapere almeno che un marchesino è per via... Non importa; verrà. Lo solleciterò io, di lassù, con le mie preghiere.»

«Ma che cosa dite, zia!...»

«Oh! Non credere che io non capisca che questa volta... è finita!» continuò la baronessa. «Che ci faccio più in questo mondo?... Tu non mi dimenticherai... Ho contribuito un po' alla tua felicità... Sei felice, è vero?»

«Sì, zia!»

«Come si può essere felici in questa valle di lagrime... Valle di lagrime dice la Salveregina...

> *È la morte...*

non ricordo più la canzonetta che comincia così e finisce:

> *Un rimedio a tutti i mali*
> *Per quei miseri mortali*
> *Che son stanchi di soffrir!*

Me la facevano recitare quando era bambina... La ripeteva spesso la mamma...»

Con straordinaria lucidità di mente, la baronessa aveva provveduto in quegli ultimi due giorni a modificare il suo testamento.

«Ero in collera con mio fratello e con mia nepote allora... Non voglio che maledicano la mia memoria. Tu sei ricco a bastanza,» disse al marchese. «Tindaro ha più bisogno di te... E Cecilia ha due figli...»

Ed era morta due giorni dopo balbettando la canzonetta del Metastasio, stringendo la mano di Zòsima, cercando con gli occhi i canini accucciati dappié sul letto, e che poterono essere allontanati a stento. Minacciavano di avventarsi e mordere chi si accostava alla loro padrona, stesa rigida sotto le coltri, col capo abbandonato sui guanciali, e tra i capelli sotto la cuffia, i diavolini voluti farsi fare la sera avanti perché da anni ed anni ogni sera aveva praticato così.

La marchesa pensava ancora dopo un mese alle parole della baronessa: «Sei felice, è vero?» e alla sua risposta: «Sì, zia!». Ora la baronessa doveva vedere di lassù che ella le aveva mentito per non turbarle quegli ultimi giorni di vita. Non si era mai sfogata con lei, come con la mamma e la sorella; la baronessa non avrebbe avuto la prudenza di confortarla e di tacere col nepote; e Zòsima non voleva che tra il marchese e lei vi fossero intermediari; preferiva soffrire.

Poi era stata distratta dalle cure di scartare, di mettere a posto i mobili, i quadri, gli oggetti diversi che il marchese aveva fatto trasportare in casa dal palazzotto della baronessa lasciato in eredità alla nepote maritata col cavalier Pergola, a cui premeva di uscir presto dal vicoletto dove ora gli pareva di sentirsi mancar l'aria e di non avere a bastanza luce.

La marchesa aveva riposto assieme con quelle di famiglia le gioie antiche, di molto valore, destinate a lei dalla zia. E un giorno che ella ammirava, tra gli altri oggetti ereditati, due vestiti di broccato laminati in oro, della prima metà del settecento, conservati perfettamente con tutti gli accessori e le scarpine – la baronessa li mostrava raramente tanto n'era gelosa – si era sentita fin prendere dalla curiosità di indossarne uno che, a occhio, sembrava tagliato e cucito proprio per lei.

Il marchese, tornato inattesamente da Margitello, l'aveva sorpresa mezza vestita, e l'aveva, con insolita compiacenza, aiutata nel travestimento.

Quel *cantusciu* si adattava perfettamente alla sua persona. Ma ella, appena terminata di abbigliarsi, e guardatasi nello specchio, si era vergognata della sua curiosità, quasi si fosse mascherata fuori stagione.

«Vi sta benissimo; sembrate un'altra persona,» le disse il marchese. «Il marchese *grande* raccontava che, ogni volta che la marchesa bisnonna indossava questo vestito, egli soleva ripeterle: "Marchesa, approfittate della circostanza; in questo momento non saprei negarvi niente!". Ma la marchesa, egli soggiungeva, non ne approfittò mai.»

«Da donna prudente,» rispose Zòsima.

Il marchese fece una mossa interrogativa.

«Perché una signora,» ella spiegò, «non deve chiedere, ma attendere che il suo desiderio sia indovinato.»

Per un istante si era illusa intorno alla intenzione del marchese. E vedendolo pensieroso, un po' accigliato, aveva aspettato che le dicesse: «Indovino il vostro desiderio. Sarà fatto come voi volete». Invece egli cambiò discorso.

«Verrete domani a Margitello? Faremo l'assaggio dei vini... È la prima festa della *Società Agricola.*»

«Grazie,» ella rispose freddamente.

E la mattina dopo finse di dormire per evitare che il marchese ripetesse la proposta sul punto di andar via.

Egli si era aggirato un po' per la camera, esitante se dovesse svegliarla o no: si era fermato a guardarla, e la marchesa che teneva gli occhi socchiusi fu meravigliata di vedergli fare un gesto, quasi volesse scacciare con le mani qualche tristo pensiero che lo tormentava, tanto dolorosa era stata l'espressione del suo viso in quell'atto.

Soffriva dunque anche lui? Di che cosa? Per quale motivo? Aveva dunque ragione la sua mamma dicendo che tra marito e moglie c'era di mezzo un malinteso, un equivoco, e che il non tentare da una parte o dall'altra di chiarirli o dissiparli, serviva unicamente a prolungare quel penoso stato d'animo e a renderlo peggiore?

«Come? La cugina non viene?» domandò il cavalier Pergola che era già montato nella carrozza fermata davanti al portone.

«È un po' indisposta,» rispose il marchese.

«Gli altri ci attendono alla Cappelletta,» disse il cavaliere dopo di aver acceso un sigaro. «Ecco don Aquilante!»

Don Aquilante arrivava di corsa scusandosi di essere in ritardo.

Titta fece schioccare la frusta e le mule partirono di buon trotto.

Il cavalier Pergola non poteva trovarsi insieme con l'avvocato senza cavarsi il gusto di provocarlo a qualche discussione. Quando la carrozza raggiunse le altre due coi soci dell'*Agricola* alla Cappelletta e passò avanti per la discesa, il cavaliere gli disse:

«Oggi voglio vedervi prendere una sborrnia. *In vino veritas*; così ci direte la vera verità intorno ai vostri Spiriti... Ma ci credete, proprio?»

«Non ho mai preso sbornie in vita mia; né ho bisogno di essere ubbriaco per dire la verità,» rispose severamente don Aquilante.

«Bevono vino anche gli Spiriti?»

«Potrei dirvi sì; e vi parrebbe una sciocchezza.»

Il cavaliere scoppiò in una risata:

«Meno male. Se nel mondo di là non si dovesse più bere vino, mi dispiacerebbe assai. Avete udito, cugino? Bisogna turar bene le botti a Margitello; c'è il caso di trovarne qualcuna già vuotata.»

E rideva, pestando i piedi, strofinandosi le mani, come soleva quando era di buon umore.

«Quel che gli Spiriti non possono vuotare, sono certi cervelli dove non c'è niente,» replicò don Aquilante, socchiudendo gli occhi e scrollando compassionevolmente la testa.

Il marchese non aveva risposto subito. Da qualche tempo in qua andava soggetto a certe intermittenze di pensiero dalle quali si riscoteva tutt'a un tratto quasi rinvenisse da uno sbalordimento. Doveva fare uno sforzo per rammentare l'idea, o il fatto dietro a cui si era sperduto, e qualche volta non riusciva a rintracciarlo. Gli sembrava di aver camminato, camminato in mezzo a densa nebbia senza distinguere niente attorno a lui, in uno spazio deserto, silenzioso, o su l'orlo di un abisso dove poteva porre il piede in fallo, e di cui risentiva l'orrore rientrando in sé.

Aveva fatto un lieve balzo all'interrogazione del cavaliere, e atteggiava le labbra a un sorriso stentato indovinando a chi andasse la risposta di don Aquilante.

«Mio cugino è incorreggibile,» egli disse mentre il cavaliere rideva.

«Ha però in serbo le solite reliquie per quando si vede in pericolo!» rispose don Aquilante senza scomporsi.

«Se credete di chiudermi la bocca col rinfacciarmi una debolezza di moribondo!» esclamò il cavaliere. «Ecco, ora son qua in perfetta salute e posso tener testa a voi e a tutti i preti della terra. E a Margitello farò un bel brindisi al Diavolo davanti a la botte grande col migliore vino della Società...

> Evviva Satana!
> Ribellione,
> O forza vindice
> Della ragione!...

Li ho letti ieri in un giornale; versi di un gran poeta, diceva il giornale.»

«Ai poeti è permesso affermare e negare nello stesso tempo.»

«Affermare e negare?...»

«Se non m'intendete, è colpa mia forse? Voi vi figurate di fare chi sa che cosa con un brindisi al Diavolo. Credete in lui dunque; e vi proclamate libero pensatore!»

«Siete più irragionevole voi che credete negli Spiriti. Almeno il Diavolo è una potenza, che tenta, induce al male e porta, lui solo, più anime all'inferno che non tutti gli angioli e i santi in paradiso. E a questo suggerisce: "Ruba!". A quegli insinua: "Ammazza!". A uno: "Fornica!". A un altro: "Tradisci!". E tutti ubbidiscono, e tutti gli vanno dietro... se è vero che esiste!...»

«Volgarità vecchia, stantia, caro cavaliere! Voi siete addietro di un secolo, a dir poco!»

«E voi all'infanzia dell'umanità!»

«Intanto con questi discorsi facciamo addormentare il marchese,» disse don Aquilante.

Il marchese era ricaduto in quello stato di intermittenza di pensiero da cui si era destato un istante poco prima, solamente gli risuonavano negli orecchi fioche, quasi indistinte, le parole del cugino: «A quegli insinua: ammaz-

za! A questi insinua: Ammazza!». Sì! Sì! Il diavolo glie-
l'aveva soffiata, ohimè! un'intera settimana la terribile
parola... Ed egli aveva ammazzato!... Così, dopo, il diavolo aveva suggerito a compare Santi Dimauro: «Impiccati! Impiccati!». E quegli si era impiccato!...

Non si sarebbe dunque mai sbarazzato di questi incu-
bi? Non dormiva, come diceva in quel punto don Aquilante. E dormiva poco da parecchie settimane, nel letto, a
fianco della marchesa; giacché non poteva dirsi sonno
quel chiudere gli occhi per qualche quarto d'ora e destarsi di soprassalto col terrore che ella, accorgendosene, gli
domandasse: che cosa avete? C'era già una incessante interrogazione negli occhi di lei, in quella chiusa rassegnazione, in quelle brevi risposte, che sembravano insignifi-
canti e che significavano tanto, quantunque egli fingesse
di non prestarvi attenzione.

Aveva un tristo significato anche il rifiuto di andar
quel giorno a Margitello. E il notaio Mazza glielo rammentava scendendo dalla carrozza nella corte:

«Peccato che manchi la nostra cara marchesa!»

Intanto doveva mostrarsi allegro con gli ospiti, dare una
cert'aria solenne a quell'assaggio, battesimo dell'impresa
per la quale aveva speso tanti quattrini, tante cure e tanto
entusiasmo, e suscitato tante avidità e tante speranze.

Fortunatamente erano allegri i soci. Il notaio Mazza si
era quasi prostrato in ginocchio davanti a la botte grande, levando in altro le braccia ed esclamando in latino

«Adoramus et benedicimus te!»

Il cavalier Pergola, tra una bestemmia e l'altra, parlava
di *tipi* di vini.

«Se non si arriva a creare un *tipo*, tutto è inutile!»

E così, da lì a poco, anche il marchese era già eccitato
allorché i dieci soci si trovarono coi bicchieri in mano,
ascoltando, con qualche impazienza, le spiegazioni ch'e-
gli dava intorno ai tagli operati e alle manipolazioni do-
vute fare appunto per creare il tipo, che doveva cniamarsi
Ràbbato, bello e strano nome da portare buona fortuna.

Poi il vino sgorgò dalla cannella della botte Zòsima limpido, di un vivo color di rubino, coronando con lieve cerchio di spuma rosseggiante i bicchieri; ma il notaio Mazza, assaggiatolo, nel punto di fare un brindisi, si era arrestato, assaporando, facendo scoppiettare le labbra, tornando ad assaggiare, guardando negli occhi tutti gli altri che assaggiavano come lui, senza che nessuno si decidesse a dire il suo parere, quasi ognuno avesse paura di essersi ingannato.

«Ebbene?» fece il marchese.

«Cavaliere, dica lei...»

«Oh!... Voi, caro notaio, siete assai più fino conoscitore di me.»

«Allora, don Fiorenzo Mariani...» riprese il notaio.

«Io?» lo interruppe questi, atterrito di dover pronunziare un parere in faccia al marchese.

«Parli l'avvocato, e questa volta da giudice...»

«Dichiaro la mia incompetenza,» s'affrettò a rispondere don Aquilante che aveva già riposto nel vassoio il bicchiere ancora colmo.

«Tipo Chianti, ma più forte,» disse il marchese, dopo aver assaggiato.

«Troppo forte, forse!» soggiunse maliziosamente il notaio.

«E poi, i vini si gustano a tavola.»

«Dice benissimo il cavaliere!»

Erano usciti d'imbarazzo così. E a tavola, con la scusa che i vini nuovi sono traditori, tutti avevano bevuto il vino vecchio; e il cavalier Pergola che voleva far prendere una sbornia a don Aquilante, l'aveva presa invece lui, leggerina, sì, come quella di don Fiorenzo Mariani che gli sedeva dirimpetto, ma chiassona e con la fissazione: «Don Aquilante, evocate gli Spriti, o li evoco io!» mentre don Fiorenzo, levato in piedi col bicchiere in mano, per dimostrar che la sua testa era serena, ripeteva sfidando il cavaliere:

«Piero ama la virtù! Qual è il soggetto della proposizione?»

Soltanto il notaio mangiava e beveva zitto zitto.

«Tipo Chianti,» rifletteva, «un po' più forte!... Aceto addirittura!...»

«Mi sono ingannato io, o pure?...» lo interrogava sottovoce il socio che gli sedeva accanto.

«Da condire l'insalata, volete dire?»

«Questo è il Ràbbato bianco.»

Il marchese andava attorno egli stesso per riempirne i bicchieri dei commensali, e giunto dietro al cavaliere, che continuava a gridare: «Don Aquilante, evocate gli Spiriti, o li evoco io!» gli disse in tono severo:

«Cugino, via, finitela con questo stupido scherzo!...»

«Scherzo?» rispose il cavaliere rosso in viso, con gli occhi accesi e la lingua un po' incerta. «Ma io parlo seriamente... Carte in tavola!... Dove sono codesti suoi Spiriti? Vengano, vengano qui. Io vi evoco in nome... del Diavolo: "Spiriti erranti, che non potete abbandonare il posto dove siete morti... In nome del Diavolo!". Ah! Ah! Ah! Si fa così?... O ci vuole per forza il tavolino? C'è la tavola qui pronta e c'è il vino... e anche l'aceto che il cugino ha manipolato... Cugino mio, questa volta, aceto da peperoni!... Aceto Ràbbato!...»

Il notaio Mazza e gli altri volevano turargli la bocca, condurlo di là.

«Buona persona il cavaliere, ma un dito di vino di più lo mette subito in allegria...»

Il notaio tentava di attenuare la brutta impressione di quella scena, vedendo il viso scuro del marchese che scrollava le spalle e voleva far le viste di non dare importanza alle parole del cugino.

Il quale, mentre don Aquilante, appoggiati i gomiti su la tavola, con la testa fra le mani e gli occhi socchiusi non gli dava ascolto, seguitava a ripetere:

«Si fa così? Si fa così, gran mago? Evocate compare Santi Dimauro!... Evocate Rocco Criscione!... Devono essere in queste vicinanze... Spiriti erranti!... O voi siete un mago impostore!»

Il marchese, impallidito, gridò forte:

«Cugino!»

E quel grido di rimprovero parve che tutt'a un tratto gli snebbiasse il cervello; il cavaliere tacque sorridendo stupidamente.

Don Fiorenzo, dall'altra punta della tavola, urlava intanto:

«Chi non è ubbriaco risponda: Pietro ama la virtù! Qual è il soggetto della proposizione?»

XXXI

Maria, la nuova serva, era venuta incontro al marchese per annunziargli: «La signora marchesa si è messa a letto dopo mezzogiorno; è un po' indisposta. Ha un forte dolore di capo».

«Perché non avete mandato a chiamare sua madre?»

«Non ha voluto.»

«Riposa?»

«Eccellenza, no; è sveglia. Credo che abbia anche un po' di febbre. Cosa da niente... Porto il lume. Ha voluto essere lasciata allo scuro.»

Maria lo precedette in camera.

«Che cosa è stato?» egli domandò chinandosi su la giacente.

«Non so; mi sono sentita male tutt'a un colpo. Ora mi pare di star meglio,» rispose la marchesa con voce turbata.

«Mando pel dottore?»

«Non occorre.»

«Lo faccio avvertire perché venga domattina, di buon'ora.»

«È inutile. Mi sento meglio.»

Egli ficcò la mano sotto le coltri per tastarle il polso. E siccome la marchesa evitò che la toccasse, sforzandosi di sorridere e schermendosi, il marchese le posò la mano su la fronte.

«Scottate!»

«È il calore del letto,» ella rispose.

«Non ha preso nulla?» domandò il marchese alla serva.

«Nulla. Il brodo è pronto in cucina.»

«Bevetene almeno una tazza. Non potrà farvi male,» egli disse con accento di preghiera, rivolgendosi alla marchesa.

«Più tardi, forse.»

«Portalo,» ordinò alla serva. «Sarà meglio che lo prendiate subito,» soggiunse tornando a posare la mano su la fronte della moglie.

Ella non rispose e chiuse gli occhi.

«Vi dà fastidio il lume?»

«Un poco.»

Il marchese tolse il lume dal posto dove la serva lo aveva posato, lo collocò su un tavolinetto coprendolo con una ventola che quasi abbuiò la camera, e rimase ritto in piedi davanti a la sponda del letto, attendendo che la serva recasse la tazza col brodo.

«Avete avuto brividi di freddo?» domandò dopo lunga pausa.

«No.»

«Avreste potuto almeno mandare a chiamare la mamma,» egli disse dopo altra pausa.

«Per così poco?»

Egli prese la tazza di mano della serva.

«È un sorso,» fece. «Bevetelo prima che si freddi.»

La marchesa si sollevò su un gomito e bevve lentamente.

«Grazie!» disse lasciandosi ricadere sul letto.

Egli la guardava con grande apprensione. Gli sembrava che qualche altra terribile cosa stesse per accadere e che quella povera creatura innocente dovesse pagare per lui. L'insolita tenerezza nei suoi modi e nella sua voce proveniva da questo.

E mentre egli restava là, in piedi, silenzioso con le mani appoggiate a la sponda del letto, un po' chino e con gli sguardi intenti, la marchesa pensava a quel gesto, a quella dolorosa espressione del viso di lui osservata la mattina, quando il marchese stava per partire per Margitello, e che l'aveva tenuta in profonda agitazione.

Pensava anche alla cesta e alla lettera arrivate da Modica quel giorno. L'aveva portate un giovane capraio spedito a posta.

«Chi vi manda?» ella gli aveva domandato, quantunque già avesse capito da chi potessero provenire lettera e cesta.

«Mia zia Spano... Solmo la chiamavano qui. Bacia le mani anche a *voscenza*.»

La marchesa, a quel nome, si era sentita rimescolare.

«Il marchese è in campagna. Volete aspettarlo?» ella disse.

«Aspetterò per la risposta. Mia zia vuole la risposta. Dice: loro eccellenze devono scusare la sua impertinenza; sono cacicavallo. Qui non ne fanno; per questo si è presa la libertà...»

«Va bene. Siete stanco? Mangerete un boccone.»

E dato l'ordine alla serva perché lo servisse in cucina, era rimasta, con crescente turbamento, davanti a quella lettera da lei buttata sul tavolino quasi le avesse scottato le dita.

Che voleva costei? Perché si faceva viva? Le parve di vederla, a un tratto, aggirarsi di nuovo per quelle stanze dov'era stata quasi dieci anni padrona assoluta della casa e più del cuore del marchese, come a lei, moglie, non era riuscito; le parve che quella lettera e quella cesta nascondessero un tranello per far riprendere a colei l'antico posto, e scacciarne chi vi era divenuta legittima signora. E fissava, con sguardi diffidenti, la cesta dove poteva, forse, essere qualche opera di malìa. Le tornavano in mente casi uditi raccontare da popolane (allora l'avevano fatta sorridere d'incredulità), casi di malìe, preparate in una torta, in una frittata dalle quali erano stati prodotti o una lenta malattia di sfinimento e poi la morte, o un rinfocolamento di passione da confinare con la pazzia. No, non avrebbe permesso che il marchese mangiasse di quei cacicavallo, e lei non li avrebbe neppure toccati. Chi lo sa? Tante cose che paiono fiabe, sono vere; altrimenti non si racconterebbero. E, a poco a poco, si affondò lentamente in questo sospetto, che esso assunse per lei evidenza di certezza. Sentiva diffondersi, a traverso dei vimini della cesta, la maligna influenza colà rinchiusa, e invaderla e inquinarle il sangue e attossicarle la fonte della vita. Ebbe la tentazione di aprire la lettera, di strapparla anche senza leggerla, giacché fin le parole colà scritte potevano avere qualche malefica potenza. Resisté; intanto ordinava alla serva di mettere cesta e lettera in un ripostiglio nascosto.

«Che ti ha detto quell'uomo?» le domandò.

«Dice che sua zia ha sempre su le labbra il nome del padrone, benedicendolo.»

«Nient'altro?»

«Dice che vorrebbe venire a baciargli le mani, e che verrà un giorno o l'altro. E mi ha domandato se il padrone ha già avuto un figlio.»

«Che gliene importa?»

«Così mi ha detto.»

«Ha un figlio... sua zia?»

«Vuole *voscenza* che glielo domandi?»

«No.»

Ma quando la serva ebbe portato via cesta e lettera, la marchesa ripensò lungamente quella domanda che le pareva insidiosa quanto il regalo e la lettera. E per tutta la mattinata non poté distrarsi, con dinanzi gli occhi la figura di Agrippina Solmo come l'aveva veduta di sfuggita due o tre volte, anni addietro. L'aveva invidiata allora, sentendosi inferiore a lei per giovinezza e bellezza, ma senza sdegno e senz'odio perché allora stimava che non era colpa di colei se il marchese l'aveva voluta e se l'era tenuta in casa. Ne aveva avuto anzi compassione, povera giovane! La miseria, le insistenze del marchese... Come non cadere in peccato? E talvolta l'aveva ammirata per la devozione, per la sottomissione assoluta, pel quasi incredibile disinteresse; lo dicevano tutti. Ma dopo? Zòsima rammentava il sospetto della baronessa intorno alla Solmo per l'uccisione di suo marito. Rammentava il respiro di soddisfazione della vecchia signora quando la Solmo era andata via da Ràbbato col secondo marito. «Non mi par vero, figlia mia!» aveva esclamato. «Ti si è levata di torno una gran nemica!» Ma ella era piena di illusioni e di fiducia in quei giorni, e le parole della baronessa le erano parse esagerazioni. Invece... Invece oggi le riconosceva molto minori del vero. La sua gran nemica ella l'aveva subito ritrovata, invisibile, ma presente in quella casa dove si era lusingata di regnare sola e senza contrasti; l'aveva ritrovata su la soglia del cuore del marchese, e non aveva permesso che la moglie vi penetrasse... Ed eccola ora; arrivata da lontano, col regalo e con la lettera, per rafforzare il suo potere, forse creduto in punto di diminuire: eccola, arrivata forse per mettere in opera una mortale malìa, contro di lei certamente!

Andando da una stanza all'altra, torcendosi le mani, parlando a voce alta, reprimendosi di tratto in tratto per timore di essere osservata, con gli occhi pieni di lagrime che non potevano sgorgare, ella metteva tutto questo in confronto col contegno del marchese verso di lei, e vi trovava una chiara conferma di quel che pensava e che non avrebbe voluto credere. Ma come credere? Ah, Signore! Che aveva mai fatto per meritarsi tale castigo? Non aveva già rinunciato al bel sogno della sua giovinezza? Non si era già rassegnata a morire in quella sua triste casa dove ora le sembrava di non aver sofferto niente a paragone di quel che soffriva là, tra la ricchezza e il lusso che le facevano sentire maggiormente la desolazione del suo povero cuore?

E un lentore l'aveva invasa, e un cerchio di ferro le aveva stretto le tempie e gliele stringeva ancora, mentre il marchese, nella penombra della camera, con le mani appoggiate alla sponda del letto, più non osava di interrogarla, ed ella avrebbe voluto gridargli: «La lettera è di là! La cesta è di là!» quasi il marchese stesse muto e chino su lei in attesa di tale rivelazione perché già sapeva!

Spalancò gli occhi, lo fissò in viso, e con voce velata dal turbamento, gli disse:

«Avete visto il capraio arrivato da Modica?»

«No. Che cosa vuole?»

«Ve lo dirà lui e la lettera che ha portato. Ha portato anche una cesta.»

«Ah!» fece il marchese accigliandosi.

«Lettera e cesta sono nel ripostiglio.»

Il marchese rispose con una spallucciata.

«Se vi pregassi...» disse la marchesa quasi balbettando dalla commozione. E arrestatasi un istante, riprese subito: «Sono una sciocca!... Non voglio procurarmi un rifiuto!».

Scoppiò in pianto dirotto.

«Zòsima!... Zòsima! Che cosa è accaduto?... Non mi nascondete nulla!» esclamò stupito il marchese.

«Voi, voi mi nascondete qualche cosa!» ella rispose tra i singhiozzi.

Si sollevò, si mise a sedere sul letto, e frenando il pianto, ripeté:

«Sì, sì! Voi mi nascondete qualche cosa!... Mi trattate da moglie forse? Neppure da amica! A un'amica spesso si confida tutto, si chiedono conforti o consigli. Ma io qui sono un'estranea che deve ignorare, che deve macerarsi il cuore nel buio. Oh, non parlo per me, non mi curo soltanto di me. Anche voi soffrite; lo veggo! Non state continuamente in guardia? Ogni mia domanda, anzi, ogni mia parola non vi mettono in sospetto? Credete che non me ne sia accorta? Da un pezzo! Se non vi volessi bene, non baderei a niente. Se non vi volessi bene, non mi torturerei pensando e ripensando: "È per cagione mia? In che ho potuto dispiacergli?". Involontariamente, se mai; e dovreste dirmelo... Se avete provato un gran disinganno, dovreste dirmelo pure... Non ho voluto ingannarvi, io. Siete venuto voi a cercarmi, quando già non m'illudevo più, non speravo più!...»

«Oh, marchesa! Oh, Zòsima!»

«Chiamatemi Zòsima! Marchesa di Roccaverdina non son potuta divenire finora!»

«Non dite così!»

«Debbo dirlo per forza!... Vorreste darmi a credere, per esempio, che la notizia di quella cesta e di quella lettera non vi ha prodotto nessuna impressione? Quale, non so. Avete alzato le spalle; ma questo non prova nulla; non rivela quel che avete pensato, né quel che pensate in questo momento... Chiamate Maria, fatevi dare la lettera... Conterrà forse cose che potrebbero farvi molto piacere... commuovervi, distrarvi dal presente che sembra vi pesi... Se io fossi un ostacolo... Oh! io sono un fuscellino che potete cacciar via con un soffio!... Voi lo sapete... Voi lo sapete!»

La voce, vibrata un momento con dolorosa ironia, e poi diventata tremula, incerta, le si era affievolita tra i singhiozzi di nuovo irrompenti; e le ultime parole le erano uscite dalle labbra soffocate dallo scoppio di pianto che l'accasciava sui guanciali, con la faccia nascosta tra le mani.

«Ma ditemi la verità! Che cosa vi hanno insinuato? Ditemi la verità!»

Il marchese non sapeva persuadersi che unicamente la cesta e la lettera avessero prodotto quell'esplosione di gelosia, quel grido d'anima trambasciata! Immaginava che, nella sua assenza, fosse dovuto accadere qualche cosa di inatteso, di grave, e per ciò insisteva a ripetere: «Ditemi la verità! Ditemi la verità!». Stringendosi forte la fronte con le mani convulse, era andato premurosamente a mettere il paletto all'uscio, per impedire che Maria – non ancora abituata a picchiare prima d'introdursi in una stanza – entrasse all'improvviso; e, tornato davanti al letto, premendo con una mano carezzevolmente la testa della marchesa, la supplicava, sottovoce, di frenarsi, di tranquillarsi.

«Siete eccitata... Forse avete la febbre... Voi un ostacolo? Come avete potuto pronunziare questa parola? Ostacolo a che?... Oh, non voglio farvi l'offesa di credervi gelosa di un'ombra; sarebbe indegno di voi... Mi giudicate male. Quella cesta?... La farò buttar via, con tutto quel che contiene. Quella lettera?... Non la leggerò; la getterò nel fuoco senza aprirla. Dovreste leggerla voi, per disingannarvi... Che cosa potrei nascondervi? La mia vita trascorre sotto i vostri occhi... Non sono galante, lo so; sono anzi rozzo di maniere. Marchese contadino mi chiamava una volta lo zio don Tindaro; e me ne glorio, ve lo confesso. Avrei potuto vivere in ozio come tant'altri, meglio di tant'altri... e faccio il contadino; dovreste esserne orgogliosa anche voi. Potrei avere sciocche ambizioni, come tant'altri, meglio di tant'altri... Avete veduto; ho rifiutato di esser Sindaco, per continuare a fare il contadino. Il cugino Pergola mi tiene il broncio; il dottor Meccio sparla di me in *Casino*, nelle farmacie, dovunque; mi ha fin chiamato: "Fantoccio di cencio! Pulcinella!". Che me n'importa? Ma voi, voi, Zòsima, non dovreste giudicarmi come lo zio don Tindaro, come il cugino Pergola, come il dottor Meccio!... Sì, ho preoccupazioni... di interessi... Sono cose che non vi riguardano... Si accomoderanno. Forse io do troppa importanza a certe difficoltà, a certi incidenti... Me lo ripeteva, giorni addietro, don Aquilante... Ma neppur lui mi capisce. Ormai la mia vita è così; non posso stare inoperoso, non posso arrestarmi... Se verrà un figlio – e spero che verrà – non dovrà dire che suo padre è stato un fannullone, superbo soltanto del suo titolo di marchese. E se non vorrà essere un marchese contadino, come me, se vorrà fare tutt'altro... non potrà dire che io abbia offuscato il nome dei Roccaverdina; non potrà dire...»

Parlando, parlando, con foga che maravigliava lui stesso, il marchese sentiva di divagare, di fare uno sforzo per lottare contro la terribile fatalità che si rinnovellava quando già gli era sembrata esaurita; che riappariva inesorabile, quando già gli era sembrata per lo meno respinta assai lontano; che per bocca altrui (come quello stesso giorno a Margitello, o per mezzo della sua coscienza, allorché egli aveva creduto di poter sfuggire all'ossessione del ricordo immergendosi nelle lotte municipali, negli affari, mutando condizioni di vita) veniva a sconvolgerlo, a turbarlo!... Il tempo, le circostanze, non valevano dunque niente?... E la sua voce si addolciva, intenerita dal pensiero che quella dolce creatura, singhiozzante sui guanciali perché gli voleva bene, non chiedeva infine altra ricompensa all'infuori di un po' di affetto, d'una buona parola, di un gesto di carezza; poco, quasi niente!... Ah! C'era qualcosa che gli aggelava il cuore, che gli irrigidiva la lingua, che rendeva duri i suoi modi, proprio nel punto ch'egli stava per manifestarsi veramente qual era... l'opposto di quello poi che appariva per la parola interdetta, per la carezza vietata... E Zòsima doveva per ciò credere ch'egli non si accorgesse di nulla, che rimanesse indifferente alle sue smanie, alle sue torture, e che il passato... Ah, se Zòsima avesse potuto sapere com'egli imprecava ogni giorno contro di esso!... Se avesse potuto sapere!...

E intanto continuava a parlare, a parlare, senza notare che, di mano in mano, la sua voce diveniva meno dolce, meno dimessa, e la parola egualmente, anche per lo sforzo di pensare nello stesso tempo a cose diverse; anche per lo sforzo maggiore, di resistere all'improvvisa tentazione di gridare alla marchesa: «Vi spiegherò... Vi dirò. Tutto vi dirò!» tentazione che cercava di sostituirgli su le labbra queste alle altre parole che non spiegavano e non rivelavano nulla.

«Sentite, Zòsima!... Ascoltatemi bene. Io non posso vedervi piangere, non voglio vedervi piangere più! Mai più, mai più non voglio vedervi piangere. Siete la marchesa di Roccaverdina... Siate fiera e orgogliosa come sono io. E non mi dite mai più, mai più, che dubitate di me, che non vi sentite amata; mi fate offesa grave; non la tollero... La gelosia è da donnicciuola. La gelosia del passato è peggio che da donnicciuola... Io ho bisogno di tranquillità, di pace; per ciò sono venuto a cercarvi. Vi ho stimata degna di questa casa, e non credo di essermi ingannato... Capisco che non state bene; forse avete la febbre... Domani manderò a chiamare il dottore... e vostra madre che è donna di molto senno e saprà consigliarvi bene, ne sono certo... Ma voi non avete bisogno che altri vi consigli, all'infuori di me. Dovete avere fiducia in me... E questa sia l'ultima volta che noi ragioniamo intorno a un argomento così dispiacevole. Se mi volete bene, sarà così. Se non volete contristarmi, sarà così!»

La sua voce era divenuta all'ultimo talmente severa che la marchesa, quasi intimidita, aveva cessato di piangere; e seguitolo un po' con gli occhi, mentre a testa bassa, con la fronte corrugata e le mani dietro la schiena andava su e giù, davanti al letto, da un punto all'altro della camera, non poté far a meno di accennargli di accostarsi.

«Perdonatemi!» gli disse. «Mai più! Mai più!»

«Vedremo!» rispose il marchese seccamente.

XXXII

Don Aquilante, venuto per parlargli delle minacciate procedure del Banco di Sicilia, si era sentito interrompere dal marchese con l'inattesa domanda:

«Lo avete più riveduto?»

«Chi?»

«Lui!... E quell'altro?»

Parlava basso, quasi avesse paura di essere udito da qualcuno; ed erano loro due soli nello studio, e l'uscio era chiuso. E dicendo: *lui* e quell'*altro*, ammiccava strizzando un occhio. A don Aquilante parve molto curioso che il marchese avesse voglia di scherzare sul punto di ragionare di affari seri; pure rispose:

«Non me ne sono più occupato. Ma di questo riparleremo un'altra volta; per ora pensiamo al Banco di Sicilia.»

«Sì, pensiamo al Banco di Sicilia... Pensateci bene,» soggiunse il marchese.

E rimase assorto, con gli sguardi fissi nel vuoto. Don Aquilante lo guardò stupito.

«Vi sentite male?» gli domandò esitante.

«Chi ve lo ha detto?» fece il marchese riscotendosi. «Ho un chiodo, qui, proprio nel centro della fronte. Passerà. Non dormo da parecchie notti, come se mi tenessero due dita appuntate su le palpebre per impedire che si chiudano.»

«Tornerò domani; sarà meglio.»

«Sarà meglio,» replicò il marchese distrattamente.

Don Aquilante uscì dallo studio scotendo la testa. Passando davanti a l'uscio del salotto, si sentì chiamare:

«Avvocato!»

«Oh, signora marchesa!...»

«Andate già via? Sedete.»

«Tornerò domani. Il marchese è un po' sofferente, dice.»

«Infatti...»

«Si strapazza troppo...»

«Io non oso neppur domandargli come sta; s'irrita, non risponde.»

«Effetto dell'insonnia.»

«E della debolezza; mangia così poco da qualche giorno! Sono impensierita. Sta chiuso nello studio, rovistando carte... La vostra visita, scusate, non mi rassicura. Affari che vanno male, forse?»

«Li ha un po' trascurati. I tempi sono duri; e il marchese non è abituato a contare i quattrini che spende. Quella benedetta *Società Agricola* ne ha ingoiati molti. Se mi avesse dato retta! Io so come vanno, disgraziatamente, queste cose tra noi. Il marchese però vuol sempre fare di sua testa!...»

«Non si tratta di cose gravi, spero.»

«Ma che possono diventare gravi, se non si ripara con prontezza. La storia della palla di neve; rotola, rotola e s'ingrossa e si riduce valanga.»

«Dev'essere preoccupato di questo...»

«Non c'è motivo per ora.»

«Lo sa egli? Ve lo domando perché, ripeto, il suo contegno m'impensierisce. Non l'ho mai visto così concentrato, così silenzioso! Da ieri, ha detto appena una ventina di parole; e ho dovuto strappargliele di bocca.»

«È solido, ha salute di ferro; potete stare tranquilla intorno a questo punto. Figuratevi! Aveva cominciato a scherzare con me, al suo solito, ma era uno sforzo.»

«Ieri non ha voluto vedere lo zio Tindaro venuto a trovarlo.»

«Sono stati sempre un po' in urto. Anche lui, con quelle sue antichità!»

«Da che il marchese gli ha permesso di scavare a Casalicchio, oh!... nepote mio, qua! nepote mio, là! Ieri appunto veniva per regalargli una statuina di terracotta trovata negli scavi la settimana scorsa. Guardate, quella lì; io non me ne intendo. A sentire lo zio Tindaro, vale un tesoro.»

«Bella e ben conservata. Cerere; si capisce dal mazzo di spighe che porta in braccio.»

«E il marchese intanto, quando gliela mostrai, mi rispose: "Buttatela via! Volete giocare con la bambola? Mio zio è pazzo".»

Don Aquilante sorrise.

«Che vi ha detto? Che si sente?» domandò la marchesa.

«Un po' di mal di capo, niente altro.»

Da quattro giorni, il contegno del marchese era così strano, che Zòsima non sapeva che cosa pensare o fare. Ella aveva promesso: «Mai più! Mai più!» e temeva che le sue parole non provocassero qualche scena violenta come l'altra volta. Chi sa? Forse egli intendeva di metterla al cimento. E questo dubbio la rendeva timida, riguardosa di ogni atto, in ogni parola.

Il massaio di Margitello aveva chiesto ordini intorno a certi lavori da intraprendere. Doveva attendere il padrone? Fare di suo capo? E il marchese era entrato in furore appena Titta aveva aperto bocca:

«Dice il massaio...»

«Bestia tu e lui! Bestie! Bestie! Bestie! Dovrei mandarvi via! Bestioni!»

E, chiusosi nello studio, sbatacchiando con impeto l'uscio, aveva continuato a gridare ancora: «Bestie! Bestie!» con quel vocione che in casa non si faceva udire così forte da un pezzo.

A cena, quella sera, mangiò poco e di mala voglia.

«Questa... so che vi piace,» disse la marchesa mettendogli nel piatto un'ala di pollo arrosto.

«Via, imboccatemi, come un bambino!» esclamò il marchese con tono sarcastico.

E allontanò il piatto, sdegnosamente.

Era pallido, con gli occhi torvi, che sembrava guardassero senza vedere, anche quando si fissavano intensamente su qualche punto, su un oggetto, in viso a una persona, come faceva in quel momento. Allora la marchesa, turbata da quegli sguardi, ebbe l'impulso di dirgli:

«Voi non state bene, Antonio... Che vi sentite?»

«È vero,» egli rispose docilmente, «non sto bene... Non mi fa star bene!... Non vuole che io stia più bene!...»

«Chi? Chi non vuole?...»

«Ah! Nessuno, nessuno!... Questo chiodo qui!»

E fece atto di strappare stizzosamente con la mano il chiodo che si sentiva conficcato nella fronte.

«Mettetevi a letto; il riposo vi gioverà,» soggiunse la marchesa.

«Andiamo, andiamo a letto... Venite a letto anche voi.»

Si era rincantucciato con le ginocchia piegate, quasi raggomitolato, con le mani davanti agli occhi, dopo di essersi lasciato insolitamente aiutare a spogliarsi dalla marchesa; e parve che si fosse subito addormentato. Ella stette a osservarlo, col cuore gonfio dal tristo presentimento di grave malattia. E pel timore che, entrando nel letto anche lei, non le accadesse di svegliarlo, si sedette su la seggiola dappié, attendendo. Pregava mentalmente, e sussultava ogni volta che il marchese riprendeva a mugolare nel sonno parole incomprensibili. In un momento di calma del dormente, ella andò di là, ordinò a Titta che prevenisse il dottore per domattina e avvertisse anche la signora Mugnos.

«Sta male il padrone?» fece Titta.

«È un po' indisposto. Dite così alla mamma.»

E più tardi, ordinato a Maria di andare a letto, si era affrettata a tornare in camera.

«No, no!... Non lo fate entrare!... Chiudete bene l'uscio!» balbettò il marchese. «Venite qui, davanti a la sponda; così non potrà tenermi le dita su le palpebre per non farmi dormire... A voi non può nuocere... Non siete stata voi!...»

Con gli occhi sbarrati, le mani brancolanti e un tremito per tutta la persona e nella voce, il marchese si agitava sotto le coperte, voltandosi inquietamente da un fianco all'altro, alzando la testa dai guanciali per rivolgere attorno sguardi di sospetto e di terrore, fissando la marchesa quasi volesse interrogarla e non osasse.

Ella non sapeva che cosa dirgli, un po' impaurita da quelle parole di delirio che il marchese tornava a ripetere; e gli riaggiustava le coperte, cercando di impedire così gli scomposti movimenti di smania con cui egli accompagnava le parole.

«È andato via! Va, viene... Don Aquilante dovrebbe scacciarlo...»

«Glielo dirò... Lo scaccerà,» rispose la marchesa per secondarlo ed acchetarlo.

Tacque, senza però levarle i sospettosi sguardi di addosso, e a bassa voce, cautamente, riprendeva:

«Nessuno mi ha visto... Con quel gran vento!... Non c'era anima viva per le vie... E, infine... un confessore ha la bocca sigillata... È vero?»

«Senza dubbio.»

«E, infine... i morti non parlano... È vero? Era giallo nel cataletto, con gli occhi chiusi, la bocca chiusa, le mani incrociate. Come si chiamava?... Ah! Don Silvio...»

Che significavano quei ragionamenti? La marchesa non capiva a quali circostanze accennassero; essi intanto le facevano intravedere qualche trista cosa, nel buio; e avrebbe voluto dissiparlo, spinta da penosa curiosità.

Ma il marchese già taceva di nuovo o balbettava parole che non potevano avere nessun senso per lei:

«Sì, hanno giurato?... Perché hanno giurato? Volevano ridersi di me?»

Tornava ad agitarsi, a smaniare, a sconvolgere le coperte. Una sconcia parola gli uscì di bocca. Non poteva essere rivolta a lei. Egli la ripeté con accento incalzante, quasi la sputasse in faccia a una donna lontana; si capiva dall'espressione e dal gesto... La marchesa ebbe una stretta al cuore. L'idea della malìa, che l'aveva sconvolta il giorno in cui erano arrivate la cesta e la lettera della Solmo, le si riaffacciò alla mente, atterrendola. Ne vedeva già gli effetti?

E die' un grido, chiamando: «Maria! Titta!» allo sbalzo del marchese che, saltato giù dal letto, cominciava frettolosamente a rivestirsi. Aperse l'uscio, chiamando più forte finché non sentì rispondere; poi, vincendo la paura che l'atto del marchese le ispirava, tentò di impedirgli che finisse di vestirsi.

«Antonio! Marchese!» pregava afferrandolo per le braccia, incurante delle rudi scosse con cui egli la respingeva.

Ritto, con le labbra serrate, e gli occhi aggrottati, il marchese respingeva più vigorosamente i tentativi di Maria e di Titta accorsi mezzi vestiti in aiuto della padrona.

«Delira... È la febbre...» ella spiegava.

Maria era stata rovesciata su la sponda del letto dal vigoroso movimento d'un braccio del marchese, e Titta, stordito da un manrovescio, non osava più di accostarglisi.

«Antonio! Antonio!... Per carità!» supplicava la marchesa.

Egli la guardava intento ad abbottonarsi il panciotto, e non mostrava di riconoscerla. E appena ebbe finito di infilarsi la giacchetta, scostò la marchesa davanti a sé con gesto violento, e uscì di camera, facendo sbattere al muro Titta che cercava di trattenerlo.

«Oh Dio! Che fare? Dove va?... Chiamate gente! Titta, chiamate gente!»

Nella gran confusione, non sapevano dove rintracciarlo; Titta, col lume in mano, la marchesa dietro e Maria che invocava: «O Bella Madre Santissima!» e non sapeva dir altro.

«Chiamate gente, Titta!» insisteva la marchesa.

Visto aperto l'uscio dell'anticamera, Titta si affacciò sul pianerottolo della scala...

«Ha preso il fucile! Ah, Madonna!» egli esclamò. «Va fuori!»

E tutti e tre furono su la via, gridando, correndogli dietro, quasi senza sapere quel che facessero. Egli scendeva affrettatamente per la strada sotto il Castello, sordo agli appelli della marchesa e di Titta, col fucile a bandoliera.

«Vado io solo... *Voscenza* torni a casa... Ecco gente!» Tre contadini erano accorsi alle grida. «La febbre... Il delirio!... Raggiungetelo!... Fermatelo!»

Alla Cappelletta, la marchesa si abbandonava, singhiozzante e sfinita dalla corsa, tra le braccia di Maria; non avevano potuto raggiungerlo.

Per alcuni istanti la marchesa poté udire la voce di Titta che gridava: «Signor marchese! Eccellenza!» e il rumore dei passi dei contadini che correvano assieme con lui; poi, nell'oscurità, udì soltanto lo stridere delle ruote di un carretto che saliva lentamente per lo stradone, e l'abbaio di un cane.

XXXIII

La mattina, tutta Ràbbato già sapeva la notizia dell'improvvisa pazzia del marchese.

«Ma come? Ma come?»

Lo zio don Tindaro era accorso tardi; nessuno aveva pensato di farlo avvertire; e per strada parecchi lo avevano fermato, chiedendo particolari – se ne dicevano tante! – meravigliandosi che il cavaliere dichiarasse di non saper niente e di accorrere appunto per persuadersi – gli pareva impossibile! Uno così equilibrato come il marchese suo nepote! – se si trattasse di delirio febbrile o di vera pazzia. All'ultimo, nel piano di Sant'Isidoro, gli era andato incontro il notaio Mazza: «È vero? Che disgrazia!».

«Ne so meno di voi. Io abito, per dir così, all'altro polo. Voglio prima vedere coi miei occhi.»

«Ha tentato di ammazzare la marchesa...»

«Ah! Questa poi!...»

«Scambiandola per la Solmo... Fuoco che è covato sotto cenere.»

«Eh, via! Il canonico Cipolla ne ha detto una più stupida: "La colpa è di don Aquilante che gli ha sconvolto il cervello con lo spiritismo, facendogli evocare Rocco Criscione!".»

«Può anche darsi, cavaliere! Può anche darsi! Infatti pare che il marchese si accusi di averlo ammazzato lui...»

«Nel delirio, giacché io credo che sia un caso di febbre maligna, si dicono tante stramberie!»

«Dio volesse, caro cavaliere!... Ma i contadini che lo hanno raggiunto, con Titta il cocchiere, nella carraia di Margitello...»

«Nella carraia di Margitello?»

«Già! È scappato di casa, col fucile... Ma dunque non sapete proprio nulla! E laggiù, tra la siepe di fichi d'India ha sparato, nel punto preciso dove fu ammazzato Rocco Criscione, gridando: "Cane traditore!... Avevi giurato! Cane traditore!". Miracolo che ora non abbia colpito Titta! Hanno dovuto imbavagliarlo, togliendosi le giacche di dosso – non avevano altro – per impedirgli di farsi male. Lo spiritismo? Può darsi benissimo!... E vedrete che don Aquilante finirà pazzo anche lui!»

«Mi par di sognare!»

«Povera marchesa! Nemmeno un anno di felicità!»

Avevano dovuto picchiare più volte prima che venissero ad aprire il portoncino, chiuso perché la folla dei curiosi non invadesse la casa.

«Ma come? Ma come?» ripeteva don Tindaro, nel salotto dove la marchesa era svenuta per la terza volta quando egli vi entrava assieme col notaio.

Fra tante persone, nessuno gli dava retta. La signora Mugnos e Cristina, aiutate dal cavalier Pergola, portavano in camera la marchesa che sembrava un cadavere, con le braccia penzoloni, gli occhi chiusi, bianca bianca in viso.

«Ma come? Ma come?... Dottore!»

«È di là, nello studio,» rispose il dottor Meccio. «Pazzia furiosa! Vi ricordate, notaio, in *Casino*, quella volta? Eh? Eh? Che ne dite ora?»

E seguì le donne in camera per soccorrere la svenuta.

Dal corridoio, don Tindaro e il notaio udivano gli urli del marchese, quantunque l'uscio dello studio fosse chiuso; il cavalier Pergola li aveva raggiunti.

«Ci sarebbe voluto la camicia di forza!... Ma in questo porco paese dove trovarla?...Abbiamo dovuto legarlo su una seggiola a bracciuoli... mani e piedi! Chi poteva mai supporre!...»

Lo zio don Tindaro non osava d'inoltrarsi, inorridito dalla vista dell'infelice marchese che si dibatteva urlando scomposte parole, con la bava alla bocca, i capelli in disordine, agitando qua e là la testa, stralunando gli occhi, quasi irriconoscibile! Solide corde lo tenevano fermo su la seggiola, e Titta e mastro Vito Noccia, il calzolaio, reggevano dai lati la seggiola che scricchiolava, asciugando di tratto in tratto la bava che dalla bocca colava sul mento e sul petto del demente.

«Ma come?... Ma come?»

«All'improvviso!» spiegava il cavalier Pergola. «Da più giorni si lagnava di una trafittura al cervello, di un chiodo, diceva, conficcato nella fronte... Il male ha lavorato, lavorato sottomano... Ormai, è certo...» riprese a un gesto interrogativo del suocero. «Lo ha ammazzato lui, per gelosia!...»

«Inesplicabile!» esclamò il notaio Mazza.

«Anzi, ora tutto diventa chiaro,» riprese il cavalier Pergola.

E stettero un pezzo muti, a guardare il marchese che non cessava un minuto di agitare la testa, di stravolgere gli occhi, urlando con una specie di ritmo: «Ah! Ah!... Oh! Oh!» mandando bava dalla bocca, intramezzando agli urli parole che rivelavano le rapide allucinazioni della mente sconvolta:

«Eccolo! Eccolo!... Mandatelo via!... Ah! Ah! Oh! Oh!... Zitto! Siete confessore!... Voi non potete parlare! Siete morto!... Non potete parlare... Nessuno deve parlare!... Ah! Ah! Oh! Oh!»

«Sempre così!» disse Titta stralunato.

«Sempre così!» confermò mastro Vito. «E una settimana fa, passando davanti a la mia bottega qui vicino si era fermato su la soglia. "Bravo! Di buon'ora al lavoro, mastro Vito." "Se non si lavora non si mangia, eccellenza!" Ah Signore! Che miseria siamo!»

E mentre, non ostante la terribile rivelazione che faceva compiangere il povero Neli Casaccio condannato a torto e morto in carcere, la gente da due giorni s'impietosiva in vario modo della pazzia del marchese, soltanto Zòsima rimaneva inesorabile, inflessibile, sorda a ogni ragione.

«No, mamma, non posso perdonare!... È stata un'infamia, una grande infamia!... Non capisci, dunque? L'ha amata fino a diventare assassino per essa!... Te lo dicevo! Io non sono mai stata niente, oh niente! per lui.»

«Ma che si dirà di te?»

«Che m'importa di quel che si dirà? Voglio andar via! Non voglio restare un altro solo giorno in questa sua casa... Mi fa orrore!»

«Anche questa è pazzia! Sei la moglie. Ora egli è un infelice, un malato...»

«Ha tanti parenti, ci pensino loro! Qui c'è maledizione! Mi sento morire! Mi vuoi morta dunque?»

«Oh, Zòsima!... Gesù Cristo ci comanda di perdonare ai nostri nemici.»

«Sta' zitta tu!... Non puoi intendere tu!» aveva risposto sdegnosamente alla sorella. «Se non mi volete in casa vostra...»

«Figlia mia, che dici mai?»

«Fino a diventare assassino... per quella!»

Non sapeva darsene pace. Il suo cuore traboccava di odio, quanto aveva traboccato di amore fino a pochi giorni addietro. Il sangue le si era cangiato in fiele. Ah! ora ella doveva, con più ragione, invidiare colei che poteva insuperbirsi apprendendo di essere stata amata tanto! Si sentiva umiliata, ferita mortalmente nella più delicata parte di se stessa, in quel legittimo orgoglio di donna che si era formato un culto della sua prima ed unica passione, e aveva sofferto in silenzio, nascostamente, senza illusioni e senza speranze, tanti anni! Perché non aveva dato ascolto all'ammonimento delle sue esitanze? Perché si era lasciata indurre dalla baronessa e dalla madre? Non sarebbe stata, com'era stata, marchesa di Roccaverdina di nome soltanto! Nulla, nulla poteva più compensarla, consolarla! E doveva fingere, per l'occhio della gente? Sentirsi compassionare? Oh, chi sa quante in quel momento ridevano di lei! Tutte coloro che avrebbero voluto essere al posto di lei; parecchie, lo sapeva! No, no!

Ormai era finita! Se il marchese fosse guarito, non guarirebbe egualmente l'atroce piaga che le si era aperta nel cuore! Giorni fa, poteva confortarsi, lasciarsi lusingare dalle buone parole, dalle apparenze; ora, impossibile! Doveva stimarsi un'estranea in quella casa che neppure la sua presenza di moglie legittima aveva potuto ribenedire... Mamma Grazia, povera vecchia, s'era ingannata!

E, ferma nella risoluzione di andar via, rispondeva:

«Questa sera, tardi, quando nessuno potrà accorgersene, con le sole vesti che ho indosso! È inutile, mamma, non potrai persuadermi!»

«Se tu lo vedessi, ne avresti pietà!»

«Dio è giusto! È la mano di Dio che lo punisce!»

«Castigherà anche te che non avrai fatto il tuo dovere... Non ti riconosco, Zòsima! Tu, così buona!»

«Mi ha resa cattiva lui; mi ha pervertita lui! Mi ha fatto diventare una creatura senza cuore! Peggio per lui!»

La signora Mugnos, addoloratissima di quest'altra pazzia (tornava a qualificare per tale l'ostinazione della figlia), avea voluto parlarne allo zio don Tindaro e al cavalier Pergola.

Il vecchio rispose crudamente:

«Lo ringrazia così del bene che le ha fatto?»

Il cavalier Pergola alzò le spalle, borbottò una bestemmia e domandò:

«La casa, in mano di chi l'abbandona la casa?»

«N'esce come vi è entrata!» replicò fieramente la signora, che in quel punto sentì ribollirsi in petto tutto l'orgoglio delle nobili famiglie Mugnos e De Marco – ella era una De Marco da ragazza – delle quali portava il nome.

Ciò non ostante, tornò ad insistere presso la figlia:

«Rifletti bene! Hai tante responsabilità!»

«Ho riflettuto abbastanza!» rispose Zòsima.

«Consigliati col tuo confessore!»

«In questo momento non posso ascoltar altro che il mio cuore. Non voglio essere un'ipocrita; sarebbe un'indegnità... Oh, mamma!»

E vestita di scuro, quàsi da vedova, sotto lo scialle nero che le copriva la fronte, a sera avanzata ella scendeva assieme con la mamma, sorretta al braccio della sorella, la vecchia scala dell'atrio, e usciva nel vicolo buio sotto il palazzo Roccaverdina. Aveva voluto evitare di attraversare il corridoio e di passare davanti a l'uscio dello studio dove il marchese urlava giorno e notte da quattro giorni – assistito da Titta e da mastro Vito che si davano lo scambio – agitandosi su la sedia a bracciuoli, senza che mai il nome di Zòsima gli fosse venuto alle labbra.

Lo zio don Tindaro e il cavalier Pergola entravano, a intervalli, dal demente che non li riconosceva, e ne uscivano atterriti.

Ora, invece del dottor Meccio, accorso il primo giorno più per maligna soddisfazione che per zelo, lo visitava il dottor La Greca, medico di famiglia, soprannominato il Dottorino perché piccolo e smilzo di persona. Alle corde egli aveva fatto sostituire larghe fasce, fino a che non fossero arrivati la camicia di forza e l'apparecchio per le docce mandati a comprare a Catania.

Con lui si poteva ragionare. Invece quel clericalaccio di *San Spiridione* aveva fatto andare su le furie il cavalier Pergola, ripetendogli più volte: «Caro cavaliere, qui si vede la mano di Dio!».

«E la zia Mariangela dunque, che riammattiva a ogni gravidanza? E bestemmiava e imprecava, mentre quando ritornava in senno era la più buona e onesta donna? E gli altri pazzi? La mano di Dio! Esquilibri di nervi, sconvolgimento di cervello prodotto dal pensiero fisso, fisso sempre su la stessa idea.»

Il dottor La Greca andava di accordo con lui. E se quel

fanatico di don Aquilante aveva davvero iniziato il marchese nelle pratiche spiritiche, ce n'era d'avanzo per spiegarsi perfettamente quel che avevano sotto gli occhi. Gli ospedali di Parigi, di Londra, di Nuova York – egli affermava – rigurgitavano di spiritisti ammattiti, uomini e donne.

Per ciò il cavaliere aveva fatto capire all'avvocato di non farsi più vedere in casa Roccaverdina.

«Insomma, dottore, non si può far nulla? Dobbiamo stare a guardare?»

Lo zio Tindaro avrebbe voluto ordinazioni di rimedi, tentativi almeno. Gli urli del marchese lo straziavano; e si desolava alla risposta del dottore:

«È assai se riusciamo a farlo mangiare!»

Dovevano imboccarlo, indurlo a inghiottire con minacce, ingozzarlo talvolta come una bestia. Opponeva resistenza, serrava i denti, agitava furiosamente la testa – «Oh! Oh! Ah! Ah!» – e il ritmo di questi urli si udiva fin dalla spianata del Castello, ora che il dottore aveva fatto trasportare il marchese in una stanza più larga e più ariosa, dove si era potuto rizzare comodamente l'apparecchio per la doccia, arrivato il giorno avanti.

Steso sul letto, con la camicia di forza, il demente sembrava avesse intervalli di calma, allorché con gli occhi sbarrati, fissi in qualcuna delle sue continue allucinazioni, borbottava accozzaglie di suoni che avrebbero voluto essere parole; ma era calma illusoria. La forza dell'allucinazione lo domava, travagliandolo internamente, ed egli usciva da quello stato scoppiando in urli più violenti, più forti, in esclamazioni di terrore: «Eccolo! Eccolo!... Mandatelo via! Ah! Ah! Oh! Oh! Il Crocifisso!... Rimettetelo al suo posto, giù, nel mezzanino! Oh! Oh! Ah! Ah!». E i nomi di Rocco Criscione, di Neli Casaccio, di compare Santi Dimauro, facevano capire il tristo cumulo di impressioni che gli aveva sconvolto il cervello, dove la pazzia già si mutava in ebetismo, senza speranza di guarigione.

Lo zio don Tindaro, per la sua età, non resisteva alla tortura nel miserando spettacolo; e il cavalier Pergola, rimasto in casa Roccaverdina, dopo quindici giorni non ne poteva più, anche perché doveva badare ai proprii affari, e per quelli del cugino non sapeva come regolarsi. La imperdonabile risoluzione della marchesa lo faceva uscire in escandescenze:

«E si dicono cristiane! E si confessano e ingoiano particole! E...! E...! E...!»

La sfilata degli improperi non finiva più, se qualcuno, venuto ad informarsi dello stato del marchese, tentava di scusare la povera signora che avea dovuto mettersi a letto appena giunta a casa, con febbre che durava ancora e faceva temere per la sua vita.

«Qui, qui era il suo posto!... E quel che ho detto a voi glielo direi in faccia!... Voglio che lo sappia!»

Poteva durare più a lungo, così?

«Non durerà molto,» gli aveva risposto una sera il dottore. «L'ebetismo si aggrava con terribile rapidità.»

Ed egli e il dottore che stava per accomiatarsi, erano rimasti stupiti e quasi non credevano ai loro occhi, vedendo apparire su l'uscio del salotto Agrippina Solmo, che Maria non era riuscita a far restare in anticamera.

«Dov'è... Lasciatemelo vedere!»

Maria teneva ancora afferrata per la falda della mantellina quella sconosciuta, parsale pazza quando le aveva aperto la porta d'entrata.

«Dov'è... Me lo lascino vedere... Per carità, cavaliere!»

E gli si era buttata ai piedi, ginocchioni.

XXXIV

Il dottore si era lusingato che la vista di quella donna avesse potuto produrre qualche crisi nello stato del demente; ma avea dovuto disingannarsi.

Il marchese, fissatala con quegli sguardi smarriti dove la pupilla sembrava già coperta da un leggero strato di polvere, era stato zitto alcuni istanti, concentrato, quasi frugasse in fondo alla memoria per trovarvi un lontano ricordo; poi, indifferente aveva ripreso il triste ritmo dei suoi gridi: «Ah! Ah! Oh! Oh!» agitando la testa, lasciando colare dagli angoli della bocca la bava che Agrippina Solmo, pallida come una morta, coi neri capelli in disordine, buttata per terra la mantellina, si era messa ad asciugargli, senza una parola, senza una lagrima, con il pietoso stupore negli occhi che non si staccavano dal viso sfigurato del suo benefattore; non lo chiamava altrimenti.

Aveva pregato di restare là l'intera nottata. E lo aveva vegliato, ripulendogli le labbra, in piedi davanti al letto, non sentendo stanchezza, con un groppo di pianto che la soffocava e in certi momenti le annebbiava la vista, ma non giungeva a prorompere; con le mani dolorosamente incrociate, e il petto ansante di angoscia a quel continuo agitare della testa con cui il marchese accompagnava gli «Ah! Ah! Oh! Oh!» quando le allucinazioni gli concedevano qualche ora di tregua.

«Andate a riposarvi; noi abbiamo dormito a bastanza,» le disse Titta rientrando nella camera verso l'alba.

«Ah, comare Pina! Chi lo avrebbe mai sospettato!» esclamò mastro Vito, ancora un po' imbarazzato dal sonno

«No! Lasciatemi stare qui!...» ella rispondeva senza neppure voltarsi.

«E a voi, chi è venuto a dirvelo fino a Modica?» domandò Titta.

«Un signore di Spaccaforno... Gliel'aveva scritto un amico di qui. Die' la notizia a mio marito... E sono accorsa, con la morte nel cuore... Due giorni di viaggio, con un garzone. Mi pareva di non arrivar mai!»

«Andate a riposarvi... C'è un letto nell'altra stanza...»

«Lasciatemi stare qui, mastro Vito.»

«Comare,» egli disse, esitante, «ora è inutile fingere... Voi già lo sapevate... di Rocco!...»

«Ve lo giuro, mastro Vito! Niente!... Neppure un sospetto!... Avevo anzi voluto andarmene da Ràbbato, per levarmegli di mezzo. Il marchese non voleva più vedermi, mi trattava male... Che colpa ne avevo io? Era stato lui... Io avrei voluto morire qui, anche da serva, per gratitudine... E sua zia pretendeva che avessi fatto ammazzare io Rocco Criscione... per tornare col marchese e farmi sposare!... Il Signore non gliene chieda conto là dove si trova! La colpa è dei suoi parenti, della baronessa soprattutto... Ora non sarebbe in questo stato!... Che strazio, mastro Vito!»

«Potete vantarvelo!... Vi ha voluto bene!»

«È vero! È vero!» ella rispose, scotendo tristamente la testa, asciugando la bava dell'infelice che aveva ammazzato per gelosia di lei e che ora non la riconosceva più e smaniava: «Ah! Ah! Oh! Oh!» tenuto stretto e immobile dalla camicia di forza. Vergine Santa, che pietà!

Il cavalier don Tindaro, la mattina, apprendendo dal genero l'arrivo della Solmo, gli aveva detto:

«Hai fatto male a farla entrare.»

«Per dispetto alla marchesa!... E poi, dove trovare in questo momento una persona più fidata? Lo ha vegliato, sola, tutta la nottata.»

«La marchesa può mandare a scacciarla. È lei la padrona.»

«Ha perduto ogni suo diritto, abbandonando casa e marito. Io ammiro immensamente questa povera donna che ha fatto due giorni di strada, a cavallo, quasi senza fermarsi, soltanto per vederlo. Ieri sera, quando si è presentata e si è buttata ginocchioni, supplicante, io... che non sono di cuore tenero... io e il dottore... eravamo commossi come due ragazzi. Non abbiamo saputo dirle: "Tornatevene donde siete venuta". Sarebbe stata una gran crudeltà.»

«Ma ora...»

«Ora, la lasceremo qui, fino a che non vengano a scacciarla via, se ne avranno il coraggio. È stata l'amante? E voi avete tali scrupoli?»

«Non li chiamare scrupoli... Il marchese di Roccaverdina non deve morire con quella donna al capezzale... Sarebbe uno scandalo!»

«Deve morire come un cane, alle mani di gente prezzolata, di Titta e di mastro Vito!... Questo, ah! non vi sembra scandalo! E poi dite che io sono uno scomunicato!... Ma c'è da rinnegare cento Cristi vedendo simili cose!...»

Tre giorni dopo, l'ebetismo aveva fatto passi da gigante. Il marchese, liberato dalla camicia di forza, restava seduto su la seggiola a bracciuoli, cupo, silenzioso, con le mani sui ginocchi.

Agrippina Solmo lo vestiva, gli lavava la faccia, lo pettinava, gli dava da mangiare, con cura materna. Certe volte, al suono della voce che lo chiamava: «Marchese! Marchese!» che lo sgridava con dolcezza quando si ostinava a rifiutare il cibo, egli rivolgeva lentamente la testa verso di lei, la guardava sottocchi, con aria sospettosa, quasi quella voce ridestasse dentro di lui reminiscenze di lontane sensazioni, che però dileguavano rapidissime e lo facevano ricadere nella cupa immobilità per ore ed ore.

E nella giornata gli si sedeva vicino; e mentre l'animalità di quel corpo sembrava di sentire qualche godimento pel tepore dell'occhiata di sole che lo investiva presso al balcone, ella gli parlava piano, per sfogo, quantunque sapesse di non essere capita:

«Perché ha fatto così, *voscenza*? Perché non mi disse mai una parola?... Ah, se mi avesse detto: "Agrippina, bada!". Mezza parola sarebbe bastata! Non era *voscenza* il padrone? Che bisogno c'era di ammazzare?... È stato il destino! Chi credeva di far male? Ah, Signore! Ah, Signore!...»

Ella si rallegrava di vederlo tranquillo, di non più udirlo gridare né smaniare. Le sembrava che questo fosse miglioramento. E rimaneva dolorosamente maravigliata che il dottore ogni volta venisse, guardasse, scotesse la testa e andasse via alzando le spalle, senza risponderle nemmeno quando gli domandava:

«Va meglio, è vero? Ora è docile come un agnellino.»

Si sentiva però stringere il cuore vedendogli voltare e rivoltare lentamente le mani e osservarle a lungo e tastare le punte delle dita a una a una quasi volesse contarle, incurante della bava che riprendeva a colargli. Gliela asciugava col fazzoletto e ne seguiva ogni movimento della testa e degli occhi per scoprirvi qualche lampo di coscienza allorché gli ripeteva:

«Sono io! Agrippina Solmo! Non mi riconosce *voscenza*! Sono venuta a posta; non mi muoverò più di qui!...»

Poi, udendogli mugolare qualche parola, gli s'inginocchiava davanti, prendendolo per le mani che brancicavano i calzoni, e tentava di farsi fissare da quegli occhi che parevano inerti.

«Sono io; Agrippina Solmo!... Faccia uno sforzo, *voscenza*! Si ricordi, si ricordi!... Mi guardi in viso!»

Lo sollevava pel mento su cui la barba era già cresciuta ispida, pungente; gli scansava dalla fonte i capelli cascatigli giù nel tenere sempre abbassata la testa come appesantita per la malattia del cervello; e all'ultimo, rizzatasi con scatto disperato, nascondeva la faccia tra le mani convulse, balbettando:

«Che castigo, Signore! Che castigo!»

E intendeva di dire pure per sé, quasi gran parte della colpa fosse stata sua, se il marchese aveva ammazzato Rocco Criscione.

Titta, di tratto in tratto, veniva a tenerle compagnia.

«Voi non l'avete visto nei primi giorni. Non si chetava un momento! Sono stato tre giorni e tre notti senza chiudere occhio!... Faceva terrore.»

«E la marchesa? Con che cuore ha potuto abbandonarlo?»

«Ringraziate Iddio!... Se ci fosse stata lei, non sareste qui...»

La osservava. Era tuttavia bella, meglio della marchesa, con quel viso affilato, bianco come il latte e quegli occhi neri e quei folti capelli nerissimi, alta e snella. E parlando di lei con mastro Vito, Titta dichiarava che, secondo lui, la prima pazzia il marchese l'aveva commessa dandola per moglie a Rocco che non se la meritava.

«Non sapete il patto? Non doveva toccarla neppure con un dito... Per questo il marchese lo ha ammazzato.»

«Aveva messo l'esca accanto al fuoco... Che avreste fatto voi?»

«Capriccio di gran signore!... A voi e a me non sarebbe passato per la testa quel patto. E n'è andato di mezzo un innocente! La marchesa non sa che la Solmo è qui. Verrebbe a cavarle gli occhi. Maria mi ha raccontato di averle sentito dire alla madre: "Non lo posso perdonare! È diventato assassino per quella donna!". Ed ha voluto andarsene.»

«Il marito è sempre marito! In quello stato poi!»

«Dicono che ha rinunziato alla dote per mano di notaio... Il marchese le aveva assegnato Poggiogrande.»

«Per mano di notaio?»

«Ci credete voi? Io vorrei sapere intanto chi comanderà qui e provvederà ai fatti miei.»

Lo zio don Tindaro e il cavalier Pergola venivano tre, quattro volte nella giornata, in compagnia del dòttor La Greca.

«Ah! dottore! Non vuole mangiare più! Serra i denti, si volta di là; come fare?»

«Ci siamo!»

Il dottore non die' altra risposta; e Agrippina Solmo, che ne comprese il significato, si buttò su una seggiola, con le mani nei capelli, singhiozzando:

«Figlio mio! Figlio mio!»

La desolata tenerezza di queste parole non commosse il vecchio zio del marchese, che le si avvicinò e la prese per un braccio, riguardosamente ma severo:

«Dovete capirlo,» le disse, «non potete restare più qui. Mastro Vito, pensateci voi... Poveretta!»

Ella gli sfuggì per baciare e ribaciare quelle mani quasi inerti che avevano ammazzato per gelosia di lei; e pareva volesse lasciarvi tutta l'anima sua grata e orgogliosa di essere stata amata fino a quel punto dal marchese di Roccaverdina.

«Figlio! Figlio mio!»

E si lasciò trascinar via da mastro Vito, senza opporre resistenza, umile, rassegnata com'era stata sempre, convinta anche lei che non poteva restare più là, perché il suo destino aveva voluto così!

Indice

OSCAR CLASSICI

Maupassant, Racconti fantastici

Dostoevskij, Il giocatore

Baudelaire, I fiori del male

Turgenev, Rudin

Flaubert, Madame Bovary

Austen, Orgoglio e pregiudizio

Brontë, Cime tempestose

Goldoni C., Il teatro comico. Memorie italiane

Verga, Mastro don Gesualdo

Verga, Tutte le novelle – vol. I

Verga, Tutte le novelle – vol. II

Sofocle, Edipo re

Goffredo di Strasburgo, Tristano

Hugo, Novantatré

Leopardi, Zibaldone di pensieri

Wilde, Il ritratto di Dorian Gray

Shakespeare, Macbeth (Trad. Gassman)

Goldoni C., La locandiera

Sterne, La vita e le opinioni di Tristram Shandy gentiluomo

AA.VV., Racconti fantastici dell'Ottocento (2 voll.), a cura di I. Calvino

Verga, I Malavoglia

Poe, Le avventure di Gordon Pym

Chrétien de Troyes, I romanzi cortesi (5 voll.)

Senofonte, Anàbasi

Carducci, Poesie scelte

Melville, Taipi

Manzoni, Storia della colonna infame

Čechov, Tre anni – La signora col cagnolino

De Amicis, Cuore

Flaubert, L'educazione sentimentale

AA.VV., Racconti d'amore dell'Ottocento (2 voll. in cofanetto), a cura di Davico Bonino

Fogazzaro, Piccolo mondo moderno

Fogazzaro, Malombra

Maupassant, Una vita

Gogol', Le anime morte

Nievo I., Le confessioni di un italiano

Cervantes, Don Chisciotte della Mancia (2 voll. in cofanetto)

Manzoni, Poesie

Dostoevskij, Il sosia

Petrarca, Canzoniere

Turgenev, Memorie di un cacciatore

Wilde, De profundis

Alfieri, Tragedie (Filippo – Saul
– Oreste – Mirra – Bruto II)

Polibio, Storie

Catullo, Canti

Tolstòj, La sonata a Kreutzer

Shakespeare, Amleto

Melville, Gente di mare

Apuleio, Metamorfosi

Goethe, Le affinità elettive

Rilke, I quaderni di Malte
L. Brigge

Verga, Il marito di Elena

Fogazzaro, Daniele Cortis

Capuana, Giacinta

Turgenev, Padri e figli

Tarchetti, Fosca

De Maupassant, Bel Ami

Erodoto, Le storie

Boulanger, I romanzi della
Tavola Rotonda (a cura di)

Petronio, Satiricon

Dumas, La signora delle
Camelie

Finzi Gilberto, Racconti neri
della scapigliatura (a cura di)

Goethe, I dolori del giovane
Werther

Boccaccio, Decameron
(2 voll. in cofanetto)

Shakespeare, Riccardo III

Stendhal, La Certosa di Parma

Laclos, Amicizie pericolose

Teofrasto, Caratteri

Cesare, La guerra civile

Tucidide, La guerra del
Peloponneso

Dickens, Davide Copperfield

Verga, Tutto il teatro

Tolstoj, Anna Karenina

Tolstoj, Guerra e pace
(2 voll. in cofanetto)

Shakespeare, Re Lear

Virgilio, Georgiche

Plauto, Mostellaria

Menandro, Le commedie

James, Giro di vite

Aurelio Marco, Pensieri

Ariosto, Orlando furioso
(2 voll. in cofanetto)

Sofocle, Edipo re – Edipo
a Colono – Antigone

Goethe, Faust (2 voll.
in cofanetto)

Cooper, La prateria

Dumas, I tre moschettieri

Dostoevskij, L'eterno marito

Balzac, Memorie di due
giovani spose

Manzoni, I promessi sposi

Flaubert, Tre racconti

Milton John, Paradiso perduto
(2 voll. in cofanetto)

Conrad, Cuore di tenebre

Virgilio, Bucoliche

Shakespeare, Misura
per misura

Rousseau, Confessioni

Eschilo, Orestea

Boccaccio, Caccia di Diana -
Filostrato

OSCAR CLASSICI MODERNI

Kazantzakis, Zorba il greco

Korda, Fortune terrene

Bellonci, Rinascimento privato

Leduc, La bastarda

Elegant, Il Mandarino

Massa Renato, Per amore di un grillo, e di una rana e... di tanti altri

Malerba, Il serpente

Mari – Kindl, Il bosco: miti, leggende e fiabe

Theroux, Costa delle zanzare

Pontiggia, Il giocatore invisibile

Jirasek, Racconti e leggende della Praga d'oro

Pomilio, La compromissione

Mishima, Colori proibiti

Coscarelli, Fortunate e famose

Tobino, Zita dei fiori

Eco Umberto, Diario minimo

De Crescenzo, Raffaele

Faulkner, Luce d'agosto

Lovecraft, Tutti i racconti (1917-1926)

Konsalik, Il medico del deserto

Forester, Avventure del capitano Hornblower

Green J., Passeggero in terra

Bernanos, L'impostura

Coccioli Carlo, Davide

Nievo S., Le isole del Paradiso

Hailey, Medicina violenta

Slaughter, Donne in bianco

Carroll – Busi, Alice nel paese delle meraviglie (libro + 2 audiocassette con brani interpretati da Busi)

Chiara, Il meglio dei racconti di Piero Chiara

Carver, Cattedrale

Grimaldi Laura, Il sospetto

Roncoroni, Il libro degli aforismi (a cura di)

Forsyth, Nessuna conseguenza

Faulkner, Gli invitti

London, Racconti dello Yukon e dei mari del Sud – 2 voll. in confanetto

Il libro dei re

Pomilio, Il testimone

AA.VV., Appassionata

Mailer, Un sogno americano

Narratori cinesi contemporanei, Racconti dalla Cina

Childe, Streghe, vittime e regine

AA.VV., 150 anni in giallo

Zorzi, Nemici in giardino

Rossner, In cerca di Goodbar

Hemingway, Il giardino dell'Eden

Zavoli, Romanza

Strati, Tibi e Tascia

Kipling, Kim

Bellonci, Lucrezia Borgia

Chiusano, L'ordalia

Hesse, Rosshalde

Gatto Trocchi, Fiabe molisane